북한이탈주민의 종교경험

서울대학교통일학연구총서 24

북한이탈주민의 종교경험

초판 1쇄 인쇄 2015년 8월 30일
초판 1쇄 발행 2015년 9월 5일

지은이 이순형·최연실·진미정
펴낸곳 서울대학교출판문화원
펴낸이 성낙인

책임 편집 전수형
디자인 장혜원

출판등록 제15-3호

주소 (08826) 서울 관악구 관악로 1
대표전화 02-880-5252 | 팩스 02-888-4148
마케팅팀(주문상담) 02-889-4424, 02-88 0-7995
이메일 snubook@snu.ac.kr
홈페이지 www.snupress.com

ISBN 978-89-521-1753-3 94330
978-89-521-1029-9 (세트)

서울대학교통일학연구총서 24

북한이탈주민의 종교경험

이순형 · 최현실 · 진미정 지음

서울대학교출판문화원

Religious Experiences of North Korean Refugees

Yi, Soon-Hyung
Choi, Youn Shil
Chin, Meejung

Seoul National University Press

서울대학교통일학연구총서를 내면서

냉전체제의 와해와 남북교류의 증대로 21세기 한반도의 창조적 미래구상이 절실히 요청되는 시대를 맞고 있다. 우리의 희망과는 달리 남북관계는 여전히 불안정하고 국제정세 또한 유동적이지만 상호적대적인 분단체제는 더 이상 유지되기 어려운 상황임이 분명하다. 민주화와 경제발전을 성공적으로 이룩한 우리 사회의 역량을 바탕으로 통일한국의 미래를 기획하고 추진하는 일이 핵심적인 시대적 과제로 부각되고 있다.

어떤 형태의 통일이 바람직할 것인가에 대해 완전한 합의를 얻기는 쉽지 않다. 통일이 이루어질 시기를 예측하기도 곤란하며 통일과정이 반드시 점진적이거나 평화적일 것이란 보장도 없다. 우리가 원치 않는 방식으로 이 문제에 맞부딪치게 될 가능성도 얼마든지 있다. 그럼에도 불구하고, 아니 그렇기 때문에, 통일에 대한 연구는 더욱 총체적인 시야에서 체계적으로 이루어져야 한다. 실제로 통일과정에 돌입했을 때 그 전 과정을 적절히 관리할 역량이 갖추어지지 못하면 오히려 심각한 갈등과 후유증을 겪을 우려가 크기 때문이다.

통일논의가 구체화되고 정책적 실현가능성이 높아질수록 그에 적합한 전문성과 책임성을 갖추기 위해 노심초사해야 하는 것이 한국 지식인의 책무일 것이다. 반세기 이상 남북한 주민들이 경험해 온 상이한 제도와 관행을 적절히 통합하고 전쟁의 상처와 오랜 대립에서 유래하는 적대감과 이질성을 극복하기 위해서는 고도의 전문성과 기획력이 무엇보다도 필요하다. 한반도 통일을 바람직한 동북아 지역질서와 연계시키고 보다 나은 공동체를 구현하는 일도 지식인들의 높은 식견과 섬세한 대응역량이 없이는 불가능하다.

어떤 형태의 통일이 바람직할 것인가에 대해 완전한 합의를 얻기는 쉽지 않다. 통일이 이루어질 시기를 예측하기도 곤란하며 통일과정이 반드시 점진적이거나 평화적일 것이란 보장도 없다. 우리가 원치 않는 방식으로 이 문제에 맞부딪치게 될 가능성도 얼마든지 있다. 그럼에도 불구하고, 아니 그렇기 때문에, 통일에 대한 연구는 더욱 총체적인 시야에서 체계적으로 이루어져야 한다. 실제로 통일과정에 돌입했을 때 그 전 과정을 적절히 관리할 역량이 갖추어지지 못하면 오히려 심각한 갈등과 후유증을 겪을 우려가 크기 때문이다.

통일논의가 구체화되고 정책적 실현가능성이 높아질수록 그에 적합한 전문성과 책임성을 갖추기 위해 노심초사해야 하는 것이 한국 지식인의 책무일 것이다. 반세기 이상 남북한 주민들이 경험해 온 상이한 제도와 관행을 적절히 통합하고 전쟁의 상처와 오랜 대립에서 유래하는 적대감과 이질성을 극복하기 위해서는 고도의 전문성과 기획력이 무엇보다도 필요하다. 한반도 통일을 바람직한 동북아 지역질서와 연계시키고 보다 나은 공동체를 구현하는 일도 지식인들의 높은 식견과 섬세한 대응역량이 없이는 불가능하다.

2011년 10월

서울대학교 통일평화연구원

머리말

칼 마르크스가 일찍이 종교를 마약에 비유하면서 종교를 멀리하도록 한 이후 공산주의 사회에서 종교는 사라진 것이 아닌가 생각했습니다. 북한 당국이 종교의 자유를 허용했다고 공언했지만, 실제로는 종교를 마르크스 관점에서 보고 신앙을 탄압하는 정책을 썼는지 의문이었습니다. 또한 종교를 일시적 환상을 주는 근원으로 보는 사회에서 오랫동안 살아온 사람 중에 특히 60세가 안 되는, 북한 사회가 제공한 정보만을 가지고 생각하도록 강요된 사람들이 종교를 어떻게 생각하고 인식하는지가 중요한 연구문제였습니다.

북한이탈주민들이 남한에 입국 후 남한 사회에 정착하는 데 종교의 도움을 받으면서 종교에 대한 관점이나 생각이 변화했는지도 또한 의문이었습니다. 종교기관의 도움을 받는 것이 본인의 종교성에 도움이 되는 것인지 아니면 북한이탈주민들이 종교에 접하면서 인지적 갈등을 경험하는지가 궁금했습니다. 공산주의자가 기독교인이 되는 변신이 가능할 것인가? 가능할 것 같지 않던 변신을 몇 차례 보면서 어쩌면 북한의 지도자를 섬기는 유일사상이 기독교사상으로 대치되지 않았나 하는 생각이 들기도 했었습니다. 만능한 지도자와 신, 인식의 본질적 구조가 동일하고 대상만 교체될 수 있으리라 생각했던 것이지요.

이러한 연구 목적에서 이 연구는 2012년부터 2년 동안 수행되었습니다. 주로 북한이탈주민을 많이 만나는 전문가들과 실제 탈북한 사람들과의 심층 면접을 통해 알아본 내용에 더하여 북한이탈주민들을 상대로 설문조사를 실시한 내용으로 연구가 진행되었습니다. 막상 조사해 보니 한국의 여러 종교가 모두 북한이탈주민의 입국과 남한 사회 적응을 같은 수준에서 도운 것이 아니라는 사실이 드러났습니다. 북한이탈주민의 입국과 남한 사회 적응을 돕는 종교기관은 특히 기독교 중에 개신교가 단연 독보적 기능을 담당하고 있었습니다. 개신교의 적극적 관여와 활동은 미국에서 전래된 적극적 선교활동의 토대에서 시작된 것으로 전문가들은 보고 있습니다. 선교활동에 상대적으로 느슨한 성격을 지닌 불교는 다소 소극적 참여의 모습을 보이고 있었습니다. 이처럼 종교의 특성에 따라서 북한이탈주민을 돕는 모습이 다르다는 점이 흥미로운 사실이었습니다.

한편 종교를 수용하는 북한이탈주민 개인의 입장도 매우 다릅니다. 새로운 종교를 접하는 것이 반드시 내재되어 있던 종교성을 발현시키거나 키우는 것은 아니라고 봅니다. 어릴 적에 크리스마스 때마다 서양과자를 받으려고 성당에 다닌 경험이 어린 시절의 추억으로 남았을 뿐 신앙으로 이어지지 않은 경우가 적지 않으리라는 생각이 듭니다. 이렇듯 남한 입국 후 남한 사회 적응에 도움을 받기 위해서 찾았던 종교기관과의 접촉이 때로는 종교성을 발현시키기도 하지만, 필요한 도움을 받는 장소로 이용하는 도구적 종교성으로 남는 경우도 적지 않다고 보기 때문입니다. 공산주의자들이 개신교인으로 변신하는 것이 과연 가능할지, 가능하다면 어떠한 심리적 기제가 작동할 것인지를 살펴보았습니다.

공산주의자가 개신교를 접하여 심각한 내면의 혼란과 갈등을 겪을 것이라는 예상과 달리, 실제로 북한이탈주민들이 개신교에 접하면서 심각한 심리석 혼란이나 갈등을 경험했다고 하는 경우를 찾기가 어려웠습니다. 공산주의자로 성장한 사람들이 개신교를 큰 저항 없이 수용한다는 이 사실을 어떻게 설명해야 할지 연구팀은 고민했습니다. 북한의 공산주의 사상의 주류인 유일사상이 기독교사상을 본뜬 것이므로 북한 사회의 주민들이 잠재적 기독교인이 될 수 있는 심리적 바탕이 있다고 단정하기는 어렵겠지만, 유일사상과 기독교사상의 공통점을 찾을 수 있다는 점에서 북한이탈주민 개인의 심리적 변신이 이해될 수 있습니다. 어쩌면 극단적 위기를 경험한 사람들에게 종교가 자연스럽게 내면에 자리 잡은 경험을 했기 때문이거나, 아니면 오히려 생사의 고비를 여러 차례 경험한 사람들에게 종교나 신앙이 큰 의미를 지니지 못하였기 때문인지도 모릅니다.

이 책은 공산주의와 종교라는 상반된 이념 속에서 생존의 위기를 겪은 인간이 어떻게 자아를 변화시켜 왔는지, 아니면 어떻게 자아의 항상성을 유지해 왔는지를 고민해 본 것입니다. 이 책에서 연구자들이 가정했고 예상했던 모든 문제를 해결하지는 못했으나 대략적 모습을 그릴 수 있었다는 점에서 의의를 찾을 수 있습니다. 결론적으로 연구자들이 찾으려 했던 것은, 인간에게 이념은 현존하는 상황에 따라 변화한다는 것, 그것이었는지도 모릅니다.

이 책이 출판될 수 있기까지 어려운 연구 과제를 보조해 준 서울대학교 협동과정 유아교육전공 김호현과 아동가족학과 이주아, 지혜에게 고마움을 전합니다.

2015년 8월

책임연구자 이순형

차례

제3장 북한이탈주민의 종교경험

제4장 북한이탈주민의 종교생활

제5장 북한이탈주민과 종교의 영향

표 차례

그림 차례

제1장 서론

1. 연구의 필요성

종교란 인간 정신문화의 일종이다. 개인이 종교에 입문하여 신앙인이 된다는 것은 믿음을 받아들이는 회심(conversion)과 종교 교리에 대한 공통된 지식의 이해, 그리고 종교적 예식에 참여하고 믿음을 실천하는 종교 행동으로 드러난다(Johnson, 1964). 따라서 종교인이 된다는 것은 자신의 현 상태에서 회심을 통해 신앙을 받아들이고, 종교 예식에 참여하며 교리를 학습하고, 신앙을 드러내는 행동을 하는 것이다.

종교적 회심은 무엇보다도 자발성이 중요하다. 교리를 받아들이고 행동으로 실천하는 종교적 변화가 자발적 회심에서 비롯되기 때문이다(Beit-Hallahmi, 2015). 외면적으로 보이는 종교적 행동을 판단하건대 모든 사람이 회심과 종교적 행동을 일치시키는 것은 아니다. 종교에 적을 두고 회심과 행동으로 믿음을 증명하는 경우가 있는가 하면, 소극적으로 믿고 예식에 참여하는 경우가 있고, 적은 두었으나 별로 참여하지 않는 경우도 있다. 또한 어려서부터 부모에 의해 종교를 받아들인 경우도 있고, 스스로 종교를 찾은 경우도 있으며, 우연히 접한 경우도 있을 것이다.

개인이 어떤 계기로 종교적 신앙을 형성하고 종교적 신념과 행동에 전념하게 되었는지에 따라서, 그리고 개인의 성향에 따라 종교적 신념 정도와 그 신념을 실천하는 행동의 수준이 다를 것이다.

이러한 의미에서, 북한이탈주민을 대상으로 그들의 종교경험을 살펴보는 것은 여러 면에서 의의가 있다. 첫째, 그들은 공식적으로 종교가 허용되지 않는 환경에서 살아왔기 때문에 그러한 맥락에서도 그들이 본질적인 종교성을 찾아내고 유지하고 있는지가 관심의 대상이 될 수 있다. 원칙적으로 북한 사회는 종교를 마약과 같은 일시적 위안을 주는 것이라면서 일체의 종교 행동을 금지했기 때문에 개인은 현재까지의 삶에서 종교를 접촉한 경험이 전혀 없을 것이다. 이처럼 종교가 부재한 북한 사회와 같은 환경에서도 북한주민이 절대자를 찾고 신앙을 받아들일 수 있는지, 그리고 그 회심이 얼마나 오래 지속될 것이며, 그 회심에서 발견되는 절대자에 대한 종교적 인식이 기존의 도식적 인식체계와 어떻게 연결되는지는 학문적 호기심의 대상이 아닐 수 없다.

둘째, 개인의 회심을 통한 종교적 신앙생활이 정신건강이나 사회 적응에 긍정적 영향을 미치는지 또한 학문적 관심을 끌 만하다. 종교적 귀의가 인간의 고통과 불안을 얼마나 감소시켜 줄지, 그리고 그 감소가 얼마나 오래 지속될 것인지에 대한 실증적 연구는 많지 않다. 남한 입국 후에 조사된 북한이탈주민의 생애과정을 살펴보면, 종교가 이들의 삶에 여러 가지 방식으로 개입하고 있는 것을 알 수 있다. 일반적으로 북한에서 종교경험을 거의 하지 못했던 북한이탈주민들은 제3국에 체류하는 과정에서 종교기관의 피난처와 경제적 지원을 받고, 종교에 대한 기초적인 사회화나 학습 기회를 얻게 된다. 대표적으로 알려진 북한이탈주민 지원 단체들은 대부분 종교단체이며, 북한이탈주민 지원 활동을 하는 사람들도 종교인인 경우가 많다. 이러한 탈북과정 중에서의 경험은 이후 남한에 와서도 이어지는데, 처음에 남한에 입국한 북한이탈주민들의 대다수가 종교를 가진다(이순형 외, 2007). 특히, 개신교를 가지는 경우가 많고 종교활동에 적극적으로 참여하는 비율이 높게 나타난다(전우택, 조영아, 2003).

한편, 북한이탈주민의 경제적 적응, 사회문화적 적응, 심리적 적응에 대한 선행 연구들(이순형 외, 2007; 이순형, 김창대, 진미정, 2009, 2011, 2014; 이혜영, 이순형, 2007; 진미정, 이순형, 김창대, 2009)을 보면, 종교나 종교인, 종교기관과의 상호작용이 이들의 적응에 영향을 미친다는 것을 언급하고 있으나, 막상 종교가 북한이탈주민의 사회 적응에 얼마나, 어떤 방식으로 영향을 미치는지를 살펴본 연구는 많지 않다. 그나마 종교 관련 몇몇 선행 연구에서는 서로 다른 결과들을 제시하고 있다. 어떤 선행 연구에서는 종교가 북한이탈주민의 불안이나 스트레스를 줄이고, 소속감이나 안정감을 고양시켜 정착과 적응에 긍정적인 영향을 미치는 것으로 나타났다(전우택, 유시은, 엄진섭, 2009). 또 다른 선행 연구에서는 북한이탈주민의 정신건강에 종교가 영향을 미치지 않는 것으로 나타났다(최승주, 전우택, 정우진, 2006).

종교에 대한 태도나 참여 정도 역시 시간에 따라 달라지는 것으로 알려져 있다. 구체적으로 약 120명의 북한이탈주민을 7년 동안 추적한 전우택, 유시은, 엄진섭(2009)의 연구를 보면, 시간이 지날수록 종교를 가진 비율이 감소하는 것으로 나타나는데, 그 이유는 직장 생활이 바쁘기 때문이거나 강요당하는 것이 싫고 믿어지지 않기 때문이라고 하였다. 북한이탈주민들은 종종 종교단체나 종교에 대해 불신하는데, 이는 일부 시민단체나 종교단체가 이벤트 참가와 보상에 집중하고 북한이탈주민들을 이용하여 단체의 이익을 챙긴다고 생각하기 때문이다(임정빈, 2010). 이러한 종교에 대한 태도나 행동의 변화는 북한이탈주민의 적응이나 정신건강에 영향을 미칠 것으로 생각되지만, 이에 대한 실증적 연구는 별로 없다.

장기적으로 볼 때 북한이탈주민들이 회심과 더불어 완전히 종교에 귀의하게 되는지는 의문이다. 만약 삶의 위기를 극복하기 위한 도구로 종교를 이용하고자 한다면, 목적을 달성한 후에는 신앙심을 유지하고 종교공동체에 참여하지 않을 것이다. 그러나 도구적 목적에서가 아니라 본연의 회심이 이루어졌다면 신앙심을 유지하고 종교공동체에 참여하여 소통하면서 내적 성장과 연계해 종교적 참여를 지속할 것이다.

종교경험은 크게 종교관, 종교성과 같은 인식과 예불이나 예배, 종교적 모임에의 참여 등과 같은 행위로 구분할 수 있다. 북한이탈주민의 경우에는 신앙적 측면에서의 종교와 상관없이 탈북지원 단체, 복지기관, 대안학교 등을 통해 종교단체나 종교인과의 상호작용도 빈번하게 일어난다. 북한이탈주민의 종교관이나 종교성은 기본적으로 북한에서의 사회화의 영향을 받고, 탈북과정에서 종교기관과의 상호작용이나 종교적 체험을 통해 발달하게 되며, 남한에 정착한 이후의 생활과 경험에 의해 달라질 것이다.

2. 연구의 목적

이 연구는 북한 사회가 종교를 부정하는 사회주의 이념을 어떻게 얼마나 유지하는지 그 양상을 살펴보고, 북한주민의 종교성이 일상생활에 어떻게 나타나는지를 고찰함과 동시에 종교와 관련된 북한이탈주민들의 경험을 보다 자세하게 알아보고자 하는 목적에서 출발하였다. 이를 위해 먼저 북한에서의 종교정책, 종교 사회화 방식, 북한 사회 자체의 종교성을 파악하고, 종교가 북한 사회의 변화와 관련되는 지점을 찾으며, 북한이탈주민들의 탈북과정과 정착과정에서 종교단체 및 종교가 어떤 역할을 하는지, 그 과정에서 종교관과 종교성이 어떻게 발달하게 되는지, 그리고 이러한 종교 신념이나 경험이 사회 적응이나 정신건강에 어떤 영향을 미치는지를 알아보고자 한다.

이 연구의 목적은 크게 세 가지이다. 첫 번째는 사회주의 본래의 종교 금지 인식이 북한 사회에서 어떻게 유지되고 있는지를 밝히는 것이다. 사회주의 국가인 북한 사회에서 종교에 대한 교육이나 이념화가 어떻게 이루어지는지를 알아봄으로써 개인에게서 종교성이 어떻게 발현되고 유지되는지 아니면 사회정책에 따른 획일적 종교 무시 현상이 나타나는지를 밝히려 한다. 특히 생애 초기부터 주체사상과 유일사상을 가지고 있는 북한이탈주민이 종교를 접하면서 이질감을 느끼고 당혹감을 가지는지 아니면 공통성으로 인해 심리적 불안을 잠재우고 안정을 가져오며 쉽게 신앙을 받아들이는지를 밝힐 것이다. 그리고 유일사상과 유일신앙이 상반된 것으로 서로를 배척하는지 아니면 공통성을 가지고 쉽게 동화되는지를 알아볼 것이다.

두 번째 목적은 개인의 생애과정에서 종교가 차지하는 비중과 영향을 북한이탈주민의 사례를 통해 파악하는 것이다. 이러한 비중과 영향은 개인마다 다를 것이며, 생애과정의 단계나 맥락에 따라 달라질 것이다. 북한이탈주민들의 특수한 경험은 생사의 경계에서, 외부적인 지원이 절실하게 필요한 상황에서, 그리고 다시 점진적으로 일상화되는 생활 속에서 종교가 어떻게 개인의 정신건강과 적응에 영향을 미치게 되는지를 보여주는 사례가 될 것이다. 특히 위기 상황에서 종교가 어떠한 기능을 하는지를 구체적이며 다각도로 밝힐 것이다.

마지막 세 번째 목적은 북한이탈주민의 사회통합과정에서 종교가 발휘하는 역할과 영향을 규명하는 것이다. 북한이탈주민의 사회통합은 넓은 의미의 다문화적 통합이다. 이 과정에서 종교가 어떤 기능을 하고 또 할 수 있는지를 알아보고자 한다.

이러한 목적하에 이 연구는 특수한 이주 상황에서 유일사상 등의 이념 정향이 종교성과 어떻게 연관되는지, 탈북과정과 정착과정에서 종교가 정신건강과 적응에 미치는 영향을 학문적으로 파악할 뿐 아니라 북한이탈주민들과 밀접하게 상호작용하는 종교단체나 종교기관에게 필요한 실천적 정보를 제공할 수 있을 것으로 기대한다.

3. 연구방법

1) 질적 조사

(1) 면담 참여자 선정

북한이탈주민들의 종교경험을 이해하기 위하여 다양한 경험을 가진 참여자들을 선정하기 위해 노력했다. 면담 참여자 선정을 위해 『통일백서』에 수록된 각 종교단체와 전화통화를 시도하거나 연구자들이 참여하고 있는 종교를 통해 소개받기도 했다. 또 북한이탈주민을 위한 콘서트나 모임에 참여하여 참여자를 찾기도 하였다.

연구 초기, 참여자 선정의 기준은 개신교, 천주교, 불교에 몸담고 있는 종교인과 북한이탈주민을 고루 선정하는 것이었다. 예를 들면, 개신교의 목사와 북한이탈주민, 천주교의 신부와 북한이탈주민 등 각 종교에서 종교인과 북한이탈주민들을 고루 참여시키되 균형 있는 목소리를 담고자 종교마다 그 수는 비슷해야 한다는 것이었다. 둘째, 북한 내에서의 종교경험과 이탈과정에서의 종교경험을 가진 참여자를 선정하는 것이었다.

이 기준에 비추어 참여자를 선정하는 데는 어려움이 따랐다. 가장 큰 이유는 북한이탈주민들이 대부분 개신교로 편중되어 있기 때문이었다. 북한이탈주민들 중에서도 불교와 천주교 신자가 있으나 해당 종교기관에서는 이들과 따로 연락을 취하거나 긴밀한 관계를 유지하는 것은 아니라고 했다. 찾아오면 맞이해 주고, 활동에 참여하지 않으면 기다리는 방식이었다. 이에 반해 개신교에서는 북한이탈주민들을 상대로 적극적으로 선교하고 교회활동에 참여시키는 방향으로 접촉을 시도한다고 했다. 북한이탈주민들이 북한을 나와 중국 등지에서 생활할 때도 개신교는 이들에게 먹을 것과 잠자리를 제공했다. 그 결과, 북한이탈주민들 중에서는 이탈과정에서나 남한 정착과정에서 개신교를 선택하는 경향이 매우 강했으며 이러한 경향은 면담 참여자 선정에도 영향을 미쳐 전체 면담 참여자 중 절반 이상이 개신교인들로 이루어지게 되었다. 두 번째는 종교와 관련하여 독특한 경험을 했던 참여자를 찾는 과정에서 이 독특성에 초점을 두다 보니 종교별로 균형 있게 인원수를 구성하려는 시도가 어렵게 되었다. 이에 따라 면담 참여자는 종교와 관련하여 독특한 경험을 한 이들로 구성되었으나 개신교에 편중되었고, 상대적으로 다른 종교들의 경험과 목소리를 많이 담지 못했다는 한계를 가지게 되었다.

표 1-1 면담 참여자

번호	종교	구분	직책	이름	연령	면담 일시
1	개신교	종교인	목사	신종하	50대 중후반	2012. 11. 13
2			목사	김석환	50대 초반	2012. 11. 22
3			선교사	김진	40대 중반	2013. 1. 11
4		북한이탈주민	집사	구자옥	40대 중반	2013. 1. 11
5			학생	송아연	20대 후반	2013. 1. 28
6			주부	송아징	30대 후반	2013. 1. 29
7			직장인	박강식	30대 초반	2013. 1. 30
8			무직	김민석	20대 후반	2013. 1. 20
9			직장인	정혜옥	40대 중반	2013. 1. 21
10			직장인	김나리	40대 중반	2013. 9. 18
11	불교	남한 종교인	승려	김웅	60대 중후반	2012. 12. 20
12		북한이탈주민	강사	박 여사	60대 초반	2012. 12. 26
13	천주교	남한 종교인	수녀	수녀님	50대 후반	2013. 1. 10
14		북한이탈주민	직장인	신경숙	40대 중반	2013. 1. 13

(2) 면담 참여자

면담 참여자[1]는 총 14명으로 개신교 종교인 3명, 북한이탈주민 7명, 천주교 종교인 1명 · 북한이탈주민 1명, 불교 종교인 1명 · 북한이탈주민 1명이었다. 종교인들은 모두 종교단체의 장, 선교사, 승려, 수녀로 구성되었다. 이 중 한 사람은 북한이탈주민 출신으로 개신교 목사가 되었다. 북한이탈주민의 직업은 학생부터 무직, 직장인까지 다양했다.

(3) 면담 절차

수차례의 회의를 통해 면담 질문지를 구성하였다. 질문지 안에는 연구자의 관점에서 북한 생활과 이탈과정, 남한 정착과정에서의 종교경험 및 종교경험과 정신건강 사이의 관계와 관련하여 알고 싶은 모든 질문을 종교인 및 북한이탈주민별로, 그리고 그들의 이탈과정별로 담았다. 북한에서의 종교경험, 이탈과정에서의 종교경험, 남한 정착과정에서의 종교경험을 중심으로 종교인과 북한이탈주민 각자에게 물을 수 있는 질문들을 구체화시켰다. 질문지를 가이드라인으로 삼았으나 실제 면담에서는 질문지의 질문과 답이 오가는 방식이 아닌 면담 참여자가 자신의 종교경험을 이야기하고, 면담자는 그 이야기를 따라가는 방식의 반구조화된 면담이 이루어졌다. 이야기가 오가는 중 의문이 드는 부분이나 추가 설명이 필요한 부분에 한해 질문지의 질문이 주어졌다. 면담 질문은 다음과 같다.

개별 면담을 위해 전화번호를 받은 경우에는 선정된 각 종교의 종교인과 북한이탈주민들에게 개별적으로 연락을 취했다. 종교단체나 모임을 통해 선정된 경우에는 담당자를 통해서 면담 일정을 맞추었다. 면담 장소는 참여자에 따라 교회, 성당, 불당, 참여자의 집, 스터디룸이었다. 면담은

1 면담 참여자의 이름은 가명이며, 정확한 나이, 살았던 곳, 탈북일, 북한에서의 지위 등에 관한 정보는 참여자의 요청으로 대략적인 정보만을 담는다.

– 북한이탈주민용 –

연구문제 1 북한 사회의 종교는 어떠한가?

연구문제 1-1 북한 내 종교에 대한 교육 및 이념화가 어떻게 이루어지는가?

-종교의 종류는 어떠한가?

사회적 관점

-종교를 가질 수 있는가?(선택할 수 있는가?) 그 경로는 어떠한가?

-종교에 대한 전반적인 인식은 어떠한가?

개인적 관점

-종교는 개인에게 어떻게 알려지고 받아들여지는가?

-종교를 가진 개인들은 왜, 어떻게 종교를 가지게 되는가?

연구문제 1-2 북한의 종교와 사회정책은 서로 어떻게 관련이 되어 있는가?

연구문제 2 북한에서의 종교단체 및 북한인의 종교활동과 종교생활은 어떠한가?

연구문제 2-1 북한 내 종교단체의 활동은 주민들의 종교에 대한 태도 유지 혹은 변화에 어떤 역할을 하는가?

연구문제 2-2 북한 내외 종교단체는 어떤 역할을 하는가?

북한 종교단체

-북한 종교단체는 어떤 활동을 하는가?

한국 종교단체

-한국 종교단체는 어떤 활동을 하는가?

연구문제 2-3 북한주민의 종교활동은 어떠한가?

연구문제 2-4 북한주민의 종교생활은 어떠한가?

연구문제 3 이탈과정에서 종교는 어떤 기능을 하였는가?

연구문제 3-1 종교는 언제 처음 접했는가?

-어떠한 경험이었나?

-종교에 대한 처음 인상은 어떠했는가?

연구문제 3-2 종교를 통해 만난 사람들과의 첫 경험은 어떠한가?

-처음 접한 종교인들은 어떤 사람들이었나?(첫인상, 왜 도움을 줄까? 등)

-종교인들과의 관계는 어떠했나?

연구문제 4 정착과정에서 종교는 어떤 역할을 하였는가?

연구문제 4-1 남한의 종교는 북한이탈주민의 종교 수용, 종교성 및 종교 유지에 어떤 역할을 했는가?

-남한 종교는 종교를 받아들이고 유지하는 데 어떻게 도움이 되었나?

-남한 종교는 북한이탈주민의 종교성(신념, 지식, 예배의식, 삶에 적용 등) 변화에 어떤 역할을 했는가?

연구문제 4-2 종교에 대한 생각에 변화가 생긴 적이 있는가?(영향, 갈등 등)
-어떤 계기가 있었는가?
-어떤 변화가 생겼는가?
-종교에 의해 생활이 어떻게 달라졌는가?
-종교는 왜 믿어야 하나? 왜 믿지 말아야 하나?

연구문제 5 북한이탈주민들이 현재 종교에 대해 가지고 있는 태도는 어떠한가?

연구문제 5-1 종교인들과의 관계는 어떠한가?
-당시 만난 사람들과 현재까지 어떤 관계를 유지하고 있는가? 아니면 관계가 없는가?(이유, 첫인상의 변화 등)

연구문제 5-2 종교는 왜 필요하다고 혹은 필요 없다고 생각하는가?

연구문제 6 주체사상과 유일신앙의 유사성에 의해 종교를 받아들이기가 더 수월했을까? 그 반대일까?

연구문제 6-1 북한 생활은 어떠했는가?
-경제활동, 사회 분위기는 어떠했는가?
-자유에 대한 생각은 어떠했는가?
-주체사상에 대한 생각은 어떠했는가?

연구문제 6-2 남한 생활은 어떠했는가?
-경제활동, 사회 분위기는 어떠한가?
-자유에 대한 생각은 어떻게 바뀌었나?
-주체사상에 대한 생각은 어떻게 바뀌었나?(바뀌지 않았는가?)

– 남한 종교인용 –

연구문제 1 국내 종교단체의 활동(선교 및 지원)은 어떠한가?
-일반적인 종교단체의 활동 및 개인적 활동 구분

연구문제 1-1 어떤 선교활동을 하는가?

연구문제 1-2 어떤 지원을 하는가?(정신적, 물질적, 인적 지원)

연구문제 1-3 활동을 하는 이유는 무엇인가?

연구문제 2 북한 종교단체의 활동은 어떠한가?

연구문제 2-1 북한 종교의 전반적인 특성은 어떠한가?

연구문제 2-2 북한 종교의 목적은 무엇인가?

연구문제 2-3 북한을 제외한 타 국가와의 차이는 무엇인가?

연구문제 3 북한 종교인들과의 만남은 어떤 경험이었는가?

연구문제 3-1 만남은 어떻게 이루어지는가?

연구문제 3-2 국내 혹은 국외의 다른 종교인들과 비교할 때 어떤 인상을 받았는가?

연구문제 3-3	어떤 대화를 나누는가?
연구문제 4	이탈을 돕는 과정에서의 종교활동 경험은 어떠한가?
연구문제 4-1	북한이탈주민들의 이탈을 돕는 이유는 무엇인가?
연구문제 4-2	이 과정에서 북한이탈주민들에게 돌아가는 혜택(자금, 생필품 등)은 무엇인가?
연구문제 4-3	남한인(혹은 종교단체)을 처음 접할 때 북한이탈주민들의 태도는 어떠한가?
연구문제 5	정착과정에서 종교는 어떤 역할을 하였는가?
연구문제 5-1	북한이탈주민들에게 종교가 어떤 도움이 되는가?
연구문제 5-2	북한이탈주민들은 종교를 어떻게 생각하는가?
연구문제 5-3	북한이탈주민들이 종교를 대하는 태도에 변화가 있는가?
연구문제 6	현재 북한이탈주민과는 어떤 관계인가?
연구문제 6-1	관계를 유지하는가? 혹은 관계 유지가 어려운가?
연구문제 6-2	관계 유지를 위한 노력을 하고 있는가? 하고 있다면 어떤 노력을 하고 있는가?
연구문제 7	주체사상과 유일사상은 종교와 어떤 관련이 있는가?
연구문제 7-1	종교인의 눈으로 본 북한은 어떤 나라인가?(주체사상 중심으로)
연구문제 7-2	선교의 어려운 점은 무엇인가? 왜 그런가?
연구문제 7-3	북한이탈주민들에게 종교는 어떤 역할을 하는가? 왜 그런가?
연구문제 8	북한이탈주민들의 정서 상태는 어떠한가?
연구문제 8-1	처음 만났을 때는 어떻게 보였나?
연구문제 8-2	시간이 지난 지금은 어떻게 보이는가?
연구문제 8-3	북한이탈주민들의 정서 변화에 어떻게 대처하는가?

2012년 11월부터 2013년 1월 사이에 1시간 30분에서 2시간 30분 동안 이루어졌다. 주로 개별 면담을 했다. 면담 전에 연구의 목적과 비밀보장 원칙을 설명하였고, 경우에 따라 추가 면담의 가능성을 알렸다. 면담 내용을 분석하는 과정에서 추가로 알아야 할 사항이 있을 경우 추가 면담을 실시하였다. 면담 내용은 녹음 후 전사되었다.

(4) 면담 분석

분석은 구체적으로 다음과 같은 순서로 이루어졌다. 첫째, 전사 자료를 종교인과 북한이탈주민별로 구분하여 우선 북한이탈주민들의 면담 자료를 읽고 그들이 북한에서부터 남한에 정착하기까지의 삶을 이해하려 노력했다. 그런 후 종교인들의 면담 자료를 수차례 읽으면서 종교인들이 생각하는 북한과 북한이탈주민들의 삶을 들여다보았다. 둘째, 초기에 설정한 연구의 구성 방식인 북한이탈주민들이 북한에서 경험한 종교, 이탈과정에서의 종교경험, 남한 정착과정에서의 종교경험으로 분리하여 면담 내용을 부호화했다. 셋째, 이 세 가지의 부호화 틀을 중심으로 면담 참여자의 증언들을 선택적으로 코딩하는 방식을 취했다. 연구의 구성이 북한, 이탈(제3국), 남한으로 이어지는 일련의 과정을 담아내는 방식이기 때문에 면담 참여자들의 공통된 경험으로부터 주제어를 도출하거나 범주화를 하는 방식을 취하지는 않았다. 예를 들면 북한에서의 종교경험 부분은 북한에서 몰래 성경책을 들여와 읽었던 참여자의 증언을 중심으로 서술했고, 이탈과정의 경우 종교적 기적을 경험한 참여자를 중심으로 서술하기도 했다. 두 명 이상의 북한이탈주민들이 공통된 경험을 한 경우도 있고, 그 경험을 뒷받침하는 종교인의 증언이 있는 경우에는 부분적인 범주화를 했다. 이 일련의 과정은 북한이탈주민의 신앙발달과정을 함의하는 그림으로 정리하였고, 각 종교의 장단점, 유일사상과 신앙심의 관계를 추정하는 자료로도 활용하였다. 그리고 면담 내용을 통해 종교가 면담 참여자들에게 어떤 역할을 했는지, 종교가 이들의 정신건강과는 어떤 연관이 있는지, 종교의 장단점 등의 내용을 도출한 후 서술하였다.

2) 양적 조사

북한이탈주민의 종교생활과 정신건강 및 적응에 대한 양적 조사를 위해서 북한이탈주민들을 대상으로 설문조사를 실시하였다.

(1) 연구대상

북한이탈주민을 대상으로 한 설문조사는 사회단체와 종교단체의 도움을 받아 서울 및 경기도에 거주하는 북한이탈주민을 눈덩이표집하여 설문지를 배포 및 수거하였다. 설문지를 500부 배포하고 그중 306명의 자료를 수집하였다. 응답자들의 사회인구학적 특성을 살펴보면 표 1-2와 같다.

응답자 중 남성이 27.5%, 여성이 72.5%로 여성의 비율이 약 3배 정도 높았다. 이는 북한이탈주민 중에 여성이 압도적으로 많음을 시사한다.

응답자의 연령별로는 40대가 32.5%로 가장 많았고, 그다음은 30대가 25.9%, 20대가 24.3%를 차지하였다. 탈북 시기별로 보면 1995년 이전에 탈북한 응답자는 3명(1.0%)인 반면, 1996년부터 1999년 사이에 탈북한 응답자가 91명(29.9%), 2000년도에 탈북한 응답자는 156명(51.4%)으로 절반 이상을 차지하였다. 입국 시기별로 보면 2005년 이후 입국자가 255명(84.1%)으로 대부분 남한에 입국하여 정착한 지 8년 이내인 사람들이었다.

혼인 상태는 미혼이 164명(56.6%), 기혼이 120명(41.4%)이었다. 이들의 직업은 회사원이 67명(23.0%)으로 가장 많았고, 그다음은 학생이 52명(17.9%)을 차지하였다. 영업 및 서비스직 종사자와 취업교육 및 검정고시 준비 중인 경우가 각 32명(11.0%), 가사자는 25명(8.2%), 공장이나 건축 노동자가 23명(7.9%), 구직 중인 경우는 21명(7.2%), 이 외에도 간병이나 건강문제로 직업이 없는 경우가 39명(13.4%)이었다. 월평균 수입은 100만 원 미만이 99명(39.4%)으로 가장 많았고, 그다음이 100만 원에서 200만 원 미만이 85명(33.9%)이었다.

북한이탈주민의 종교는 개신교가 143명(46.9%)으로 거의 절반을 차지하였고, 그다음으로 천주교 83명(27.2%), 불교 및 기타 14명(4.6%), 무교는 58명(19.7%)이었다. 응답자의 70%가 남한에서 종교를 가지기 시작하였으며, 이탈과정에서 종교를 가진 경우는 61명(25.4%)이었다. 종교를 가진 기간은 1년에서 3년이 76명(31.7%)으로 가장 많았다.

종교 전념 정도를 보면 열심히 하지 않는다고 한 경우가 64명(26.7%)인 반면 열심히 한다고 한 경우가 84명(35.1%)으로 더 많았다. 그리고 절

표 1-2 북한이탈주민의 사회인구학적 특성

변수	응답 범주	빈도(%)
성별 (N=306)	남성	84(27.5)
	여성	222(72.5)
연령 (N=305)	20~29세	74(24.3)
	30~39세	79(25.9)
	40~49세	99(32.5)
	50~59세	31(10.2)
	60세 이상	22(7.2)
월평균 소득 (N=251)	100만 원 미만	99(39.4)
	100~199만 원	85(33.9)
	200~299만 원	40(15.9)
	300만 원 이상	27(10.8)
교육 정도 (N=302)	인민학교	18(6.0)
	고등중학교	232(76.8)
	대학교 이상	52(17.2)
결혼 지위 (N=290)	기혼	120(41.4)
	미혼	164(56.6)
	기타	6(2.1)
현재 하는 일 (N=291)	회사원	67(23.0)
	학교 재학 중	52(17.9)
	영업 및 서비스직	32(11.0)
	취업교육/검정고시 준비	32(11.0)
	가사	25(8.2)
	공장/건축 노동자	23(7.9)
	구직 중	21(7.2)
	기타(간병, 건강문제)	39(13.4)
탈북 시기 (N=304)	1995년 이전	3(1.0)
	1996~1999년	91(29.9)
	2000~2004년	57(18.8)
	2005~2009년	99(32.6)
	2010~2013년	54(17.8)
남한 입국 시기 (N=303)	1999년 이전	2(0.7)
	2000~2004년	46(15.2)
	2005~2009년	138(45.5)
	2010~2013년	117(38.6)

변수	응답 범주	빈도(%)
종교 (N=298)	개신교	143(46.9)
	천주교	83(27.2)
	불교 및 기타	14(4.6)
	종교 없음	58(19.7)
종교를 가진 시기 (N=238)	북한에서부터	7(2.9)
	남한에서부터	168(70.0)
	이탈과정에서	61(25.4)
	기타	2(0.8)
종교를 가진 기간 (N=206)	1년 미만	4(1.7)
	1~3년 미만	76(31.7)
	3~5년 미만	50(20.8)
	5~10년 미만	55(22.9)
	10년 이상	21(8.8)
종교에 대한 열심 정도 (N=238)	열심히 하지 않음	19(7.9)
	믿음이 약함	45(18.8)
	보통	90(37.5)
	약간 열심히 함	51(21.3)
	매우 열심히 함	33(13.8)
종교 모임 참여 (N=238)	수회/1주	35(14.6)
	1/1주	132(55.0)
	1/2-3주	19(7.9)
	1/1개월	25(10.4)
	1/2~3개월	10(4.2)
	아주 드물게	17(7.2)
종교 교리 숙지 (N=236)	거의 알지 못함	15(6.3)
	별로 알지 못함	54(22.9)
	보통	97(40.4)
	어느 정도	49(20.4)
	매우 잘 알고 있음	21(8.8)
종교활동 여부 (N=230)	있다	36(15.0)
	없다	194(80.8)

반 이상의 북한이탈주민이 주 1회 종교 모임에 참여하는 것으로 나타났다. 그럼에도 불구하고 종교 교리에 대하여 숙지하는 정도에 대해서는 잘 알지 못하는 경우가 69명(29.2%), 잘 아는 경우가 70명(29.2%)으로 차이가 나타나지 않았다. 종교활동에 참여하는 경우는 194명(80.8%)으로 대부분의 북한이탈주민이 종교와 관련된 활동을 하고 있는 것으로 나타났다.

(2) 조사도구

이 연구에 사용된 설문지는 정신건강, 회복탄력성, 탈북 후 긍정적 변화, 심리적 문화적응전략, 남한 생활 적응, 정체성, 종교 성향에 관한 문항으로 구성되었다. 이 외에 성별, 연령, 가족관계, 학력, 결혼 상태, 본인의 직업, 평균 수입, 남한 생활에 대한 만족 및 적응 등 인구배경에 대한 문항으로 구성되어 있다.

① 정신건강에 대한 조사도구

북한이탈주민의 정신건강에 대한 조사는 임영진 등(2010)이 개발한 척도로 정서적 웰빙, 사회적 웰빙, 심리적 웰빙을 질문하는 한국형 정신건강 척도(Korea Mental Health Continuum Short-Form: K- MCH-SF) 14문항과 정신장애를 묻는 한국형 정신장애 척도(Korea Mental Disorder Inventory: K-MDI) 13문항으로 구성되었다.

총 27개의 문항들은 '전혀 없음', '한 번 혹은 두 번', '대략 1주에 한 번', '대략 1주에 2~3번', '거의 매일' 그리고 '매일'과 같이 횟수를 묻는 6점 척도로 이루어져 있다.

한국형 정신건강 척도의 신뢰도 평가를 위해 신뢰도 계수(Cronbach Alpha)를 분석한 결과 표 1-3과 같이, 정서적 웰빙 .92, 사회적 웰빙 .86, 심리적 웰빙 .93, 정신장애 .92로 각 문항 간 내적 일치도가 높은 것으로 나타났다.

표 1-3 한국형 정신건강 조사도구의 구성

구분	문항	문항수	신뢰도(α)
정서적 웰빙	1. 행복감을 느꼈다. 2. 삶에 흥미를 느꼈다. 3. 만족감을 느꼈다.	3	.92
사회적 웰빙	4. 나는 사회에 공헌할 만한 능력을 지니고 있다고 느꼈다. 5. 공동체(사회집단이나 이웃 같은)에 소속되어 있다고 느꼈다. 6. 우리 사회가 나와 같은 사람들에게 더 살기 좋은 곳이 되어 가고 있다고 느꼈다. 7. 사람들은 기본적으로 선하다고 느꼈다. 8. 우리 사회가 돌아가는 방식이 이해할 만하다고 느꼈다.	5	.86
심리적 웰빙	9. 나는 내 성격의 대부분을 좋아하고 있다고 느꼈다. 10. 매일의 생활에서 내가 해야 할 책임들을 잘 해내고 있다고 느꼈다. 11. 다른 사람들과 따뜻하고 신뢰 관계를 맺고 있다고 느꼈다. 12. 나를 성장시키고 더 나은 사람이 되도록 자극을 주는 경험들을 했다고 느꼈다. 13. 나만의 아이디어와 의견을 생각하거나 표현하는 데 자신이 있다고 느꼈다. 14. 내 삶이 방향감이나 의미를 갖고 있다고 느꼈다.	6	.93
정신 장애	15. 나는 의학적으로 원인을 알기 어려운 신체적 불편감이나 증상이 있다. 16. 음식 먹는 것을 마음대로 조절하기 어렵다. 17. 남들이 듣지 못하는 사람의 목소리를 듣는다. 18. 남들이 보기에 이상하다고 여길 만한 생각을 한다. 19. 나는 자신이나 시간, 주위 환경이 매우 낯설게 느껴지거나 중요한 과거 경험을 전혀 기억하지 못해 고통받은 경험이 자주 있다. 20. 나는 적절한 수면을 취하기 어려워 고통스럽다. 21. 나는 자신이나 타인에게 해를 끼칠 수 있는 행동(도박, 도벽 등)을 하려는 충동과 욕구를 통제하기 어렵다. 22. 술을 먹어서는 안 되지만 억제할 수 없다. 23. 우울감과 슬픔을 자주 느낀다. 24. 나는 불안이나 긴장감을 자주 느낀다. 25. 나는 울화병으로 고통받고 있다고 느낀다. 26. 나는 최근 한 달 이내에 수면제, 신경안정제, 혹은 항정신병 약물 등의 정신과 약물을 복용한 적이 있다. 27. 나는 지난 5개월 동안 부적절한 대상에게 강렬한 성적 욕망을 느낀 적이 있다.	13	.92

표 1-4 회복탄력성 조사도구의 구성

구분	문항	문항수	신뢰도(α)
회복 탄력성	1. 나는 어려운 시기를 보낸 후에 빨리 회복하는 편이다. 2. 나는 스트레스를 주는 사건들을 이겨내기 어렵다.* 3. 나는 스트레스를 주는 사건으로부터 회복하는 데 오랜 시간이 걸리지 않는다. 4. 나는 어떤 안 좋은 일이 일어났을 때 빨리 제정신을 차리는 것이 어렵다.* 5. 나는 보통 어려운 시기를 별다른 문제 없이 견뎌낸다. 6. 나는 내 삶에서의 실패를 극복하는 데 오랜 시간이 걸리는 경향이 있다.*	6	.74

*: 부정형 질문으로 역산 처리한 문항

② 회복탄력성 조사도구

북한이탈주민의 회복탄력성을 알아보기 위해 간이 회복탄력성 척도(The Brief Resilience Scale: BRS)(Smith, Dalen, Wiggins, Tooley, Christopher, & Bernard, 2008)를 번역하고 아동학 전공자 3인의 전원 합의 문항을 사용하였다. 총 6개의 긍정적 문항 3개, 부정적 문항 3개로 이루어져 있다. 각 문항은 1점(전혀 그렇지 않다)에서 5점(매우 그렇다)까지의 척도로 이루어져 있으며 부정형 질문은 역산 처리하여 계산하였다. 각 문항에서 평가된 점수의 총점으로 회복탄력성을 평가하며, 점수가 높을수록 북한이탈주민의 회복탄력성 수준이 높음을 의미한다.

회복탄력성 척도의 신뢰도를 분석한 결과 신뢰도 계수는 .74로 양호하게 나타났다.

③ 탈북 후 긍정적 변화 측정도구

북한이탈주민이 북한에 있었을 때와 비교하여 탈북 후 여러 경험을 통해 달라진 점에 대하여 알아보기 위하여 이순형 등(2007)의 탈북 후 긍정적 변화와 부정적 변화 척도를 사용하였다. 총 11개의 문항 중 긍정적 변화에

표 1-5 탈북 후 긍정적 변화 측정도구의 구성

구분	문항	문항수	신뢰도(α)
긍정적 변화	1. 무엇이든 할 수 있다는 자신감이 생겼다. 2. 인생에서 무엇이 중요한가에 대하여 생각하게 되었다. 3. 인간적으로 성장했다고 느꼈다. 4. 가족들과 가까워졌다. 5. 인내심이 많아졌다. 6. 삶의 목표가 생겼다.	6	.85
부정적 변화	7. 남들에 비해 나 자신이 못났다고 느껴졌다.* 8. 사람들을 믿지 못하게 되었다.* 9. 미래에 대한 불안감이 커졌다.* 10. 성격이 거칠고 공격적으로 변했다.*	4	.70
종교 변화	11. 신에 대한 믿음(종교심)이 생겼다.	1	

*: 부정형 질문으로 역산 처리한 문항

관한 6문항, 부정적 변화에 관한 4문항, 그리고 종교 변화에 관한 1문항으로 이루어져 있다. 부정적 변화의 질문은 역산 처리하여 계산하였다.

수집된 자료를 통해 신뢰도를 분석한 결과 각각의 요인별 신뢰도 계수는 표 1-5에서 제시된 것처럼 탈북 후 긍정적 변화가 .85, 탈북 후 부정적 변화가 .70으로 나타나 중등도 이상으로 신뢰할 만한 수준이었다. 종교 변화의 경우 단일 문항으로 신뢰도 측정이 불가하였다.

④ 심리적 문화적응전략 조사도구

북한이탈주민의 남한 내 심리적 문화적응기제와 적응행태를 알아보기 위해 채정민 등(2002)이 개발한 북한이탈주민용 문화적응전략 척도를 사용하였다. 총 16문항으로 이루어진 이 척도는 북한 문화 지향성과 남한 문화 지향성의 하위 요소를 포함하고 각 8개의 문항으로 구성되어 있다. 이 척도는 4점 척도로 점수가 높을수록 각 문화를 높게 지향함을 의미한다. 점수를 산출하는 다른 방법은 이들 점수의 조합에 따라 고집단과 저

표 1-6 문화 지향성에 따른 전략 유형

	높은 북한 문화 지향성	낮은 북한 문화 지향성
높은 남한 문화 지향성	통합	동화
낮은 남한 문화 지향성	분리	주변화

표 1-7 심리적 문화적응전략 조사도구 구성

구분	문항	문항수	신뢰도(α)
북한 문화 지향성	1. 남한에서 살고 있지만 나의 정신적 뿌리는 북한이라는 생각을 잊지 않으려고 노력한다. 2. 나는 북한에서 배운 지식과 기술이 더 가치가 있다고 생각한다. 3. 나는 자식들이 (여기서 산다면) 북한의 풍습을 잊지 않도록 가르치겠다. 4. 나는 북한 출신자들과 계속 긴밀한 관계를 유지하려고 노력하겠다. 5. 북한에 남아 있는 전통적인 미풍양속은 계속 발전시켜야 한다고 생각한다. 6. 나는 북한에서의 삶을 자주 떠올리며 그리워한다. 7. 나는 북한 출신자끼리 만난 자리에서는 북한식 말투를 써야 한다고 생각한다. 8. 북한 출신 사람들의 모임에 나가면 마음이 편해지는 느낌이 들 것이다.	8	.75
남한 문화 지향성	9. 나는 진정한 남한 사람이 되려고 노력하고 있다. 10. 나는 남한에서 경험한 새로운 생활이 매우 유익하고 재미있다고(있을 것이라고) 생각하면서 지내려고 한다. 11. 나는 남한 사회에서 고유하게 발전된 생활양식을 받아들이겠다. 12. 나는 일상생활에서 남한식 말투를 사용하려고 노력하겠다. 13. 나는 남한에서 잘 살기 위해서라면 무엇이든지 해보겠다. 14. 나는 자녀들이 (여기서 같이 살거나 산다면) 남한 사회의 문물을 잘 받아들이도록 해주겠다. 15. 나는 남한 사회에 대한 지식들을 즐거운 기분으로 배우려고 한다. 16. 나는 새롭게 사귄 남한 사람들과 허물없이 지내려고 노력하겠다.	8	.88

집단으로 분류한 후, 표 1-6과 같이 높은 북한 문화 지향성과 높은 남한 문화 지향성 점수일 경우는 통합, 낮은 북한 문화 지향성과 높은 남한 문화 지향성 점수일 경우는 동화, 높은 북한 문화 지향성과 낮은 남한 문화 지향성 점수일 경우는 분리, 낮은 북한 문화 지향성과 낮은 남한 문화 지향성일 경우는 주변화 전략 유형으로 구분하였다.

심리적 문화적응전략 조사도구의 신뢰도 계수는 표 1-7과 같이, 북한 문화 지향성이 .75, 남한 문화 지향성이 .88로 각 문항 간 내적 일치도가 높은 것으로 나타났다.

⑤ 남한 생활 적응 조사도구

북한이탈주민이 남한에서 생활하며 경험한, 또는 경험하고 있는 어려움을 알아보기 위하여 이순형 등(2007)이 개발한 남한 생활 적응 척도를 사용하였다. 총 12문항으로 이루어진 이 척도는 4개의 하위 영역으로 사회

표 1-8 남한 생활 적응 조사도구 구성

구분	문항	문항수	신뢰도(α)
사회적 활동 제약	1. 나는 사회적 활동에 참여하지 못하고 있다. 2. 다른 사람에 대한 두려움으로 사람들과 접촉을 꺼릴 때가 있다. 3. 남한에서 사용되는 낯선 언어(한자어나 외래어) 때문에 어려움이 있다. 4. 남한의 문화에 적응이 안 된다.	4	.79
개인적 차별	5. 사람들은 나에게 직접적으로 말하지는 않지만 그들에게서 차별감을 느낀다. 6. 직업 및 직장 생활을 따라가기에 어려움이 있다. 7. 사람들은 나에 대해 편견을 가지고 있다.	3	.81
정서적 문제	8. 고향에 대한 그리움 때문에 견디기 힘들다. 9. 가족들과 친척들을 떠나온 사실 때문에 죄책감을 느낀다.	2	.77
사회적 소외	10. 내가 북한에서 왔기 때문에 사회적 지위가 낮다고 느낀다. 11. 남한 사회에 소속감을 느끼지 못하고 있다. 12. 남한 사회의 법·제도에 적응이 안 된다.	3	.82

적 활동 제약 4문항, 개인적 차별 3문항, 정서적 문제 2문항, 사회적 소외 3문항으로 구성되어 있다.

남한 생활 적응 척도의 신뢰도를 분석한 결과, 표 1-8과 같이 사회적 활동 제약은 .79, 개인적 차별은 .81, 정서적 문제는 .77, 사회적 소외는 .82로 문항 간 내적 일치도가 높은 것으로 나타났다.

⑥ 정체성 조사도구

북한이탈주민의 정체성을 알아보기 위해 이순형 등(2007)이 개발한 북한이탈주민의 정체성 척도를 사용하였다. 이 척도는 총 10문항으로 자아 정체성 7문항, 가족 정체성 1문항, 민족 정체성 1문항, 국가 정체성 1문항으로 구성되어 있다. 이 척도는 5점 척도로 점수가 높을수록 해당 정체성이 강함을 의미한다.

표 1-9 정체성 조사도구 구성

구분	문항	문항수	신뢰도(α)
자아 정체성	1. 나는 과거의 내가 아닌 듯 느낄 때가 있다. 2. 나는 여기저기서 여러 사람을 만날 때마다 다른 사람이 된 듯했다. 3. 많은 사람 중에 나와 같은 이는 없다. 4. 나는 대한민국 국민이기도 하고 북한인민주의공화국의 인민이기도 하다. 5. 누가 뭐래도 나는 나만의 인생을 산다.* 6. 새로운 사회에 왔어도 나는 나일 뿐 새로운 사람이 된 것이 아니냐. 7. 많은 사람들 속에서 내가 누군가 하는 생각이 들곤 한다.	7	.72
가족 정체성	8. 여러 곳에 다니면서 여러 사람과 함께 살다 보니 누가 내 가족인지 헷갈린다.	1	
민족 정체성	9. 중국에서 중국인들과 만나서 '나는 도대체 어느 민족에 속하는가' 의문이 들었다.	1	
국가 정체성	10. 나는 남한과 북한이 운동경기를 할 때면 북한을 응원한다.	1	

*: 부정형 질문으로 역산 처리한 문항

수집된 자료를 통해 정체성 척도의 신뢰도를 분석한 결과 신뢰도 계수는 자아 정체성이 .72로 신뢰할 만한 수준으로 나타났다. 가족 정체성, 민족 정체성, 국가 정체성의 경우 단일 문항으로 신뢰도 측정이 불가하였다.

⑦ 종교 성향 조사도구

북한이탈주민이 종교를 도구적으로 사용하는지, 종교 그 자체로 신앙을 가지는지에 대한 종교 성향을 알아보기 위해 Feagin(1964)의 내재적·외현적 종교 성향 척도를 번역하고 아동학 전공자 3인의 전원 합의 문항을 사용하였다. 총 21개의 문항 중 외현적 종교 성향 문항 10개, 내재적 종교 성향 문항 11개로 이루어져 있다.

수집된 자료를 통해 종교 성향 조사도구의 신뢰도를 분석한 결과 각각의 요인별 신뢰도 계수는 표 1-10에서 제시된 것처럼 외현적 종교 성향이 .78, 내재적 종교 성향이 .90으로 나타나 문항 간 내적 일치도가 높은 것으로 나타났다.

(3) 연구 절차

북한이탈주민을 대상으로 하는 양적 조사는 북한이탈주민과 접촉이 가능한 사회단체와 종교단체를 통해 설문조사 형식으로 진행되었으며, 단체의 협조를 받아 설문지를 배포 및 수집하였다. 설문지는 2012년 11월 1일부터 총 500부를 배포하여 2013년 2월 10일까지 총 305부가 회수되었다.

(4) 분석 방법

수집된 자료의 통계적 분석을 위해 STATA 12.0 프로그램을 사용하였고 빈도, 백분율, 평균, 표준편차, t-검정, Pearson 적률상관관계, 회귀분석, 일원변량분석을 이용하였다.

표 1-10 종교 성향 조사도구 구성

구분	문항	문항수	신뢰도(α)
외현적 종교 성향	1. 종교의 가장 중요한 역할은 슬프거나 불행한 일이 닥쳐올 때 위안을 주는 것이다. 2. 종교가 내 삶의 균형과 안정을 유지할 수 있도록 도와주는 방식은 친구관계나 사회관계가 내 삶의 균형과 안정을 도와주는 방식과 똑같다. 3. 나는 친구를 사귀는 데 도움이 되기 때문에 종교 모임에 간다. 4. 내가 기도하는 목적은 행복하고 평안한 삶을 이루기 위한 것이다. 5. 도덕적인 삶을 살아간다면 내가 무엇을 믿는가 하는 것은 중요하지 않다. 6. 나는 종교적 신앙을 가지고 있지만, 일상생활에는 종교가 반영되지 않는 편이다. 7. 종교는 좋은 사회적 관계를 형성하기에 아주 중요한 장소이다. 8. 나는 내 종교를 믿지만, 삶에는 더욱 중요한 것들이 많이 있다고 느낀다. 9. 종교에 대해 관심을 갖는 일차적인 이유는 종교인과 마음이 맞는 활동을 할 수 있기 때문이다. 10. 가끔 나는 나의 사회적·경제적 행복을 보호하기 위해 나의 종교적 믿음을 타협하는 것이 필요하다고 생각한다.	10	.78
내재적 종교 성향	11. 나는 종교가 나의 모든 생활에 영향을 미치게 하려고 노력한다. 12. 나는 자주 신의 존재에 대해 스스로 느끼고 있다. 13. 나의 종교적 신념이 나의 삶의 태도를 이루는 실제적인 기본이 된다. 14. 혼자 있을 때에 하는 기도도 예배나 집회 중에 하는 기도와 똑같은 의미와 개인적 감정을 담고 있다. 15. 나는 불가피한 사정이 없는 한 종교 모임에 참석한다. 16. 내가 종교 모임에 참석해야 한다면 나는 교리공부에 참여하는 것을 선호한다. 17. 나는 기도하는 것을 배웠기 때문에 기도를 한다. 18. 종교는 삶의 의미에 대한 많은 질문에 답을 주기 때문에 나에게 특히 중요하다. 19. 나는 신앙을 위해 종교 서적을 읽는다. 20. 종교적인 사고나 영상을 위해서 개인적인 시간을 내는 것이 중요하다. 21. 기도의 일차적인 목적은 고통을 줄이고 보호를 받기 위함이다.	11	.90

자료의 통계적 분석에 앞서 부정 진술문에 대해서는 역산 처리를 하였으며, 측정도구의 신뢰도 수준을 알아보기 위해 문항의 신뢰도 계수를 추정하는 방법인 신뢰도 계수를 산출하여 검토하였다.

제2장
종교와 북한 사회

1. 종교와 종교 인식

개인이 가지고 있는 종교에 대한 인식은 특정 종교에 국한된 것일 수도 있고 혹은 여러 종교에 대한 광의의 종교적 이해로 나타날 수 있다. 특정 종교에 국한된 인식은 자신이 가지고 있는 종교를 절대 불변의 것으로 인식해 전념하는 협의의 신앙심으로 이어질 수 있다. 이와 상대적으로 광의의 종교적 이해는 여러 종교를 포괄적으로 인식하며, 종교의 기원부터 시작해 종교의 성장과 유지의 과정을 객관적으로 본다. 이 관점에서 보면 개신교, 유교, 이슬람, 힌두교 등 수천 년 동안 지속되어 온 종교가 있는 반면에 이름도 모를 종교들이 발생했다가 소멸되기도 한다. 현재까지 남아 있는 몇몇 종교는 수천 년 동안 많은 실적 변화를 겪어 왔으며 지금도 발전하기 위해 진화하고 있다고 보는 것이다.

두 관점에서 종교가 개인에게 미치는 영향은 다를 것이다. 협의의 신앙심은 인간의 내적 생활에 크게 영향을 미친다. 즉, 출생으로 인한 생명에 대한 인식과 가치, 삶의 과정에 대한 인식과 가치, 그리고 죽음에 대한 인식과 가치 등 인간의 내적 신념에 영향을 미친다. 구체적으로 개신교 신앙인이 생각하는 출생과 죽음은 유교나 불교 신자들이 생각하는 출생과 죽음과는 다르다. 개신교에서 사후 세계를 믿는 데 반해서 불교에서는 윤회와 내세 출생을 믿는다. 이처럼 종교에 따라서 생명의 시작과 마침, 이후에 대한 인식이 다르다.

생사관의 차이는 사람들의 일상생활에도 영향을 준다. 개신교인들이 현세에서 무엇인가를 성취하려고 하는 열망을 지니는 데 비해서 불교인들은 내세에 다시 태어날 세상을 꿈꾼다. 인도의 카스트제도는 불교를 믿는 사람들에게는 설득될 수 있지만 개신교를 믿는 사람들에게는 가능하지 않다. 현세의 열등한 지위가 내세의 우월한 지위를 보장한다는 것이 윤회를 믿지 않는 사람들에게는 가능하지 않을 것이다. 힌두교 역시 유일신이나 공통된 교리를 가지고 있지 않으며 여러 집단의 이질적 요소와 다양함이 그 안에서 공존한다. 아울러 불교의 윤회사상도 혼합되어 있다. 힌두교 신자들은 현세의 고통으로부터 벗어나기 위해서 윤회로부터 벗어나는 해탈을 목적으로 삼고 있다. 윤회로부터 해탈을 지향하면서 현실에서는 다양함 속에서 통합과 관용을 실천한다. 이처럼 다양함을 수용하는 힌두교의 특성이 단일성을 추구하는 개신교와 달리 현세의 불평등을 견디게 하는 것이다.

힌두교가 다신(多神)을 믿고 여러 집단의 특성을 수용하는 포용적이고 관대한 특성을 지니고 있다는 데 반해서, 개신교는 단일신을 믿고 공통의 교리를 실천하기를 강요한다. 힌두교가 소극적이고 포용적이라면 개신교는 적극적이며 배타적인 특성을 가지고 있다. 힌두교가 전생과 현세, 내세도 고려한다면 개신교는 내세를 고려하는 현세 중심적이다. 이러한 종교의 특성은 그 종교를 믿는 신자들의 일상생활에 영향을 미친다. 현세만이 확실한 삶의 터전이자 공간이라고 할 때 신자들은 현실을 중시하고 현세에서 성취하고 대우받기를 원할 것이다. 이들은 현실주의적 삶의 방식을 선택할 것이라 예상할 수 있다. 특정 종교에 몰입된 사람은 그 종교에 실망하여 다른 종교로 개종할 때 심각한 긴장과 불안을 경험할 수 있다. 마치 태어나 고향을 한 번도 떠나 본 적이 없는 노인이 새로운 곳으로 이사를 앞둔 경우처럼 심리적 불안을 경험할 것이다.

한편 광의의 종교심을 가진 사람이라면 특정 종교의 특성이 개인의 생사관이나 인생관에 지대한 영향을 미치지는 않을 것이다. 그의 삶에 대한 인식은 객관화되어 있어 특정한 종교에의 회심과 실행이 발생하기 어렵고, 설혹 회심이 있다고 해도 종교 전반에 대해 포용적 인식을 할 것이다. 이들은 여러 종교를 뛰어넘은 공통된 종교심을 가지고 있으므로 설혹 특정 종교에서 실망하여 다른 종교로 이동하는 경우에 개종이 가져올 긴장과 불안도 그리 심하지 않을 것으로 예상할 수 있다.

광의의 종교심을 가진 사람의 특성은 신앙심 자체에서도 발견할 수 있다. 일반적으로 종교는 신이나 영혼같이 초경험적·초자연적이면서 의지를 가진 존재를 믿는다. 상위 종교인식자들은 만자(卍字), 십자가(十字架), 신상(神像)과 같은 특정 종교의 상징이나, 특정 의례나 의식의 의미를 인정한다. 동시에 종교에 대한 철학자·지식인들의 비판 역시 시인한다. 그러면서도 이들은 종교가 일상의 경험으로는 도저히 체험할 수 없는 구체성·실재감(實在感)이 사람들의 종교를 지탱해 가는 매력으로 작동하는 것이 현실이라는 점을 인정할 수 있다. 광의의 신앙인이 협의의 신앙인과의 차이를 불러오는 또 하나의 특징은 신앙을 함께하는 자들끼리 신앙적 공동체를 보는 관점에 있다. 같은 신앙을 가진다는 원칙하에 결성된 집단, 즉 교단(敎團)은 승려나 목사와 같은 전문가를 양성하여 신자에게 교리를 철저히 가르치며 공동체의 유지를 도모하는 한편, 외부로부터 새로운 신자를 획득하는 행동, 즉 전도(포교)를 보는 관점이 다르다. 후자는 고착된 관점에서 이것들을 변경 불가한 것으로 간주하는 소극적 관점이라면 전자는 종교의 본질이 공통적으로 동일하다는 인식, 즉 적극적 관점에서 출발한다.

2. 북한의 종교 역사와 현황

1) 북한 종교의 변천 과정

현재 북한에 존재하는 종교는 천도교, 개신교, 천주교, 불교, 정교로 각 종교를 관리하는 조선천도교중앙지도위원회, 조선그리스도교연맹, 조선가톨릭교협회, 조선불교도연맹, 조선정교위원회로 5개의 조직이 있다. 이 5개 조직은 1989년 5월 30일, 남북대화, 통일, 대남선전을 위해 조선종교인협의회라는 이름의 단체를 결성하여 운영하고 있다. 조선종교인협의회의 결성 취지는 '조국의 자주적 통일을 지향하는 북반부의 모든 종교인이 평화와 통일과 애국애족의 민족이념 밑에 하나로 굳게 결속'하기 위함이었음을 밝혔다. 이는 신앙을 위한 친목단체가 아닌 통일전선 구축을 위한 정치적 단체였음을 알 수 있다(하종필, 2003). 북한은 헌법과 기타 법률 그리고 정책에서 종교의 자유를 보장하고 있지만 정부의 철저한 감독을 받는 공식적으로 인정된 일부 단체들을 제외하고는 종교활동을 엄격히 제한하고 있다. 그리고 전도활동에 관여한 사람, 허가 없이 외국인이나 선교사들과 접촉한 사람들을 체포하고 가혹한 처벌을 하는 국가(USCIRF, 2012)로 국제종교자유법(International Religious Freedom Act: IRFA)에 의거한 특별관심대상국이다. 북한 내 각 종교단체의 현황은 표 2-1과 같다.

2) 북한의 종교별 현황

(1) 천도교

천도교는 해방 당시 신도수가 169만여 명으로 북한에서 가장 큰 종교 세력이었다. 천도교는 '천도교청우당'과 '조선천도교중앙지도위원회'로 나누어져 있다. 두 집단은 활동 시기와 내용이 조금씩 다르지만 천도교가 민

표 2-1 북한 종교단체의 역사적 변천(2012년 12월 기준)

단체	시기	현황
조선종교인협의회	1989. 5. 30	• 종교단체들의 협의회로 결성 • 위원장: 장재언 (조선적십자사 회장 겸직) • 부위원장: 강영섭, 심상진, 강철원
조선불교도연맹	1945. 12. 26	• 북조선불교도연맹으로 발족 • 1대 위원장: 김세률
	1948	• 북조선불교총연맹으로 개명
	1955	• 현 명칭으로 개명
	1963. 2	• 2대 위원장: 안숙용
	1972	• 조선불교도연맹 중앙위원회 출현
	1979. 5. 5	• 3대 위원장: 박태화(2005. 11. 11. 사망)
	2006. 5. 8	• 4대 위원장: 유영선
	2008. 7. 30	• 5대 위원장: 심상진
	2012. 11	• 6대 위원장: 강수린
조선그리스도교연맹	1946. 11. 28	• 북조선기독교도연맹으로 발족 • 1대 위원장: 강양욱
	1974. 2	• 조선기독교연맹으로 개명
	1986. 9	• 2대 위원장: 김성률
	1988	• 봉수교회 건립
	1989. 2	• 3대 위원장: 강영섭
	1989	• 칠골교회(반석교회) 건립
	1999. 2	• 현 명칭으로 개명
	2005. 11	• 제일교회 건립
	2008. 12	• 위원장: 강영섭(2012. 1. 사망)
조선가톨릭교협회	1988. 6. 30	• 조선천주교인협회로 발족
	1988. 9	• 장충성당 건립
	1999. 6	• 현 명칭으로 개명 • 위원장: 장재언
조선천도교중앙지도위원회	1946. 2. 1	• 천도교 북조선종무원으로 발족
	1974. 2. 15	• 현 명칭으로 개명 • 위원장: 류미영
조선정교위원회	2002. 9. 25	• 조선정교위원회 발족
	2003. 6	• 위원장: 허일진
	2006. 8	• 정백사원 건립

출처: 『북한 종교자유 백서(2012)』

족종교로 간주되고 있다는 점, 종교단체라기보다는 정치세력이라는 점에서 상호 밀접하게 연계되어 있으며 조직 자체도 중첩되는 면을 보이고 있다(문장순, 2007). 천도교천우당은 일제시대에 해산되었다가 1945년에 북조선 천도교청우당으로 재결성되었고, 1년 뒤 북조선민주주의민족통일전선에 가입하면서 활동을 전개했다. 이후 천도교청우당은 1970년대 초 남북대화를 시작으로 남북적십자회담 참여, 반미 · 반정부 선동, 1989년 조선종교인협의회 결성 주도, 핵확산금지조약 탈퇴 지지, 남한의 대북 기본노선 규탄 등 창당한 이래 노동당의 우당 역할을 지금까지 해왔다. 이와 달리 조선천도교중앙지도위원회는 1946년 2월 천도교 북조선종무원으로 시작하여 활동이 거의 없다가 1970년대 남북대화를 시작으로 대남 통일전선구축을 위한 활동이 재개되면서 천도교중앙지도위원회라는 이름으로 국내 및 해외 종교단체와 교류를 하기 시작했다. 이들은 1981년, 한국의 천도교 인사들에게 민족통일촉진대회에 참여할 것을 촉구하였고, 1994년에는 단군제를 거행하며 종교 본연의 활동을 시작하였다. 2001년에는 조국의 자주적 평화통일을 앞당기자는 주제로 천교도 차원의 기념식을 남북공동 개최하였고, 2011년에 조선천도교중앙지도위원회 교당에서 '남북합동시일식'을 봉행하였다. 2012년에는 분단 이후 최초로 일본 규탄 성명을 남북공동 발표하였고, 같은 해 10월 공동선언 이행을 촉구하는 남북공동 호소문을 채택하였다. 천도교청우당과 조선천도교중앙지도위원회는 조직상으로 이원화되어 있지만, 실제 활동은 하나의 단체처럼 이루어지고 있다(윤여상, 한선영, 장은실, 2013).

현재 천도교청우당은 정부 승인하에 전국에 52개의 천도교당과 801개의 기도처가 있고, 신도 중 1만 5천여 명의 당원을 거느리고 있다(USCIRF, 2012). 일반 신자들은 일요일에 10명에서 20명씩 모여 시일례식이라는 예배를 드린다고 한다.

(2) 불교

북한의 불교는 남한과 달리 단일종파로 이를 관장하는 곳은 조선불교도연맹(약칭 조불련)이며 그 전신은 1945년 결성된 북조선불교도연맹이다. 북한주민들 사이에서 불교는 임진왜란 등 민족이 어려울 때 구국에 앞장섰다 하여 애국 종교로 이해되고 있으며 호의적으로 받아들여지고 있다(하종필, 2003). 따라서 초기 불교는 여러 단체가 존재하여 교세가 컸지만, 조직적인 힘은 없었다. 1946년 12월에 조선불교도연맹이 설립되면서 북한 전역 및 정치적 목적의 대외 종교활동을 시작하였다. 1955년 현재의 명칭으로 개명하고 다른 종교단체와 마찬가지로 대남선전기구의 역할을 시작했다. 북한에는 해방 시기에 518개의 사찰이 있었으나 전쟁으로 대부분 유실되어 현재 남아 있는 사찰 수는 64개이며, 승려 수는 300명, 신도 수는 1만 명이라고 북한에서는 말하고 있다(정교진, 2011; 윤여상 외, 2013). 북한은 전쟁으로 훼손된 종교건물에 대하여 복구 작업을 시행하지 않았으나 불교의 사찰에 관해서는 1953년부터 부분적으로 복구를 했다. 그리하여 1991년 2월에 평양 광법사가 복원되었고, 1999년 11월에는 개성 영통사 복원에 착수하여 2005년 10월에 완공, 2007년부터 영통사에서 관광사업을 시작하였다(이금순 외, 2009). 2007년에는 금강산의 신계사를 복원하여 2009년부터 이곳에서 '신계사 낙성 2주년 기념 남북공동법회'를 매년 개최하였다. 북한의 종교금지 정책에도 불구하고 비교적 많은 수의 사찰을 보존하고 복구할 수 있었던 것은 종교적 의미와 기능, 목적이 아닌 한 국가의 문화재로서의 보존가치를 가지기 때문이며, 인민들의 휴식 공간, 관광, 불교 존재에 대한 대외 선전용 등 다양한 기능(이정, 2000)이 있었기 때문이다. 현재 대부분의 사찰들은 역사적 건축물로 간주되고 있을 뿐 종교활동이 활발히 이루어지지 않고 있다. 일부 사찰에서는 종교활동이 허용되고 있다고 하나(USCIRF, 2012) 불교 신자들의 신앙생활이 어떠한지에 대한 정보는 소개된 적이 거의 없다(윤여상 외, 2013).

(3) 천주교

해방 이후 북한은 다른 종교에 비해 천주교에 대해 매우 적대적이었다. 천주교가 다른 종교보다 신자의 수는 적었지만, 천주교 신자의 강한 반공의식으로 인해 다른 종교와 달리 처음부터 조직화하지 않으려 했다. 천주교를 보는 북한의 관점은 천주교 선교사를 앞세운 제국주의 침략자의 조선 인민에 대한 염탐과 선동이었다. 광복 전 존재하던 수도원의 부지는 토지개혁을 시점으로 몰수당하고, 외국인 신부, 수사, 수녀들은 4년 동안 강제수용소 생활 등을 하며 목숨을 잃기도 했다(하종필, 2003). 1950년대 후반부터 주일 미사, 고해성사 등의 종교의식이 점차 와해되어 완전히 모습을 잃게 되었다. 그 후 비밀리에 신앙생활을 하던 신자와 신도들이 목숨을 잃어 갔다. 1988년 6월에는 북한 내외의 개방화 분위기에 따라 조선천주교인협회(1999년 6월, 조선가톨릭교협회로 명칭 변경)를 결성하였고, 같은 해 9월에 평양 장충성당이 세워져 예배를 볼 수 있게 되었다. 1988년 10월에 로마교황청의 장익 신부를 비롯한 특사 일행이 방문하여 성당 축성식을 거행한 뒤 첫 미사를 열었다. 그 후 1991년에는 신앙 서적 및 교리서와 가톨릭 기도서를 발간하였다. 2006년 한국 천주교는 북한 장충성당의 주일학교 건립을 지원하였고, 2008년에 장충성당에서 한국 천주교인 96명이 참석하여 평화통일을 기원하는 미사를 열었다. 2012년에는 장충성당에서 남북 성탄절 축일 미사 거행과 안중근 의사를 추모하는 남북 공동행사 및 생가 복원 사업을 재개하는 사안에 대하여 합의하였다.

토지개혁 이후 다른 종교들도 경제적 기반이 와해된 것은 마찬가지였지만 바티칸을 중심으로 조직화되어 있는 천주교는 북한 당국의 어용 대상이 아니었기에 타 종교에 비해 상대적으로 공식적인 활동 재개가 늦었다고 볼 수 있다(하종필, 2003). 천주교가 표면화되고 종교활동이 재개되었지만 다른 종교와 마찬가지로 종교적 기능보다는 정치적 도구로 기능하고 있다. 조선천주교인협회는 남북종교회담, 한국의 천주교정의구현전국사제단의 방북을 위한 실무 접촉, 아시아 종교인평화회의 참석 등 활발한 대외활동을 진행했다.

가톨릭은 전 세계의 성당이 교황을 중심으로 기능하기 때문에 조직의 일부가 되기 위해서는 교황청의 승인이 필요하다. 교황의 승인을 받지 못한 북한의 가톨릭은 아무런 종교적 권한을 행사할 수 없는 처지이다. 뿐만 아니라 해방 당시 4개의 교구 안에 3명의 주교와 90명의 신부들이 있었지만 북한은 현재 가톨릭 신부가 없기 때문에 미사를 집전할 수 없고, 한국이나 다른 나라에서 신부가 방문하였을 때만 미사 집전이 가능하다. 천주교 신자의 수 역시 해방 시기 5만 7천여 명에 달했으나 현재는 약 3천명으로 추정하고 있다(윤여상, 한선영, 장은실, 2013). 로마교황청은 북한의 장충성당을 공식적인 가톨릭교회로 인정하지 않고 있다. 단지 평신도를 중심으로 종교활동을 하고 있는 것으로 알려졌으나 사실 확인이 어렵다(윤여상, 한선영, 장은실, 2013).

(4) 개신교

해방 이후 몇몇 성직자들은 기독교사회민주당, 기독교자유당 등 정치단체를 조직하여 교회를 중심으로 국가를 재건하려는 움직임을 보이려다 공산당과 소련을 피해 남하하였다. 그 뒤 북한 지역의 장로교를 조직하기 위한 움직임을 일으켜 '이북5도연합회'를 조직하였다. 정권수립을 위한 총선거를 일요일에 실시하려는 공산당과 주일성수를 해야 하는 개신교 조직의 대립이 있은 뒤에도 선거는 일요일에 강행되었고, 공산당은 개신교 박해를 본격적으로 시작했다. 북한은 개신교 세력을 탄압하였지만 동시에 이 세력을 정치적으로 이용하기 위하여 북조선기독교도연맹을 창설하였다. 이 조직은 1974년 2월 조선기독교연맹으로 명칭을 바꾸고 1대 위원장인 강양욱을 중심으로 활동을 시작하였다. 이후 동남아시아와 아프리카를 방문하고 세계교회협의회(World Council of Churches: WCC)에

표 2-2 북한 종교인들의 활동에 대한 방북자들의 보고

방문자	보고 내용	출처
고 마태오 (1988: 93-94)	• 북한에는 천주교인들의 외부적인 신앙생활이 없는 것으로 여겨진다. • 주일날 평양 시내의 교인 아파트에서 20명 내지 30명 정도가 모여 예배하는 곳이 몇 군데 있다고 한다. • 보현사를 방문했을 때 북한 사람이 참배하는 것을 전혀 보지 못했다.	조선기독교연맹
루이제 린저 (1988: 184-185)	• 종교의 자유가 있으나 종교가 필요없는 나라이다(신이 없는 나라). • 승려를 박물관 관리 정도로 여기고 있다.	
박요한 (1991: 69-73)	• 전국에 가정교회가 6천 개 이상이며 매주일 예배를 드린다. • 봉수교회는 매주 150여 명의 신도가 와서 예배를 드린다. • 김일성 주석의 배려로 조선의 불교는 발전하고 있다.	봉수교회의 박춘근 전도사 금강산의 보현사 승려
신법타 (1990: 283-297)	• 국가적으로 불교를 장려하고 있다. • 특별행사 때의 설법, 가정방문을 통한 포교 등이 불교 승려의 주된 활동이고 전문적인 교리의 포교 자료는 미비하다. • 법회는 불타의 순수이념을 포교하기보다는 정치적, 현실적 국가문제, 남북문제에 더 중점을 두고 있는 정치전선의 성격이 짙다. • 사찰 문화재 관리를 위한 전문인으로 승려를 양성한다는 인상을 받았다.	조선불도교연맹의 박태호 위원장
상탈 소브코비치 (1992: 6, 295-296)	• 매주일 봉수교회에 규칙적으로 나오는 사람들의 수는 10명 미만으로 보인다. • 신도는 50~60대 부녀들, 중·노년층의 남자가 대부분이며, 어린이는 없다. • 봉수교회는 수령의 아량을 증명하는 기념관 정도이다.	
이정근 (1992: 40-44)	• 500여 가정교회가 있고 봉수교회에서의 예배는 전국적 예배의식에 따라 엄숙하게 진행된다. • 설교에 있어서 이데올로기 냄새를 풍기지만 신자들 중에는 참다운 신자도 있는 것 같다.	

표 2-2 (계속)

방문자	보고 내용	출처
조광동 (1991: 70, 123-125)	• 북한에서 종교의 싹이 트고 있다. • 가정 예배처소가 전국적으로 520여 개가 되고 보통 10명 정도가 모인다. • 신앙생활의 자유가 보장되어 있고 교인 수도 늘어나고 있다. • 교파는 초월했으나 장로교 의식을 많이 따른다. • 장충성당에서는 미사를 드리지 못하고 100~150명이 모여 기도를 드린다.	기독교연맹 중앙위원회 서기 고기준 목사
조재길 (1991: 123-125)	• 장충성당에 매주 100~150명 정도의 신자가 숙식하고, 남포·개성·원산에 지부위원회가 있어 공소예절을 바치고 있다. • 구신자 찾기에 주력하고 있다. • 신자들은 모두 40대 후반이다.	조선천주교협회
홍동근 (1988, 상권: 33, 75)	• 500여 개의 가정교회에서 7~8명씩 모여 예배를 드리고, 전도는 거의 불가능하다.	조선기독교연맹

회원 신청을 하며 다른 종교와는 달리 해외에 북한의 개신교를 알렸다(윤여상 외, 2013). 이후 1999년 조선그리스도교연맹으로 명칭을 변경하였다.

해방 시기 북한의 개신교 시설은 약 2천여 개가 존재하였지만, 전쟁과 탄압으로 모두 파괴되었다. 1972년 설립된 평양신학원이라는 신학교에서 양성된 목사 30여 명이 활동 중인 것으로 알려져 있다. 1988년 봉수교회가 처음 설립되면서 북한의 개신교가 대외적으로 인식되었다(박성범, 2011). 이듬해인 1989년 칠골교회(반석교회)를 세웠고, 2005년도에 제일교회를 설립하여 현재 총 3개의 교회가 평양에 위치하고 있다. 봉수교회에서 2006년에 남북합동예배를 거행하고 2년 뒤인 2008년에는 평화통일 남북교회 기도회를 개최하였다. 2011년 '한반도 평화를 위한 기도회'가 남북공동으로 개최되었고 남한의 종교 관계자들은 북한의 봉수교회와 칠골교회를 방문한 뒤 남북 종교 교류 협력방안에 대하여 논의하였다. 2012년에는 남북공동기도회 개최와 세계교회협의회, 부산 총회 참여에 대하여 논의하였고, 같은 해 8월 15일 '평화통일 남북공동기도주일' 연합 예배를 진행하였다.

현재 평양의 봉수교회와 칠골교회에서는 가끔 100명에서 300명의 신자가 모여 예배를 드리고 있지만 신자의 대부분이 노년층이다(박성범, 2011). 그러나 평양 밖에 거주했던 북한이탈주민들은 이들 교회에 대해 아는 바가 없다고 한다(USCIRF, 2012).

종교별 연맹은 조선종교인협의회에 가입되어 있고, 이 협의회는 종교적 차원에서 남북대화 및 통일논의 등 대남선전과 국제적 연대성 강화를 위한 창구 역할을 하는 것을 목적으로 설립되었지만 동시에 노동당 통일전선부 외곽단체인 조국통일민주주의 전선에도 가입되어 있다(문장순, 2007). 결국 순수한 종교 및 신앙활동보다는 노동당의 노선을 지지하는 정치적 활동을 하는 경향이 짙다고 볼 수 있다.

3) 북한 종교단체의 국내외 교류

(1) 국내 종교 교류

남한과 북한은 1945년 분단 이후, 정치, 외교, 경제 등에서 대치와 분리 현상이 두드러졌다. 이에 따라 종교 분야도 마찬가지로 어떠한 접촉이나 교류는 시도하지 않는 적대적 관계가 1960년대까지 지속되었다(윤여상 외, 2013). 종교 탄압으로 인해 10만 명 이상의 개신교인과 천주교인이 6·25까지 월남한 것으로 추정되며, 많은 불교인과 천도교인 역시 월남한 것으로 짐작할 수 있다(류성민, 1994). 그러나 1970년대 들어 국제사회의 화해 분위기는 남한과 북한의 관계에도 영향을 미치며 북한의 종교단체들이 다시 활동을 시작하였다. 1972년의 남북적십자회담 및 남북공동성명 발표, 1975년과 1977년 연이은 북한의 남북정당과 사회단체합동회의 제의 등을 통해 남한과 북한 간에 화해의 분위기가 조성되며 각종 종교단체의 활동이 시작되었다(문장순, 2007; 허종호, 1975).

1980년대는 북한의 종교사에서 중요한 시기이다. 특히 개신교는 이 시기에 두드러진 활동을 보였다. 개신교를 중심으로 남북 종교인들이 대화를 나누기 시작하였고 이 시기에 북한에 교회와 성당이 설립되었다. 조선불교도연맹은 1983년 남한에 있는 불교 신도들에게 편지를 보내며 접촉을 시도하였고, 1988년 1월에는 조국통일기원법회를 묘향산에 있는 보현사에서 처음으로 개최하고, 같은 해 5월에는 석가탄신일 기념법회를 최초로 실시하였다(이지범, 2012).

1989년 '남북한교류협력에 대한 기본지침'과 1990년 '남북교류협력에 관한 법률'이 제정되었다. 남북한의 교류가 법적으로 보장되면서, 남북 간의 공식적인 종교 교류는 1990년대부터 활발해졌다. 1989년부터 남북한 종교인사들이 직접 서로를 방문하여 공동 종교행사와 예식을 진행하였다. 또한 1990년대 북한에서 일어난 우박 피해와 심각한 수해 등 여러 자연재해로 경제사정이 어려워지자 남한의 종교계는 '사랑의 쌀 보내기'(1990), '사랑의 의약품 보내기 운동'(1991)을 통해 적극적으로 경제적인 지원 활동을 전개하였다(김홍수, 류대영, 2002). 1996년과 1998년, 2001년에 남한 천주교와 개신교 단체에서 평양과 남포, 황해도 신천에 국수 공장을 설립하여 식량재난에 지원 활동을 하였다. 이와 같이 급속히 증가한 남북한 종교 교류는 시민단체운동으로 확산되었다.

2000년 이전의 종교 교류는 인도적 지원 사업에 중점을 두었다면, 2000년 이후는 실질적인 종교 교류 협력에 주목하였다. 이는 단순한 남북한 종교단체의 접촉 외에도 전쟁과 탄압으로 파손된 종교시설을 공동으로 복원하는 사업을 추진하는 성과를 이루었다. 2005년에는 장대한 교회 복원에 관해 협의하였다. 특히 2004년부터 2007년에 이루어진 개성 영통사, 금강산 신계사와 같은 북한의 불교 사찰 복원에 대해 남한 불교계가 지원하였다. 이러한 종교 교류와 더불어 문화재 발굴과 복원이라는 의미 있는 활동을 전개하였다. 종교시설 복원뿐만 아니라 북한에 의료와 보건, 영유아 사업에 대한 지원은 2000년대에 꾸준히 이루어졌다.

그러나 2000년대 후반에 남북관계가 원활하지 못하면서 종교 교류 역시 영향을 받았다. 특히 2010년 3월 26일 백령도 근처 해상에서 천안함이 북측 해군의 어뢰공격에 침몰된 사건과, 같은 해 11월 23일 북한이 서해 연평도에 포격을 가해 민간인 사상자가 발생한 연평도 포격사건 이후 이명박 정부가 '5·24조치'를 취하며 남북관계와 북한의 식량지원 등 대북지원이 전면 중단되었고, 종교 교류 역시 중단되었다. 그러나 남북공동체 기반조성사업 중 한 부분으로 종교계는 순수 종교 교류의 필요성을 제기하였고, 이에 따라 2011년 후반부터 종교 교류는 부분적으로 허용되었다(윤여상, 한선영, 장은실, 2013). 특히 2011년 9월 21일, 불교를 비롯하여 천주교, 개신교, 원불교 등 7개의 종단으로 구성된 협의체인 '한국종교인평화회의(KCRP)' 대표들이 인도적 대북지원과 종교 간 교류협력을 위해 평양을 방문하였다. 한국종교인평화회의 대표단 전원이 평양을 방문하는 것은 이번이 처음으로, 천안함 사건과 연평도 포격사건 이후 경색된 남북관계의 긴장 완화에 큰 도움을 주고 분위기를 전환시키는 데 일조를 하였다는 평가를 받았다(크리스천투데이, 2011. 9. 27).

(2) 국외 종교 교류

북한 종교단체들은 1970년대부터 국외 종교단체들과 교류를 하였다. 우선 1974년에 세계교회협의회와 교류했다. 같은 해 11월 제3차 아시아불교도평화회의(Asian Buddhist Conference for Peace: ABPC)에 재일조선인불교도연맹(조총련)에 소속되어 있는 종교인들을 참가시켰다. 이후 1976년 일본 도쿄에서 개최된 제4차 아시아불교도평화회의에서 북한은 정식 회원국으로 가입하였다. 1975년 인도의 고타얌에서 열린 제1차 아시아기독교평화회의(Asian Christian Peace Conference: ACPC), 1976년 체코 부르노에서 열린 세계기독교평화회의(World Christian Peace Conference: WCPC)에 참석하였다(문장순, 2007).

1980년대 이후에도 북한과 국외 종교단체들과의 만남은 계속되었다. 1981년 오스트리아 빈에서 제1차 조국통일을 위한 북한과 해외동포 개신자 간의 대화가 열렸고, 1981년 핀란드 헬싱키, 1984년 오스트리아 빈에서 교류가 있었다. 또한 1980년대에는 국외 종교인들의 방북 횟수가 크게 늘었다. 1985년 9월 세계교회협의회는 북한을 방문하였고, 1986년 4월에는 미국교회협의회, 1987년 5월에는 일본기독교협의회, 1988년 11월에는 캐나다교회협의회가 북한을 방문하였다. 1986년에 스위스 글리온에서 열린 회의에서는 조선기독교연맹 대표들과 한국교회협의회 대표들이 초청되어 남북한 개신교의 첫 공식적 만남을 가졌다(문장순, 2007). 조선불교도연맹 역시 1981년 인도, 태국, 미얀마, 스리랑카 등의 불교국가를 방문하였고 1986년 8월에는 소련 불교 대표단과 중국 불교 대표단을 평양으로 초청하여 교류를 가졌는데 이는 북한 종교단체로서는 최초였다. 그리고 같은 해 12월 '세계불교도우의회(World Fellowship of Buddhists: WFB)'에 정식으로 가입하였다(윤여상, 한선영, 장은실, 2013).

1990년대 이후에는 북한 종교단체들과 유럽, 미국 등의 국외 종교단체들과의 종교 교류가 매우 활발하였다. 1990년대 초반에는 통일과 관련한 민족문제와 남북한 종교가 어떠한 역할을 하는가에 관심을 두었으나, 1990년대 중반에 들어서면서 북한의 식량문제에 관심을 쏟았다. 1996년 마카오에서 열린 세계교회협의회, 1997년 뉴욕에서 가진 남·북·미교회협의회, 1999년 베이징에서 열린 범종단 남북 지도자 회의에서 북한 지원에 대한 논의가 이루어졌다. 1995년 민족의 화해 여건 조성과 대북선교활동을 위해 천주교 서울대교구 민족화해위원회가 조직된 후, 민족화해위원장 최창무 주교를 비롯한 사제와 신자, 북측에서는 차성근 장충성당 회장 등이 뉴욕에서 열린 '조국 통일을 위한 천주교인의 연대 강화'

세미나에 참석하여 남북 신자의 첫 공동미사가 진행되었다(문장순, 2007). 1991년 10월 미국 LA에서 '제1차 남북 및 해외동포 조국통일기원 불교도합동법회'를 가졌으며, 분단 이후 처음으로 남북한 및 해외동포 불교 지도자가 함께한 역사적인 행사였다(이지범, 2012).

그러나 북한 종교단체들은 교류과정에서 순수한 종교활동보다는 정치 활동을 강조했고, 정치성을 강하게 드러냈다. 북한이 외국의 종교단체나 국제기구에서 지원을 이끌어 내는 정치적 목적을 바탕으로 종교 교류를 하는 것으로 보였다. 북한 내부에서는 종교활동에 대한 억압과 탄압을 이어 가면서, 대외적으로는 외국과의 관계 개선과 인도적 지원을 이끌어 내는 일종의 '외화벌이' 수단으로 종교를 이용하는 것으로 보인다(데일리 NK, 2011. 9. 20)는 평가를 받기도 했다.

3. 북한 사회에서의 종교정책

북한 사회에서 종교를 바라보는 관점을 이해하기 위해서는 북한 사회를 둘러싼 체제의 성격과 연계해서 종교활동 혹은 종교활동의 제약, 종교탄압 혹은 종교의 활성화 등을 살펴보는 것이 우선일 것이다. 종교활동이나 탄압 등의 종교 현상을 불러온 북한의 정치 현상이 무엇인지 밝힘으로써 북한 종교에 대한 이해를 넓힘과 동시에 선교의 방향 및 국내 북한이탈주민의 정착까지 이어지는 발견을 할 수 있을 것이다.

1) 해방 후 북한체제의 정립

주체사상이 마르크스-레닌주의를 계승했다는 의견과 계승발전이 아닌 다른 사상으로 이탈했다는 의견이 논의를 불러일으키고 있다(정성장,

1999). 그 원리의 출발점이 마르크스-레닌이라고 볼 때(정영철, 2008) 김일성의 사상을 이해하는 데는 북한의 사상적 기반이자 공산주의의 창시자인 마르크스 사상을 이해할 필요가 있다. 마르크스는 종교적 상상력을 중요시해 종교를 역사화했던 헤겔의 철학에 반대하였고 헤겔을 스승으로 모시다 등을 돌린 바우어에게 사사받았다. 이후 급진적이고 인간주의적이고, 반종교적 성향을 가지게 된 마르크스는 보다 급진적인 종교 비판의 선두에 서 있는 포이에르바하에게 눈을 돌렸다. 포이에르바하는 18세기 프랑스의 감각적 유물론적 계몽사상가들로부터 시작된 무신론을 설파하며 '신이란 인간 자신이 바라는 바를 이상화한 것'이라면서 존재의 유한적 개념에 집착하여 무신론을 '범신론의 전도'로 해석하였다(하종필, 2003). 사람들은 자신의 가장 높은 열망을 신에 투사한 만큼 그들은 스스로 자신의 능력을 포기하고 자신을 무능하고 도움이 필요한 존재로 간주했으며 자신의 삶과 운명으로부터 소외되었다(이원규, 1996)고 보았다. 마르크스는 포이에르바하의 무신론에 동의하면서도 포이에르바하가 놓치고 있는 '왜 사람들은 신을 찾는지에 대한 사회적 경제적 근거'를 제시하기 위해 유물론적 인간학의 입장을 취했다. 마르크스의 종교에 대한 견해는 초기에는 소외된 인간이 가지는 환상으로 종교를 간주하다가 후기에는 계급 이데올로기로서의 종교를 비판했다(이원규, 1996). 그는 근대산업사회에 새롭게 나타난 경제구조가 비인간화를 불러오고 그로 인해 인간소외현상이 나타나는데 종교는 결국 소외의 산물로 생겨난 것임을 주장했다. 소외는 노동자계급에 대한 부르주아계급의 착취로부터 축적된 사유재산과 노동자계급을 경제적으로 박탈함으로써 비롯된다. 이것이 종교를 발생시키고 유지하는 조건이 된다(이원규, 1996). 따라서 종교적 고통은 현실적 고통의 표현인 동시에 현실적 고통의 항의이기도 하다. 종교는 억압받으며 살아가는 자들의 한숨이고 비정한 세계의 유정한 것이며 정신나간 상태의 정신이다. 종교는 민중의 아편이다(권규식, 1995). 종교는

결국 자본주의를 살아나가는 프롤레타리아의 계급의식을 마비시키고 지배계급의 이익에 복무하는 혁명의 적으로 규정된다(정영철, 2008).

북한은 노동당 규약인 '조선로동당은 마르크스-레닌주의의 학설을 자기활동의 지침으로 삼는다'는 규정과 해방 후부터 50년 중반까지는 '소련으로부터 배운다'는 입장에서 마르크스-레닌주의를 거의 그대로 수용했다고 볼 수 있다(김재현, 1980). 이후 마르크스-레닌주의를 멀리하게 되는데 그 이면에는 주체사상의 원리가 숨어 있다.

북한의 공산화는 1945년 8월 9일, 대일선전포고를 시작한 소련군에 의해 이미 시작되었다. 소련군은 같은 해 8월 22일 평양에 진주하여 8월 26일 북한에 대한 통치권을 접수했고, 당시 북한의 민족독립운동가와 공산주의자를 중심으로 공산당정권을 세웠다. 소련의 주도하에 이후 북한은 각급 간부교육을 실시하고, 사회주의적 성격을 띤 유물론적 사고방식을 전파하기 시작했다. 그리고 조선노동당이 세워지면서 조선신민당을 흡수했다. 토지개혁 등의 과업을 성공시키면서 중앙집권화와 국가건설의 토대가 마련되었고 1946년 말 북한 정권이 출범했다.

한편 김일성은 해방되면서 해외파 공산주의자들과 함께 북조선 분국을 창립하여 북조선공산당이라는 명칭으로 독립적으로 활동을 전개했다. 그 후 1945년 김일성이 책임비서로 선출되면서 김일성을 중심으로 북조선분국이 조직화되기 시작했다. 소련의 지원을 받은 김일성이 이끄는 북조선공산당은 북조선신민당과 통합하여 북조선노동당(북로당)을 창당하고 김일성은 당위원장으로서 실질적 지도자로 자리를 잡았다. 합당한 뒤 양적으로 비대해진 북로당은 당조직과 당원으로서의 자질을 강화할 필요성을 느끼고 마르크스-레닌주의 교양사업을 시작하고, 종파주의 규탄을 위한 반대파 숙청을 통하여 김일성체제를 더욱 강화시켰다. 이 시기, 국제공산주의 운동이 분열과정을 겪는 동안 북한의 체제는 더욱 확고해져 소련에 대한 비판이 가해지고 자주노선이 구체화되었다. 그리고 주체사상에 대한 김일성의 입장이 수면 위로 드러났다. 주체사상은 대외자주성 원칙과 혁명적 군중노선을 강조하는 이념으로 출발하여 1955년 연설에서 소련에 대한 맹목적 모방과 소련의 영향권으로부터 탈피(김병로, 2000)하자는 의미에서 '주체를 확립하자'는 말을 언급했다. 1967년 12월 최고인민회의에서 김일성은 정식으로 수령으로 승인되며 이때부터 김일성의 비인격화가 시작되었다(김경호, 2005). 이때 주체사상은 10대 강령 지시에 의해 논리적 체계화가 본격화되면서 당의 유일사상으로 자리 잡기 시작했다(김재현, 1980). 북한은 주체사상이 전파될 때 '하나의 마음과 하나의 의지로 숨을 쉬고 움직이며 철강과 같은 규율과 정연한 조직지도 체계를 확고히 수립할 수 있고, 모든 종파적 경향과 기회주의 사상 조류를 철저히 극복하여 당 대열의 조직적, 사상 이론적 순혈성을 지니고 지킬 수 있다'고 강조했다. 혁명사상으로서 '수령님의 주체사상'은 선전과 책자로, 문학예술과 사업으로 퍼져 나갔고 김정일이 직접 관련 사업을 지도했다. 이때부터 마르크스-레닌주의는 뒷전으로 밀려나고 주체사상이 전면에 부각되었다(김재현, 1980).

2) 북한 사회에서의 종교정책 변화

(1) 종교억압정책

해방 직후 북한에는 다양한 종교가 자리 잡고 있었고 종교의 자유를 인정하는 정책을 유지했던 것으로 보였다. 남한보다도 먼저 개신교와 천주교가 들어왔고, 불교, 천도교와 같은 전통 종교 역시 북한주민들의 생활 안에 깊이 영향을 미치고 있었다. 당시 북한 전체 인구의 22.2%가 종교인이었다. 실제는 공식 통계보다 높았을 것으로 보인다(이찬영, 2000). 북한은 종교에 대하여 이중적인 태도를 취했는데, 마르크스-레닌주의에 따라 종교에 대해 적대적인 태도를 보인 반면, 통일전선 구축을 위해 종교단체와 공존을 하는 모습도 볼 수 있었다(김정수, 2008). 해방 당시 사회세력과 지식층이 종교단체의 구성원으로 활동하고 있어 종교단체의 협력이 통일전선 구축에 필수적이었다.

그러나 한국전쟁은 종교정책 변화의 계기가 되었다. 전쟁 이후 북한은 반개신교 성향을 보이며 종교정책이 완전히 달라졌다. 전쟁 당시 미국은 북한에 무차별 공중 습격을 하였고 이로 인해 북한주민들은 극심한 피해를 입었다. 그 결과 일반 주민들은 미국에 대한 적개심이 높아지고, 미국과 연관된 개신교를 미국과 동일시하여 개신교에 대한 입장이 점차 부정적으로 변하였다(김병로, 2000). 또한 미국에서 파견된 선교사들과 한국인 목사들이 직간접적으로 학살에 개입하고 동참했다는 소문이 주민들 사이에 퍼지면서 개신교를 적대시하는 반미, 반개신교적 사상을 가지게 되었는데 이는 북한의 개신교 발전에 상당한 악영향을 미쳤다(한국기독교역사연구소 북한교회사집필위원회, 1996). 그리하여 많은 개신교인들은 북한 정부의 탄압과 신앙을 포기해야 하는 압력으로 북한을 탈출하였다. 이 사태가 개신교의 세력을 급격히 약화시키는 원인이 되었다.

1958년 북한에서는 '주민 재등록 사업'이라는 주민성분조사를 실시하여 북한주민들을 핵심층, 기본층, 적대층으로 구분하였다(김정수, 2008). 종교인과 그 가족은 적대층으로 분류되어 반혁명적으로 규정되고 특수감시대상이 되었다. 이 종교박해로 40만 명이 넘는 종교인 가족들은 처형되거나 정치범수용소에 수감되었다(김병로, 2004). 북한의 반종교정책은 직장, 학교, 정당 등 공공단체를 통해 공적으로 실시되었고 더 이상의 공개적인 종교의식이나 모임을 포함한 종교활동은 사라지게 되었다.

(2) 종교이용정책

북한의 주체사상은 공식 이념을 넘어서 종교적 차원으로 발전하였다. 북한은 반종교정책을 펼쳤다. 그러나 1970년대에 들어서며 북한의 종교관이 점차 변화하기 시작하였다. 1972년 남북한 간에 7·4남북공동성명이 발표되면서 남북 간 교류가 나타났다. 남한에서 종교인들에 의해 추진된 인권운동과 민주화운동을 하기 시작하였다. 북한 내에서도 종교의 자유가 있는 것처럼 보이기 위해 '조선기독교도연맹', '조선불교도연맹', '조선천도교중앙지도위원회'의 3개 종교단체를 다시 조직하였다(김병로, 2004). 1950년대 이후 문을 닫았던 신학원을 설립(1972)하고, 대웅전(1976)을 비롯한 각종 부속건물(1979)을 복구하였다(김정수, 2008). 해방 이후 처음으로 북한식으로 수정한 신·구약성서와 찬송가(1983)가 발간되었다. 조선기독교연맹위원장인 강양욱 목사가 부주석으로 선출되며 활발한 국제적 교류를 추진하는 등 조선기독교연맹의 급속한 발전을 보였다(한국기독교역사연구소 북한교회사집필위원회, 1996). 그러나 이는 순수한 종교활동이 목적이 아니라 대외관계 개선과 통일전선 형성을 위한 목적이 있었다. 미국과의 관계 개선을 위해 미국 선교단체를 초청하고, 조선기독교연맹위원장 및 9명이 미국을 방문하여 각종 종교집회에 참석하였다. 또한 러시아와 신학생 교류를 하는 등 관계 개선에 이바지하였다.

(3) 신종교정책

남한을 비롯하여 세계 여러 국가에서 북한의 종교 자유에 대한 비난이 쏟아지자, 북한은 종교정책을 긍정적으로 해석하며 잠시 완화하는 듯한 모습을 보였다. 봉수교회와 장충성당을 건축하여 대외적으로 북한에도 종교가 있다는 것을 보여 주었다. 또 김일성종합대학에 종교학과를 신설하여 기독교, 천주교, 이슬람교, 불교, 유교 등에 대한 강의를 시작하였다(김병로, 2004). 1991년 8월에 발표한 김일성 담화는 다음의 내용을 담고 있다. '종교에 대한 올바른 이해를 가지고 종교를 믿는 사람들과의 사업을 잘하는 것이 매우 중요합니다. 사람들이 종교를 믿게 되는 것은 대체로 현실생활에서의 고통과 불행을 숙명적인 것으로 받아들이고 내세에 가서라도 행복한 생활을 누려보자는 염원으로부터 출발한 것입니다. 그러므로 종교를 믿는 사람을 나쁘다고 할 수 없습니다. (중략) 진보적인 종교인들은 서로 사랑하면서 화목하게 살 것을 바라고 있습니다. 오늘 남조선 종교인들은 외래 침략자들이 우리 민족을 인공적으로 분열시켜 놓고 통일을 요구하는 사람들을 총칼로 탄압하는 데 반대하고 있습니다. 우리는 남조선 종교인들이 조국통일을 위하여 헌신적으로 투쟁하고 있는 것을 높이 평가하여야 하며 그들과 단결해야만 합니다'(김일성, 『한국천주교 통일사목 자료집』 1집, 재인용).

김일성 사망 후 극심한 경제난과 식량난에 시달리며 북한 내의 종교활동이 증가하였다. 식량을 구하기 위해 중국으로 넘어간 사람들이 생존을 위해 중국에서 활동하는 선교사와 종교단체에게 도움을 받는 과정에서 신앙이 높아진 것이다. 북한 정부 역시 남한의 종교단체로부터 경제적 지원을 받기 위하여 적극적인 종교활동을 추진하였다. 이에 대하여 많은 사람들은 북한 안에서 종교 자유는 없으며 모든 종교활동은 보여 주기 위한 것이라는 회의적인 시각으로 바라보았다. 하지만 이러한 정책의 변화로 각 종교의 활동이 활발해지고 활동 공간 또한 확대되었다.

처음에는 대외관계를 위해 종교단체의 활동이 활발해졌다면, 식량난 이후에는 '외화벌이' 수단으로 종교를 활용하였다. 남한의 기독교단체로부터 빵 공장, 국수 공장, 육아원 등을 운영하는 데 필요한 지원과 평양신학원을 건축하는 데 필요한 자금을 받았다. 불교로부터는 개성의 영통사를 복원하는 데 필요한 기와를 제공받았다. 천주교는 연간 10억 원의 대북지원을 하는 등 적극적인 종교활동을 전개하였다(김병로, 2004).

대외적으로 적극적이고 활발한 종교활동을 보이는 반면, 북한 내에서의 종교활동에는 통제를 강화하고 있었다. 특히 김정일이 공식적으로 정권에 등장했던 1998년 이후 종교활동에 대해 민감하게 반응하였다. 이는 경제난과 식량난으로 여러 종교활동이 확산되자 북한주민들이 종교의 영향을 받지 않도록 통제를 강화한 것이다.

4. 북한의 종교와 주체사상

1) 김일성의 종교에 대한 인식

북한의 종교관은 체제 출발단계부터 초기 마르크스주의의 종교관을 그대로 수용하는 형태로 전개되었다(정영철, 2008). 마르크스에 의해 정립된 공산주의 사상은 실제로 사상이나 교의가 아닌 직접 행동을 요하는 살아 있는 지침이다. 여기서 행동이란 공산당 선언에 규정된 것처럼 '부르주아 지배층의 전복과 프롤레타리아의 정권 획득'(고태우, 1989)을 의미한다. 따라서 종교가 노동자계급의 투쟁의식을 마비시킨다는 이유와 더불어 종교의 폭력에 대한 부정과 평화 · 사랑 · 용서의 전파는 공산주의의 논리와 배치되고, 혁명에 가장 큰 장애가 되는 요인이다. 그러나 북한 종교관의 토대가 이론적으로는 마르크스주의였으나 실질적인 종교정책의 방향은 그것과 달랐다. 마르크스의 사상이 전파되던 소련이나 구동유럽 사회주의 국가에서는 이미 종교가 국교화되어 정치적 영향력이 컸다. 강한 기독교적 전통 위에 세워진 다른 사회주의 국가와는 달리 북한의 종교는 정권에 위협이 될 만한 존재인 때는 거의 없었다(김흥수 외, 2002).

김일성이 이룬 공산주의적 혁명론은 공산당의 논리 외에는 모든 것을 부정하는 흑백논리이며 혁명에 장애가 되는 모든 요인은 타도되어야 할 적(고태우, 1989)이다. 주체사상에 근거하면 혁명은 그 누구의 승인이나 지시에 의해서가 아니라 자기의 신념에 의하여 자기가 책임지고 해야 하며 혁명에 나서는 모든 문제를 자주적이며 창조적으로 풀어 나가야 한다(하종필, 2003). 따라서 외국의 이론과 사상을 기계적으로 모방하는 행태는 혁명의 길을 막는 행위이다. 그 나라의 주인과 인민이 자기 나라의 실정에 맞게 자주적으로 혁명해야만 정치, 경제, 국방에서의 자립이 가능해진다. 이렇게 보면 김일성은 마르크스처럼 종교를 비판한 것이라기보다는 종교를 민족국가의 이념인 주체사상의 경쟁상대로 본 것이다. 바로 민족국가 성립의 기반이 되는 민족주의의 지위를 놓고 주체사상의 잠정적 경쟁자가 될 수 있는 여타의 종교들을 사상적으로 배제한 것이다(정대일, 2011).

김일성은 직접 종교에 관한 단행본이나 관련 도서들을 발간한 적이 없기 때문에(하종필, 2005) 김일성의 종교에 대한 인식은 그 자신의 교시 형태로 밖에 확인할 길이 없다. 김일성은 '종교는 력사적으로 지배계급의 수중에 장악되어 인민을 기만하며 착취 압박하는 도구로 리용되었으며 또 근대에 들어와서는 제국주의자들이 후진 국가 인민들을 침략하는 사상적 도구로 리용되었다, 종교계 상층 지도자들은 일도 하지 않고 거짓소리만 하고 종교인들에게는 하느님에게 바친다고 돈을 많이 내게 하고 있다, 상층 지도자들은 피땀을 흘리지 않고 돈을 많이 모아서 부화방탕하고 있으며 온 사회를 병들게 하고 있다, 기생충과 같은 상층 지도자들을 계속 살찌게 할 필요는 없다', 혹은 '오늘날 제국주의자들이 종교를 장려하고 그것을 근로자들에게 강요하고 있는 사실도 근로자들을 더욱 용이하게 착취 억압하며 근로자들의 계급적 의식, 혁명적 투쟁정신을 마비시키고 지배자들의 온건한 종으로 만들려는 데 그 목적이 있는 것이다'라며 종교에 대한 불신과 반감을 연설 곳곳에서 드러냈다(하종필, 2005). 이는 공산주의가 무엇인지 구체적으로 모르는 당시의 북한주민들에게 강력한 증오심을 불러일으키려는 공산주의 특유의 방법이었다(고태우, 1989). 신문 등에 기록된 김일성의 연설을 요약하면 김일성의 종교관은 첫째, 미제국주의와 종교를 연관시켜 동일한 적으로 취급하고 있고, 둘째, 종교를 착취계급이 피착취계급을 착취하기 위한 정신적 도구로 보고 있으며,

셋째, 종교와 미신을 동일시하였고, 넷째, 종교를 정권수립의 장애요소로 보았다(고태우, 1989). 이런 특성으로 하여금 마르크스 종교관의 일부와 함께 북한만의 독자적인 종교관을 만들어 간 것을 다시 확인할 수 있다.[1] 게다가 북한체제를 정비하는 당시 북한에 정착해 있던 기독교 신자들 가운데는 상인층, 자본가층, 중농 이상의 지주계층 등이 많아 북한의 사회주의 건설에 결코 호의적인 대상일 수는 없었다(문장순, 2007).

김일성의 종교에 대한 인식은 1928년 종교와 미신에서 주민들을 해방시킨다는 계몽극으로 직접 창작한 혁명연극 〈성황당〉에서 이미 찾아볼 수 있다(하종필, 2003). 또 북한의 대표적인 반종교 서적인 정하철의 『우리는 왜 종교를 반대하는가?』라는 책에서 그의 종교관은 더욱 구체화된다(문장순, 2007). 이 책은 종교를 설명하면서 현실 도피, 노예적 복종, 착취계급, 시중꾼이라는 단어들과 미국 선교사 비하, 김일성의 수업 장면 등을 등장시키는데 이 점으로 미루어 봐도 북한에서 종교는 미신이자 비현실적인 어떤 것, 지배계급의 착취의 도구로 그려진다. 이 책에서 밝히고 있는 반종교활동의 이론적 근거는 다음과 같다(고태우, 1989).

첫째, 종교는 착취계급들이 근로자들을 억압하고 착취하는 유력한 정신적 도구로 이용되어 왔으며, 근로자들이 의식적으로 사회를 개조하고 발전시켜 나가는 것을 방해하고 있다는 점이다.

둘째, 종교는 내세를 설교함으로써 사람들에게 현실에 대한 무관심성, 현실도피적인 사상에 젖게 하고 착취계급들에게 복무하면서 평범한 근로대중을 정신적으로 억압하고 노예화하는 도구로 이용하였다.

셋째, 종교는 대중의식 속에 무기력하고 타락된 정신을 불어넣어 줌으로써 사회주의 건설을 위한 근로자들의 자각적이고 현실적인 노력과 투

1 마르크스나 레닌과 같은 공산주의 지도자들은 당시의 학문적 환경이나 지적 수준에서 종교와 미신을 동일시하지 않았다(고태우, 1989).

쟁을 방해하며 전진운동에 지장을 준다는 것이다. 그렇기 때문에 사회주의 공산주의를 성과적으로 건설해 나가며 보다 행복하고 문화적인 생활을 해나가기 위하여서는 종교의 잔재를 시급히 청산해야 한다.

넷째, 종교는 다른 나라들에 대한 침략의 발판을 닦는 데 이용되어 왔다는 것이다. 즉, 제국주의자들은 종교를 이용하여 약소국가 인민들의 계급적 및 민족적 의식을 마비시키고 종교의 탈을 쓴 선교사를 이용하여 간첩암행 활동을 감행하여 종교를 반공선전과 노동운동 식민지 민족해방 투쟁을 탄압하는 데 동원시켜 왔다.

공산주의 사상의 전파에 해가 되는 종교에 관해 적대적이었던 김일성이었지만 해방 직후 체제를 정비하는 데 있어 종교의 영향력을 무시할 수 없는 상황이었다. 해방 후 북한의 종교 인구는 220만 명으로 당시 북한 전체 인구의 약 20.3%를 차지했다(문장순, 2007). 농민층을 기반으로 지방에까지 신자를 확보하여 정당을 조직한 천도교, 그리고 그보다 신자 보유수는 적지만 교세 확장을 꾀하던 천주교와 불교는 정권을 잡기 위해 노력하던 김일성에게는 장애물이었다. 실제로 북한의 종교에 대한 제재는 북한체제가 완성된 시기부터 시작되었다. 그 이전에는 북한 내 인맥과 연고지가 없는 김일성이 정권을 수립하는 과정에서는 종교단체들과의 연대를 통해 통일연합전선을 구축하여 북한 정권을 창출했다(박영환, 2005). 이 과정에서 공산당은 북조선 천도교청우당, 북조선불교총연맹, 조선천도교중앙지도위원회, 북조선기독교도연맹을 창립(하종필, 2003)하여 집회와 종교의식을 허용했다. 1950년대를 기점으로 한국전쟁 이전과 이후 얼마 동안은 집회 등의 종교활동이 가능한 시점이 분명히 있었다. 김일성은 종교에 대해 분명한 반대 입장과 척결의사를 가졌으나 이렇게 종교에 호의적인 모습을 노출시킨 것은 북한 내 연고지를 가진 종교단체들과의 연대를 위한 통일전선 전술의 일환이었다. 김일성의 이중성은 해외 저명한 한일 기독교인들을 북한에 초청하여 식사를 하는 가운데 기도를 한다거나, 목사를 접견하며 '식사 전에 기도를 올려야 하지 않겠습니까? 어서 기도를 드리십시요'라고 말했다는 선전문구에서도 드러난다(고태우, 1989). 그 뒤 한국전쟁을 계기로 '토지개혁에 관한 법령'을 제정하여 토지개혁을 실시, 종교단체가 소유한 토지를 무상 몰수하고 종교인 지주를 농촌에서 축출함으로써 종교 말살을 시도했다(하종필, 2003). 또 성분 분류를 통해 10만 가구 규모의 종교인을 통제하였다. 정당, 직장, 학교, 근로단체 등 공공기관을 통한 반종교선전으로 공식적인 종교의식은 사라졌고, 어떠한 종류의 예배의식이나 종교 모임도 발견할 수 없었다(김병로, 2003). 종교척결 활동이 벌어진 후 북한에 남아 있는 종교는 그것이 어떤 형태이든 사회주의 사상의 대변인 노릇을 하는 것들이다. 한 예로 조선그리스도교연맹이 노동당의 전위기관인 조국평화통일위원회의 지시를 받아 활동하는 것에서도 북한 교호의 실체와 그 위치를 엿볼 수 있다(김신호, 2003). 결국 종교화된 전체주의가 정치를 신성화하는 것을 정치종교라 규정할 수 있다. 북한의 모든 종교정책은 북한의 정치종교인 주체사상이 국가종교로서의 지위를 차지하는 과정에서 여타의 전통 종교들을 규제·장악·활용하기 위한 정책으로 볼 수 있으며, 크게 보아 국교정책의 일환으로 파악할 수 있다(정대일, 2011).

2) 주체사상의 형성

주체사상은 '사람이 모든 것의 주인이며 모든 것을 결정한다'는 자주성에 기초한 사회주의 발전전략으로 시작되었다. 이것이 북한의 가치기준으로 작동한 것은 1960년대 후반부터이다. 이때까지만 해도 북한 정권은 체계적인 이론체계를 갖추지는 못했다. 1955년 연설에서 김일성이 탈소련화를 뜻하는 의미로 주체라는 개념을 처음으로 사용한 뒤 1967년부터는 김일성숭배를 전 북한으로 진행시키기 위해 유일사상 개념을 강조했고, 이후 1970년대에 들어와서 김일성주의, 혁명적 수령관을 강조했다. 그리하여 마침내 1974년, 김정일에 의해 유일사상체계 확립의 10대 원칙이 선포되면서 주체사상 이론이 정립되었고, 이어서 수령론으로 발전되었다. 북한의 조선로동당 규약과 사회주의 헌법은 주체사상을 당과 국가 활동의 유일한 지도적 지침으로 삼았다(김영욱, 2005). 그리고 강력한 중앙집권적인 지배이데올로기로 주체사상을 활용하였다. 결국, 주체사상은 북한에서 수령유일 지배체제를 합리화하는 지배권력의 통치담론으로 발전한 것이다(김병로, 2000).

김정일의 「주체사상에 대하여」라는 논문에서 정의하는 주체사상을 정리하면(김영욱, 2005), 주체사상은 첫째, 새로운 철학사상이고, 둘째, 인민대중의 사회적 운동, 혁명운동의 근본원리인 사회역사 원리를 토대로 인민이 역사의 주체이며, 인류 역사의 본질은 인민대중의 자주성을 쟁취하기 위한 계급 투쟁적 역사이다. 이를 통해 인민대중의 자주적 사상의식에서 인민대중의 창조적 운동의 역사가 이루어진다. 셋째, 사상에서의 주체, 정치에서의 자주, 경제에서의 자립, 국방에서의 자위를 주체사상의 지도적 원칙으로 내세운다. 넷째, 인민대중은 당과 수령의 영도 아래에서만이 자주성을 위한 투쟁을 성공할 수 있다. 여기서 사회역사 원리와 지도적 원칙의 구성체계를 결정짓는 요소가 자주성, 창조성, 의식성이다. 사회역사 원리 측면에서 자주성은 '인류 역사는 인민대중의 자주성을 위한 투쟁의 역사'라는 원리로, 창조성은 '사회력사적 운동은 인민대중의 창조적 운동이다'라는 원리로, 의식성은 '혁명투쟁에서 결정적 역할을 하는 것은 인민대중의 자주적 사상의식이다'라는 원리로 나타난다. 반면, 지도적 원칙에 적용이 되면, 자주성은 '자주적 립장을 견지하여야 한다'라는 원칙으로, 창조성은 '창조적 방법을 구현하여야 한다'라는 원칙으로, 그리고 의식성은 '사상을 기본으로 틀어쥐어야 한다'는 원칙으로 나타난다(정성장, 1999). 이는 주체사상과 관련하여 그동안 다룬 주제들을 체계화하려는 시도였다. 이러한 사회주의적 가치와 주체사상을 사회관계의 규범으로 정착시키기 위해 북한은 일찍이 어린 연령대의 아동을 대상으로 주체사상을 교육해 왔다(이순형, 1999). 그리고 성인을 대상으로 인간개조 사업을 실시하고, 주체형의 공산주의자, 숨은 영웅들의 모범을 따라 배우는 운동을 실시하여 주체형의 인간을 만들어 내고자 하였다(김병로, 2000). 1970년대 중반까지만 해도 주체사상은 자주성을 인간의 본질로 보았으나 이후 사상의식 강화를 위해 의식성을 인간의 본질적 속성이라 생각하고, 사상개조 및 사상의식 강화를 시도한 것이다.

실제로 김정일은 주체사상의 철학 세계를 발전시켜 1986년, 사회정치적 생명체론을 제시한다. 사회정치적 생명체론이란 인간사회를 살아 있는 생물유기체에 비유하여 설명하는 것으로, 북한 사회는 수령과 노동당, 인민대중이 하나가 되는 일사불란한 조직체라고 주장했다(김병로, 2000). 두뇌, 심장, 기관들로 이루어진 생물처럼 수령(두뇌), 노동당(심장), 인민대중(기관)으로 이루어진 조직체로서 북한은 두뇌 없이는 기능할 수 없는 생명체처럼 김일성과 김정일에 충성하는 수령관을 이론화한 것이다. 1980년대 말, 소련의 사회주의체제가 붕괴되고부터는 타 사회주의체제와는 차별화된 조선민족제일주의를 강화하면서 단군신화 복원, 고구려 왕릉 개축 등의 방법을 통해 민족의 정통성을 회복하려 시도했다. 그리고 1990년대 이후 김일성주의는 마르크스-레닌주의를 단순히 계승·발전시킨 것이 아니라 이와는 다른 독창적이고 우월한 철학적 세계관을 세웠다고 주장했다. 주체사상은 단순한 이데올로기로 출발하여 종교적 신앙으로 발전되었다(김병로, 2000).

3) 주체사상의 종교적 속성

1974년 김정일이 주체사상을 김일성주의로 정식화한 이후 '당의 유일사상체계확립의 10대 원칙'이 선포되었다. 그 후 '3대혁명 붉은기 쟁취운동'과 '숨은 영웅 따라배우기 운동'을 전개하는 과정에서 주체사상은 종교적 색채를 띠기 시작했다(김병로, 2000). 10개 조로 된 이 원칙은 김일성의 혁명사상으로 온 사회의 일색화, 김일성에 대한 충성심, 절대적 권위에 대한 무조건적 숭상, 김일성의 교시를 신조화, 김일성 교시집행을 무조건 지키기, 조직규율의 강화, 후계자 문제 등을 담고 있다. 이러한 유일사상이 김일성에 대한 절대화와 충성심, 나아가서는 그를 신격화시키고 있었다(문장순, 2007). 신격화란 김일성의 권위를 신의 절대적인 권위로 인정하는 것으로 신격화 외에도 '충실성의 4대 원칙'에는 신조화(김일성의 교시를 신조로 삼을 것), 절대성(김일성의 교시를 조금의 의심도 없이 절대적으로 옳은 것으로 받아들일 것), 무조건성(김일성의 지시를 어떤 조건과 환경 속에서라도 무조건 관철할 것)이 포함되었다(김신호, 2003). 김일성은 항일혁명을 주도하여 조국해방을 성취했고, 제국주의 전쟁으로부터 나라를 보위한 수령이기 때문에 수령을 위해 모든 것을 희생하고 철저히 충성해야 하는 것이다(김병로, 2000). 자주적인 생명력을 지닌 사회정치적 생명체인 수령, 당, 대중은 수령을 중심으로 결합하여 운명을 같이 할 때 영생을 누릴 수 있다. 육체적 생명은 죽음으로써 끝이 나지만 보이지 않는 정신인 사회정치적 생명은 육체적 죽음을 초월하여 영원히 존재한다(김병로, 2000)는 것이다. 이후 김일성의 사망으로 영생문제가 대두되었다. 수령의 영생을 확증해야만 주체사상에 따라 인간의 운명문제를 제기한 수령관이 파탄나지 않을 것이기 때문이었다(정대일, 2011). 이에 따라 김정일은 '위대한 수령 김일성 동지는 영원히 우리와 함께 계신다'와 같은 구호가 새겨진 만수무강축원탑을 세우고, 김일성이 환히 웃고 있는 모습의 태양상을 제작 배포함으로써 수령이 영생하고 있음을 대내외에 알렸다(정대일, 2011).

주체사상은 영생, 초월적 존재, 낙원 등의 개념을 설파한다는 점에서

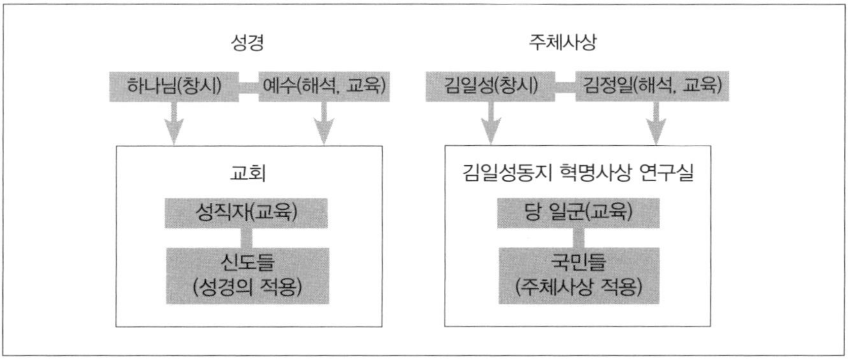

출처: 이수원, 2011

그림 2-1 성경과 주체사상 전달체계[3]

종교, 특히 기독교와 닮아 있다. 기독교의 종교활동과 주체사상 학습체계의 구조를 비교해 보면 주체사상의 기독교적 특징이 보이기도 한다. 주체사상의 특징을 종교의 특성에 대입해 볼 수 있다(고태우, 1989).

(1) 하나님과 김일성

종교는 신앙의 대상인 교주 또는 초월적 존재를 가짐으로써 인간의 힘으로는 해결할 수 없는 영적 구원에 이를 수 있음을 설파한다. 북한에서 김일성은 주체사상을 창시하고, 북한이라는 사회주의 국가를 창시한 시조이고, 신적인 존재이자 공산주의 가치를 실현하는 중재자로 사람들에게 인식되었다. 육체를 가진 인간이지만 신과 같은 활약을 보여 준 김일성은 기독교의 살아 있는 신인 예수와 같은 모양새를 하고 있다. 김일성은 비

---

2 이 그림은 성경과 주체사상이 신도들과 주민들에게 전달되는 과정을 간략화한 것이다. 기독교에서는 예수도 성경을 창시하였다고 한다. 하지만 발전의 개념은 적용할 수 없다고 한다. 그래서 이 그림에서는 예수와 김정일의 역할의 유사성을 쉽게 비교하기 위하여 예수를 표현하는 그림에서는 창시를 표기하지 않았고 김정일의 그림에서는 발전을 표기하지 않았다(이수원, 2011).

로 공산주의를 설파하기 위해 인간의 몸으로 이 땅에 내려온 예수와 같은 존재이다. 솔방울로 폭탄을 만들고, 낙엽 하나로 강을 건너는 신화는 빵 하나와 포도주 한 잔으로 수십 명의 사람을 배불리 먹인 예수의 모습 그대로이다. 육체를 가진 모습으로 눈물을 흘리고 고통을 느끼는 예수가 영락없는 인간의 모습을 가진 것처럼 정이 넘치는 인간적인 모습으로 묘사되는 김정일 역시 인자하고 자애로운 지도자의 모습을 하고 있다. 김일성 사후, 모습은 사라졌지만 영생하는 정신은 하나님과 같은 존재로 비치기도 한다.

(2) 구원과 영생

기독교의 구원사상은 북한의 인민해방의 신화와 대비된다. 부패를 일삼고 타락한 사람들의 죄를 씻어 주기 위해 예수의 모습으로 이 땅에 온 하나님은 자신의 죽음으로 사람들의 죄를 덜어 주고 회개한 사람들은 죽은 뒤에 하늘에서 하나님과 영원히 함께 살 수 있다. 하나님의 일방적인 은혜로 구원받은 인간은 영생의 삶을 얻는다. 일제의 식민통치에서 고통을 받던 인민들을 김일성은 항일무장투쟁을 벌여 구원했고, 짓밟힌 인간의 존엄성과 가난으로부터 구원했으며, 미국의 침략으로부터 인민을 해방시켰다. 기독교에서 인간은 육체와 영혼으로 이루어지고 영혼은 불멸한다는 교리처럼 주체사상에서도 인간은 육체와 사회정치적 생명으로 이루어진다. '육체적 생명은 부모가 주신 것, 사회정치적 생명은 수령이 주신 것'(김병로, 2000)으로 사회정치적 집단에 속하게 되면 영생하는 사회정치적 생명을 가질 수 있는 것이다. 영생개념은 기독교와 마찬가지로 북한에서도 죽음에 대한 두려움을 극복하게 만들어 육체는 버릴 줄 알아야 한다는 신념을 심어 주었다.

(3) 십계명과 유일사상체계 확립의 10대 원칙

종교는 자신들의 독특한 교의를 갖고 있으며 그것은 교주 또는 초월적인 존재의 말씀 계시 등으로 이루어진 경전에 그 근거를 두고 있다. 기독교 구약의 율법인 십계명은 하나님과 인간의 관계에서 지켜야 할 규율 10가지를 제시하고 있고, 주체사상 역시 김일성에 대해 지켜야 할 10가지 원칙을 세워 놓고 있다. 예수만을 유일한 구원자로 모셔야 하는 기독교와 같이 김일성에게만 충성해야 한다. 이 원칙은 신앙인에게 그러한 것처럼 인민들에게도 행위규범의 기준이 되는 절대적 규율이다. 십계명은 신앙의 이상적 상태를 제시하는 데 반해 10대 원칙은 위반 시 처벌을 받는 경우가 많아 '10대 원칙' 적용의 엄격성은 기독교의 생활규범보다 훨씬 강력하다(김병로, 2000).

김병로(2000)의 설명에 따르면, 북한 사회의 정치사회화 단위는 개신교의 주 단위 예배의식과 닮아 있다. 기독교의 예배의식은 주일예배, 수요예배, 새벽기도회, 경건의 시간(Quiet Time), 가족예배, 그 외 여러 집회의 형태로 실시되는데 북한 역시 마찬가지이다. 수요강연회, 아침독보회, 월요학습침투와 같은 집회가 열리는데 가장 종교적인 성격을 띠는 집회가 생활총화 제도이다. 총화란 '사업이나 생활의 진행 정형과 그 결과를 분석하고 결속지으며 앞으로의 사업과 생활에 도움이 될 경험과 교훈을 찾는 것'(사회과학원 언어학 연구소, 2007)이라고 정의된다. 생활총화는 조직 단위로 매주 토요일에 실시하는 자기반성의 시간을 일컫는다. 기독교인들이 매주 모여 예배를 드리고 지난 일주일을 반성하는 것과 같이, 생활총화 역시 매주 모여서 지나온 한 주를 반성하고 사상을 재검토하는 시간이다. 예수의 말씀인 성경에 명시된 지침에 따라 사고하고 행동하듯이 북한도 김일성교시와 말씀에서부터 생각과 행동의 기준을 찾는다. 그 외 기독교에서 소득의 10분의 1을 십일조로 내는 것처럼 북한도 소득의 1~3%를 당에 바치며, 식량난을 해소하기 위한 두끼먹기운동은 기독교

표 2-3 기독교와 북한의 종교 모임 비교

기독교의 집회	집회 시간	북한의 모임	모임 시간
주일예배	일요일	생활총화	토요일 오전 (또는 오후)
수요예배	수요일 저녁	수요강연회	수요일 저녁
새벽기도회	새벽 5시	새벽참배	새벽 5시경
경건의 시간(QT)	아침 일과시간 전	아침독보회	근무전 30분간
가족예배	부분적 시행	가족독보회	부분적 시행
구역예배(모임)	금요일 (요일 변경 가능)	인민반회의 (학습)	토요일 오전 혹은 오후, 또는 일요일 저녁(농촌 지역 은 장마당 전날 저녁)
주간 성경 공부	요일 신축적	월요학습침투	월요일 저녁(요일 변동 가능)

출처: 김병로, 2000

의 금식과 유사하다. 즉, 주체사상이 기독교와 본질에 있어서는 다르지만 종교 양식으로서는 매우 유사한 구조를 지니고 있고, 종교를 구성하는 형식의 큰 틀에서 주체사상과 기독교는 유사성을 띠고 있다(김병로, 2000).

제3장

북한이탈주민의 종교경험

1. 북한이탈 전 종교경험

1) 북한주민의 의식과 가치관

북한주민의 종교 인식에는 주체사상이 큰 영향을 미친다고 볼 수 있다. 북한주민에게는 주체사상이 그 자체로 하나의 종교처럼 자리 잡고 있기도 하며, 또 이러한 주체사상 의식이 북한주민들이 종교를 받아들이는 태도에도 영향을 미친다고 볼 수 있을 것이다. 주체사상과 관련하여, 가장 주목되는 바는 김일성의 신격화와 체계적이고 지속적인 사상의 종교화이다. 이는 북한주민에게 단순화, 의존적·복종적 성격의 형성, 충성심과 금욕적 경향의 강조, 권위주의화, 호전성을 띠는 의식상태의 형성에 영향을 미쳤다(고태우, 1989).

주체사상은 또한 북한에 집단주의적 문화를 형성하였는데, 이러한 집단주의적 문화는 북한주민의 경제적·사회적 인식에까지 영향을 미쳤다(이순형, 1999). 주체사상을 통해 나타난 세계관에 따라, 북한에서는 생산수단의 사회적 소유와 계획경제가 중요하다고 주장한다. 이에 따라, 인민의 힘으로 경제를 이루어 가는 자립적 민족경제를 건설하기 위해서 착취와 압박의 제국주의식 경제를 수립하면서 생산수단의 사적 소유로 인해 경쟁이 생기고 빈부의 차이가 나타나며 결국 계급 분화로 이어진다고 설파했다. 북한이탈주민이 자본주의 세상에 왔을 때 '돈'과 관련된 이해 부족 혹은 혼란스러움도 이 때문이라고 할 수 있다.

수령, 당, 인민으로 이어지는 사회정치적 생명체인 북한에서는 관계의 구축이 매우 중요하다. 개인주의와 이기주의는 배척해야 할 제국주의의 산물로 집단주의 원칙에 의해 당에서 주민들의 이익을 제한하는 것이 정당화된다. 주체사상하의 당의 노선과 정책을 위한 투쟁은 오직 하나의 생각만을 하도록 강요해 왔기 때문에 수령과 당의 상하관계 속에서 의존적으로 변할 수밖에 없다. 또한, 각종 상훈제도와 당원의 특권은 인민들을 지배하고 조종하는 도구로 사용되어 인민들은 그에 대한 맹종적 성격을 자연스럽게 주입받았다. 체계적인 시스템을 통해 한 사람의 일생 동안 지속적·반복적으로 교육하여 내면화시키는 기독교와 같이 북한주민들은 이미 지속적·반복적인 주체사상의 내면화 교육으로 체제에 충성하는 사람들로 만들어져 있다고 할 수 있다(이수원, 2011).

한 사회가 지향하는 이념이나 원칙은 그 집단이나 사회구성원들이 공유하는 사고와 행동에 절대적인 영향을 미치는 동시에 그 사회의 성격까지도 결정할 힘이 있다. 이런 측면에서, 북한의 주민생활과 종교문화 역시 그러한 이념이나 원칙의 영향을 받았다. 이에 따라 그들의 사고와 행동도 그러한 영향을 입어 형성되었을 가능성이 있다. 유시은 등(2005)의 연구에 따르면, 남한의 북한이탈주민들이 교회생활을 하는 이유는 하나님 자체에 있기보다는 '남한 사람과의 친분을 위해' 혹은 '정보를 얻기 위해' 등의 응답 비율이 크다. 이러한 반응의 이유를 김일성 부자에 대한 숭배의식을 갖도록 강요하는 정교가 일체화된 사회환경에서의 생활과 이들 속에 내재되어 있는 수령교가 남한 사회의 신앙생활에 부정적 영향을 미칠 수밖에 없다는 점에서 찾을 수 있다. 몸 안에 내재된 충성심, 집단지향성 등은 노예의식으로 남았고, 북한주민들을 김일성 사상을 암기하고 배우는 '학습하는 사람'으로 만들었다(김신호, 2003). 결국 주체사상이 강조하는 자주성, 창조성, 의식성은 인본주의적이거나 자유주의적인 사상체계, 즉 개인적 존재로서의 사람이 아닌 권력 당국에 의해 주조되는 전체주의적, 사회정치적 존재로서의 사람을 의미한다고 볼 수 있다(이태건, 1998).

그러나 북한주민들의 이러한 전체주의적 성향도 1990년대 이후 시장의 범람과 외부 정보의 유입 등으로 폐쇄적 공간의 삶이 바뀌면서 점진적으로 변화해 가고 있다(정영철, 2011). 북한주민들이 가지고 있던 집단주의, 전체주의, 유일사상은 북한 당국에서 체제에 부합하는 가치관으로 주입시키고자 한 것이었으나 시대의 변화에 따라 함께 변화하고 있는 중이다. 이렇게 보면 북한주민들은 북한 당국에서 강조하는 이상적 가치관을 받아들이면서도, 한편으로는 돈과 이익 중심의 시장경제적 사고와 시장에서의 해외 정보교류를 통해 내면적으로는 자신의 이해에 부합하는 현실적 가치관을 발달시켜 왔다고 할 수 있다. 따라서 북한주민의 행동양식은 이상적 가치관과 현실적 가치관 사이의 타협의 산물이다. 이러한 맥락에서 북한주민의 가치관은 이중성에 그 특징이 있다고 할 수 있다(통일교육원, 2011).

북한주민의 가치관은 북한 사회 내에서 집단주의와 시장경제적 사고가 충돌하면서, 그리고 그동안 유지되었던 유일사상이 해체되는 과정에서, 그 변화가 두드러진다. 이 변화의 시점에서 가장 눈여겨보아야 할 것은 북한주민들의 머릿속에 확고하게 자리 잡았던 김일성을 우상시하는 주체사상이나 유일사상에 균열이 생기고 있다는 사실이다. 즉, 김일성만이 생활과 정신에 구원을 가져다주는 존재가 아님을 북한주민들은 알게 되었다는 것이다. 자신들을 둘러싼 북한체제의 현실 속에서 시장경제에 적응하는 자들만이 살아남을 수 있음을 깨달으면서 더 이상은 집단주의가 북한주민 자신들의 생존에 기여할 수 없음을 알게 되었다. 따라서 집단주의를 강조하는 주체사상과 김일성을 구원자로 보는 유일사상이 각박해지는 경제적 현실에서 무력함을 인식하게 되고, 이러한 사상은 자신들의 생존과 더불어 갈 수 없음을 깨달으면서 혼란을 겪기도 하고, 북한체제에 대한 의문과 회의에 빠지게 된다. 이러한 가치관의 혼란과 시장경제적 생존을 위해 북한주민들은 결국 탈북을 결심하게 된다.

2) 북한 내에서의 종교경험

북한 내에서의 종교경험은 다른 종교에 대한 자료 접근의 한계와 이 연구에서의 면담 대상자가 주로 개신교인들이었기 때문에 개신교[1] 중심으로 이야기가 전개된다.

(1) 북한주민의 종교 인식

북한의 개신교인 수는 1945년 광복 당시 30만 명에서 1949년 20만 명으로 감소했는데, 그 이유는 북한 당국의 반종교정책 때문이다. 개신교인들에 대한 폭압, 불이익 때문에 교회 출석에 방해를 받거나, 조선기독교도연맹의 정치성을 거부하다 신앙생활을 못하게 되었기 때문이다(김병로, 2011). 북한 방문자들의 보고에 따르면, 북한에도 종교인을 자처하는 사람들이 있고 나름대로 종교활동을 하고 있는 것으로 알려졌으나, 활동은 극히 제한적이고 전도나 포교와 같은 종교활동조차 하지 못하고 있다(류

---

1 신에 대한 지칭은 기독교에서는 하나님, 천주교에서는 하느님으로 구분된다. 따라서 면담 참여자가 선택한 종교에 따라 하나님, 하느님을 구분했으며 구분이 용이하지 않은 경우 절대자 혹은 신으로 구분 없이 지칭했다.

성민, 1994). 종교시설에는 개신교와 관련해서 봉수교회, 칠골교회, 장충성당이 있고, 불교와 관련해서 정백사원, 보현사, 신계사, 영통사 등이 있다고 알려져 있다. 지하교회가 있다는 증언도 있지만, 대부분의 북한주민들은 종교시설이 존재하는 것조차 알지 못하고 있다(조정현 외, 2013). 실정이 이런데도 북한 당국은 대외적으로 종교가 국가로부터 완전히 독립되어 있으며 어떤 종교도 간섭이나 차별당하지 아니하고 사람들은 자신의 선택에 따라 자유롭게 종교를 믿을 수 있다고 선전하고 있다. 북한의 종교조직으로 알려진 조선불교도연맹, 조선그리스도교연맹, 조선가톨릭교협회, 조선천도교중앙지도위원회, 조선정교위원회 등에 대한 정확한 실체 파악이 필요하다. 또한 이들 종교단체의 협의체인 조선종교인협의회가 지역조직을 가지고 운영되고 있는지 여부는 확인할 수 없는 상황이다(조정현 외, 2013).

더욱이, 개신교의 예배시간이나 불교의 불법시간에 정치적인 내용을 설파하는 데 그치고 종교 본연의 활동은 없다는 증언이 있다. 이러한 상황은 다음의 증언에서도 살펴볼 수 있다.

> "주민들은 (교회) 근처에도 못 가고. 북한에서는 헌법에 종교, 종교생활의 자유가 있다 그래 놓고 국가가 종교생활을 제재할 자유도 있다고 그러고 전체적으로 제한만 하지. 예를 들어가지고, 북한에 있다가 탈북자들이 중국으로 탈출하잖아요? 그러다 강제 북송되잖아요? 그럼 제일 먼저 묻는 게 너 교회 갔었냐 물어요. 선교사 만났냐? 교회 사람한테 뭐 돈 받았냐? 만약에 그렇다고 하면 정치수용소로 곧바로 간다고. 제일 싫어하는 게 탈북자들이 크리스천을 만나는 거예요. 그런 나란데 무슨 교인들이 자유롭게 가서 예배를 드려?"
>
> (개신교 종교인, 신종하)

혹은 북한에서는 해외 단체나 기관으로부터 지원금 혹은 지원물자를 받기 위해 종교를 이용한다는 증언도 있다.

> "결국, 재밌는 게, 모든 종교위원회가 어디에 소속되어 있냐 하면, 통일전선부 대남공작부 밑에 들어가 있어요. 그 말 자체로는 대남공작부인데, 한국을 연결시켜 가지고… 외화벌이, 돈을 끌어모으는 거죠. (북한)교회가 외화벌이 기관 중 하나예요. 돈 버는 기관 중 하나라는 말이에요."
>
> (개신교 종교인, 신종하)

북한주민들은 신부나 목사 등 성직자들이 무슨 일을 하는 사람인지조차 알지 못하는 경우가 허다하고 '신부'와 '스님'을 혼동하기도 한다(류성민, 1994). 실제로 이 연구의 면담에 응한 북한이탈주민들은 대부분 북한에 있을 때 '하나님/하느님/예수님', '목사/신부/수녀', '스님' 등의 종교용어를 몰랐다고 증언하기도 했다.

북한에서는 종교가 금기시되어 있지만, 조선종교인협의회는 정치적 역할로 엄연히 존재하고 있다. 북한에서는 공식적으로 북한 종교인의 수나 활동상황을 밝히지 않고 있어서 그 실태 파악이 어렵다. 따라서 북한 당국에서 밝힌 종교인 수에, 주로 월남 종교인의 증언 등을 고려하여 추정할 수밖에 없는 실정이다(류성민, 1994). 북한에서 종교의 자유가 존재한다는 추정은 불가능하지만, 북한은 공식적으로는 종교의 자유가 존재한다고 대대적으로 선전한다. 신앙의 자유가 북한 헌법으로 보장되어 있고, 세계적으로도 종교단체들과 교류를 맺고 있으며, 종교행사와 종교의식도 있기 때문에 종교의 자유 또한 있을 수밖에 없다는 것이다. 그러나 많은 서적 및 증언에서 북한에서 종교의 자유가 얼마나 제한적인지를 제시하고 있다(김흥수, 류대영, 2002). 북한 당국이 종교단체들의 존재를 통해 북한체제가 종교의 자유를 보장하고 지원하고 있다는 사실을 제시하고

자 하는 데에는 종교의 본질적 차원과는 거리가 먼 다른 의도가 있는 것으로 파악된다. 즉, 김일성 사망 후 악화된 식량난의 해결과 사회통제를 위해, 내부적으로 종교활동에 대한 억압을 견지하면서도 대외적으로는 종교단체들의 다양한 해외접촉을 허용하여, 서방으로부터 인도적 지원을 확대시켜 그 혜택을 받으려는 일종의 '외화벌이' 수단으로 종교를 활용하고 있는 것이다(조정현 외, 2013).

이 연구의 면담 참여자들인 북한이탈주민들을 통해 이러한 북한의 종교 현실을 부분적으로 엿볼 수 있었는데, 그들은 북한에 살 당시 종교에 대한 정보가 전무했고, 종교를 접할 시 처벌을 받는다고 알고 있었다.

> 박강식: "(종교) 활동은 없고요."
>
> 김민석: "외부에 보여 주기 위한 홍보용이죠."
>
> 송아연: "주민들은 거의 몰라요. 저희는 알 수가 없죠."
>
> (개신교 북한이탈주민)

이들은 북한이탈일, 남한 입국일, 그 외 모든 경험이 서로 다른 북한이탈주민들이다. 그런데 이들은 한목소리로 북한에 살 때 공식적으로 종교를 경험해 보지 못했다고 말했다.

> "저희는 성경이란 말도 들어본 적이 없고, '하나님', '예수님', 이런 개념조차도 없었어요. 단지 '하나님'이라는 개념은 막연하게 들어서 알고 있었지만, 그거에 대해서 뭐, 별로 생각해 본 적이 없었어요."
>
> (개신교 북한이탈주민, 박강식)

들어본 적이 없기에 있는지를 몰랐고, 생각해 본 적이 없었다. 그리고 그런 개념이 실린 책자를 가지고 있거나 공유한다면 그것은 삶을 잃는 길이라고 생각하였다.

박강식: "일단 발각이 되면 거의 생명을 보장할 수 없는 그런 처벌을 받는 걸로 알고 있습니다. 주변에 그런 사례들이 있죠."

송아연: "만약 어떤 집에서 성경책 하나가 나왔다던가, 모이는 그런 기미만 보여도 어느 새 그 집 방에 들어와서 가족들을 다 데려가요. 어디로 데려가는지 누구도 몰라요."

(개신교 북한이탈주민)

북한이탈주민들의 증언에 따르면, 북한에서 선교활동은 일종의 '간첩활동' 같은 것이라고 주민들에게 알렸다. 주민들에게 안 좋은 영향을 준다고 여기기 때문에 당국에서는 가정예배나 지하교회의 창궐을 처음부터 예방하기 위해 발견 즉시 신고하라고 했다. 종교활동이 발견되면 엄벌에 처한다고 하거나, 또는 주민들을 모아 놓고 경계심을 퍼트리기 위해 반종교 강연을 하기도 했다. 북한에서 종교의 자유가 실질적으로 허용되지 않는다는 증거는 다음과 같다. 주민들의 증언에 따르면, 첫째, 평양 이외 지역에 교회와 성당 시설이 존재하지 않는다는 점, 둘째, 북한 당국은 교회, 성당, 사찰을 해외 종교인과 관광객 등 방문객에게만 보여 주고 주민들의 출입이나 접근은 철저히 금지되어 있다는 점, 셋째, 개인차원의 신앙생활은 철저히 탄압한다(조정현 외, 2013). 이와 같이, 심각하게 경계를 하기 때문에, 북조선인민공화국이 세워지기 전에 이미 종교를 접한 경험이 있는 사람들로부터도 성경이나 하나님 이야기가 구전되었을 가능성조차 없을 것이라는 것이 이들의 증언이었다.

박강식: "그런데 그분들은 거의 극소수이고, 신앙을 전수할 수가 없었죠."

송아연: "그때 다 잡아갔어요. 그때 다 잡아서 수용소에 넣다 보니까 두려

워서 전파를 못한 거죠. 그래서 그 자녀들도 거의 부모들이 신앙 생활 한 거는 모르고… 자라는 과정에서 부모님들이 기도하시는 분들도 있었지만, 자기들한테는 말을 못했다고 해요. 오픈을 거의 못한 상태에요. 나중에 여기 남한에 와서 그런 분들이 말해요. '아, 그러고 보니까 우리 부모님이 그때 그렇게 했었다. 근데 우리에게는 그런 말을 한 마디도 안 했다. 왜냐하면 그때는 목숨을 내놔야 되니까'."

(개신교 북한이탈주민)

북한주민들 중에서도 종교를 아는 사람들, 즉 과거에 직접 종교를 접했거나 그런 사람들로부터 전해 들었던 사람들은 존재하였으나, 칼날이 선 정권 아래서 종교와 관련된 발언은 할 엄두도 나지 않았을 것이다. 그 부모들은 아무도 모르게 기도를 하거나, 기도를 하면서도 그 행위의 의미를 자식들에게는 함구했다. 마침내 탈북 후에 그들은 당시 부모의 두 손을 모으는 행위(기도 등)가 무엇이었는지 알게 되었을 정도로 북한에는 종교인의 수가 극소수였고, 신앙은 공개적으로 드러낼 수 없는 행위였다.

(2) 탈북 이전 북한 내에서의 종교경험

종교와 신앙이 엄격히 금지된 북한 안에서도 종교를 경험할 수 있고, 실제로 이 연구의 참여자들인 북한이탈주민들 중에도 북한에서 이미 종교, 특히 개신교를 접했던 사람들이 있다. 우연히든 혹은 계획적으로든 성경이나 기타 종교 관련 자료를 접한 북한주민들 중에서는 그것이 위험한 일이라는 것을 알고 있었음에도 성경을 내려놓지 못한 사람도 있었다.

이 연구의 참여자인 박강식, 구자옥 그리고 신경숙의 사례를 보면, 개신교가 어떻게 북한으로 흘러들어 가고, 개신교가 어떻게 주체사상의 자리를 대신 차지하게 되며, 개신교를 왜 믿을 수밖에 없게 되는지 일련의 과정을 살펴볼 수 있다. 아울러, 존재 여부의 논란이 많은 지하종교에 대한 암시도 부분적으로 엿볼 수 있다.

이 연구 면담 참여자들 중 북한 내에서 종교를 접한 사람은 박강식이었다. 흔히 북한을 이탈한 뒤 선교사를 만나거나 교회의 도움을 받음으로써 종교를 처음 접한다고 하는데, 박강식의 가족은 예외였다. 박강식의 가족도 시작은 여느 북한이탈주민들처럼 '북한 정권에 대한 반감', '자유에 대한 갈망', '먹고사는 문제' 때문에 탈출을 결심했다. 그들은 1995년 당시 경비가 허술했던 틈을 타 최초로 중국을 다녀오는 시도를 했다. 남한으로 가는 '루트'를 파악하기 위한 첫 번째 시도였다. 두만강은 깊지 않았고, 생각만큼 위험하지 않았다. 그리고 그 뒤로 10여 차례 꽤 어렵지 않게 중국과 북한을 드나들었다. 그러던 어느 날 박강식의 형이 성경책과 라디오를 가지고 왔다.

> 박강식: "(형이) 두 번째 갔을 때인가, 한 번 시내를 돌아다니다가 십자가가 걸려 있는 교회당이 있는 걸 처음 발견했죠. 근데 무서워서 그게 어떤 데인지 잘 모르니까 못 들어간 거예요, 거길. (중략) 시내를 가서 돌아다니는데 이런 게 있더라, 교회당이라는 게 있더라. 그래서 저희 할아버님 같은 경우는 연세가 있으시니까 그거에 대해서 조금은 더 알고 있잖아요? 옛날 분이시니까. (중략) 거기 가면 분명 한국에서 온 선교사가 있을 것이다, 한국에서 온 목사든 신부든. 이런 얘길 하셨어요. 그래서 편지를 써서, 다음번에 편지를 갖고 거길 찾아간 거예요. 들어가서 거기서 2박 3일인가 있다가 잘 대접받고 넘어왔었죠. 근데 거기 들어가서 북에서 왔다고 얘기하니까 그분들이 정말 따뜻하게 후하게 대접을 했고, 너무 반가워하면서 2박 3일 동안 온갖 맛있는 거 대접하고 좋은 옷 사주고. 진짜 극진히 대접을 하다 돌려보냈거든요. 그래서 거기에 너

무 감동을 받은 거죠."

면담자: "그때 성경책을 들려 보낸 거군요."

박강식: "그렇죠. 물론 성경책도 있었고 다른 옷가지나 천이나 달러 같은 것도. 돈도 좀 지원을 했었고."

면담자: "처음에 형님이 성경책을 가지고 왔을 때, 책을 가지고 뭘 하셨어요, 가족들끼리?"

박강식: "뭐, 처음에 와서는 이게 성경책이다, 그래서…."

면담자: "관심이 없었을 것 같은데…."

박강식: "아뇨, 관심이 컸죠, 저희는. 처음 보는 거니까, 그거에 대해 굉장히 관심이 많았죠. 이건 어떤 책일까? 도대체 그 사람들은 어떤 사람들이길래 그렇게 선할 수 있을까? 그런 호기심이 저희로서는 굉장히 컸다고 볼 수 있죠. 그때 성경을 열심히 읽었어요. 생전 처음 보는 책이고 물론 내용이 잘 이해되고 그런 거는 아니었지만 굉장히 호기심을 갖고 열심히 읽었던 기억이 있거든요."

면담자: "그래서 그때 신에 대해 생각을 하게 되신 거군요?"

박강식: "그럼요. 그때 받아들이기로 결단을 했죠."

면담자: "어떤 점에서?"

박강식: "그 사람들 자체가 너무 따뜻하게 해주어서… 받아 본 적 없는 사랑을 받다가 왔으니까 '아, 이건 뭔가 있을 것이다' 하는 믿음?"

(개신교 북한이탈주민)

박강식의 형은 교회로부터 맛있는 음식과 옷과 성경책을 받았고, 그것으로부터 감동을 받았다. 처음 보는 책에 가족들은 '내용이 잘 이해되는 것은 아니었지만' '굉장한 호기심을 갖고 열심히 읽었고 형이 너무 따뜻하게, 받아 본 적 없는 사랑을 받다가 왔으니까 이건 뭔가 있을 것이다' 하는 믿음이 생겼고 '그 순간 신을 받아들이기로 결단을 했다.' 북한 정권에 대한 신뢰 저하라는 밑바탕과 개신교를 이미 접한 경험이 있는 할아버지의 영향으로 박강식은 종교를 쉽게 받아들일 수 있었다고 했다. 개신교가 박강식 가족에게 보여 준 따뜻함과 사랑은 어쩌면 자신의 조국인 북한 당국으로부터 바라던 것이었는지 모른다. 조국으로부터 받은 납득할 수 없는 핍박은 박강식 가족에게는 한이 되었다. 그리고 핍박의 그늘에 놓여 있던 박강식은 한 차례의 따뜻함을 경험하는 과정에서 성경책을 입수하게 되고 결핍을 채워 준 개신교를 의심 없이 받아들이기로 결심했다.

북한주민들이 종교를 접하는 경우는 이와 같이 중국을 드나드는 과정에서 개신교를 접함으로서 시작되는 경우가 많은 편이다. 박강식도 면담 곳곳에서 북한 밖 소식에 눈을 뜰 수 있었던 계기가 국경을 넘으면서였다. 중국을 드나들면서 라디오를 구해 북한에서 남한의 사회, 문화, 경제에 대한 이야기를 들었고 개신교를 알게 되었다고 하였다.

(3) 개신교의 북한 선교 노력

북한주민들이 종교, 특히 개신교를 경험하는 계기는 주로 중국을 통한 선교사들의 노력 덕분이라고 할 수 있다. 이 연구에서는 이와 같은 선교활동을 전개하는 김진 선교사를 면담하였다.

김진 선교사는 북한연구를 하는 선교단체의 일원으로 미국에서 주로 활동했다. 그는 처음부터 북한에 관심이 있었던 것은 아니었다. 일본에서 선교활동을 마치고 미국으로 가기 전에 한국에 들렀는데 갑자기 북한에 관한 내용들이 자신에게 쏟아져 들어왔다고 한다. 텔레비전을 틀면 북한과 관련된 내용만 보이고, 그전까지 만난 적이 없었던 북한 관련자들이 나타났다. 동시에 선교단체에서 북한연구학교에 참여를 권하는 이도 나타났다.

> “저는 이것을 하나님의 뜻이라 믿었고, 마지막으로 기도를 드렸어요. 만약에 하나님께서 나를 북한 사회로 이끄시는 거면 이런 표적을 달라고. 병자

가 낫고 기적 같은 게 일어나는 특별한 일이 생기는 것을 표적으로 보여 달라고. 그런데 어느 분이 처음 가보는 북한 식당으로 저를 데려갔고, 저는 이것이 하나님의 부르심이라 믿었어요. 그 후 북한연구학교에서 공부를 하면서 북한 아이에 대한 이야기를 들으며 눈물을 흘렸어요. '예수님은 한 아이를 위해 십자가를 지실 분인데, 나는 북한의 한 생명을 위해 헌신할 수 있느냐'라는 생각이 들었어요. 그리고 곧바로 북한 선교로 헌신하고자 중국으로 가서 북한 선교를 시작했지요."

(개신교 종교인, 김진)

김진 선교사의 선교 목적은 두 가지였다. 하나님 말씀을 전하는 복음 전파와 상황이 어려운 북한주민을 보호하고 도와주려는 것이 그것이었다. 북한이탈주민의 남한 이송은 활동의 목적이 아니었지만 기회가 되면 그 일도 간혹 했다. 김진 선교사는 미국과 남한의 단체에서 보내오는 자금으로 집을 얻어 꽃제비와 오갈 데가 없는 북한이탈주민의 숙박처로 사용했다. 김진 선교사가 사역 활동을 하던 곳은 정치적으로 북한과의 관계가 민감한 곳이라 공안들의 감시가 삼엄한 곳이었다. 중국에서의 선교활동 자체는 불법이 아니었다. 그러나 정치적으로 북한이탈주민을 북송하는 것도 공안의 몫이었기에 북한이탈주민을 데리고 있는 것 자체가 불법에 해당하는 행위였다.

북한이탈주민문제에 대한 중국의 접근 방식은 단순치가 않다. 먼저 대내적으로는 국내 정치·사회적 인정, 대외적으로는 북·중 관계, 한·중 관계 등과 국제여론의 추이를 고려한다. 탈북 양상이나 전통적인 우방인 북한과의 전략적 관계를 염두에 두지만, 북한이탈주민에 대한 인도주의적 처리를 요구하는 국제사회의 압력과, 북한이탈주민 문제가 중국 국가이익에 미칠 수 있는 영향 등을 종합적으로 고려하여 접근하고 있다(김수암, 2012). 특히, 중국은 북한이탈주민 처리에 있어 난민협약이 아닌 북·

중 사이에 체결한 양자 협정 중심으로 접근하기 때문에 북한이탈주민에 대해 난민의 지위를 인정하지 않고 경제적 사유에 따른 '불법월경자'로 규정하고 있다. 따라서 유엔난민최고대표사무소 및 민간단체가 북한이탈주민에게 접근하는 것을 원천적으로 차단하고 지속적으로 통제하고 있다(김수암, 2012).

김진 선교사가 함께 생활하던 꽃제비들 중 안전문제에 민감하지 않은 아이들이 집 밖을 돌아다니다 공안에 잡히는 경우도 발생했다. 그리고 결국 김진 선교사는 공안에 연행이 되고 1년 넘게 옥살이를 당했다. 북한이탈주민들을 한국대사관 안으로 진입시키려는 계획이 탄로가 난 것이 문제였다. 공안들에게 급습을 당했고, 수갑이 채워진 채 공안이 이끄는 곳으로 보내졌다. 1년 3개월 동안 구류소에서 구금당한 채 재판을 받았다. 구류소에는 개신교인들이 꽤 있었다고 한다. 김진 선교사와 유사한 죄목으로 잡혀 온 사람들이었다. 구류소에서 이들과 함께 몰래 기도를 드렸고, 전도를 했다. 그리고 구류에서 풀려난 뒤 추방이 되었다가 1년 후 다시 중국으로 들어갔다. 구류가 되었음에도 하나님을 원망하지는 않았고 후회도 없었다.

김진 선교사가 중국에서 했던 일은 선교와 관련한 여러 활동 중 문서사역과 전도사역이었다. 중국에서 성경을 출판하여 북한 쪽으로 보내는 일을 한 것이다. 중국을 오가는 북한주민이나 탈북 후에 다시 북한으로 돌아가기를 원하는 이들을 통해 북한으로 성경책을 들여보냈다. 한 사람이 가지고 갈 수 있는 양이 많지 않고, 발각될 위험이 있기 때문에 책은 손바닥의 절반 크기로 제작했다. 이 작은 책자는 북한으로 들어가는 주민을 통해 보급품에 묻혀 북한으로 유입되었다.

> 김진: "중국에 탈북자들이 많이 있거든요. 그러면 그런 분들한테 많이 전달되고… 나왔던 탈북자들 중에서 (북한에) 들어가는 분들이 있어

요. 그분들 통해서 들어가요. 근데 이게 좀 커가지고 많이 들어가진 못해요. 가끔 용기 있는 분들이 들고 가고. 요거는 좀 많이 들어갔어요. 일부러 좀 작게 만들어 가지고."

면담자: "그럼 이 사람들이 목숨을 걸면서까지 이 책들을 가지고 들어가는 거잖아요?"

김진: "그런 분들이 있어요. 강요는 안 해요."

면담자: "어떤 마음에서 그럴까요? 그분들 정말, 신앙의 힘일까요?"

김진: "글쎄요, 그렇게 하시는 분들은 적어요… 그렇게까지는…."

(개신교 종교인)

심신 선교사는 북한으로 성경책을 들여보내는 방법이 몇 가지가 있지만 말은 해줄 수 없다고 했다. 다만 어떤 방식으로든 북한으로 성경책이 유입된다는 말을 전했다. '북한에서 홍수가 나가지고 (집이) 휩쓸려 갔을 적에 어느 집에서 나왔는지는 몰라도 성경책들이 나왔던 적'이 있었을 정도로 성경책은 북한에 이미 유입되어 있었다.

연구 참여자 중 다른 사람인 김석환 목사의 증언에서도 북한 선교 노력과 북한 기독교도 존재의 가능성을 엿볼 수 있다.

"현재 북한 안에 40만 명 정도의 교인이 있을 것이라고 예상을 합니다. 사역과 선교를 통해서 자생적으로 개신교인이 생겨나고, 순교에 대한 보고도 들어와요. 중국에서 활동하는 선교사들의 노력으로 북한의 다양한 지역의 언더(under)에서 교회가 퍼져 있어요. 이들은 성경을 못 가져가니까 암송해서 가거나, 혹은 책으로 들어가기보다는 MP3, MP4로 들어갑니다."

(개신교 종교인, 김석환)

김석환 목사의 증언을 들으면 기독교가 북한 내부에 들어가 있음을 추측할 수 있다. 이를 통해 볼 때, 선교사들은 다양한 방법으로 선교활동을 하는데, 그중에서 중국에 온 북한이탈주민에게 라디오와 성경책을 쥐어 주는 것은 선교활동의 한 방편이라고 할 수 있다. 이렇게 다양한 방법으로 북한으로 개신교가 스며들고 있고, 개신교를 접한 주민들은 그것을 배우고 있다고 한다. 그 목적을 신종하 개신교단체 대표는 이렇게 말한다.

"(중국으로 온 북한인들 중) 나는 조선에 안 간다, 그러면 훈련시켜서 다시 북한으로 보내요. 눈을 뜨게 만드는 거지. '아, 우리가 속고 있다'라는 걸 가장 가까운 사람한테 얘길 하는 거예요. 종교는 아편이라고 하면서 기독교 믿으면 큰일 난다 그랬는데, 보니까 기독교인들 진짜 우리 많이 도와주고, 우리 친척들 한국에 가서 사는데 잘 산다 그러더라. 이렇게 말을 하도록 하는 거지. 북한 안에서 민주화가 서서히, 의식화가 일어나는 거지. 그래서 주민들이 눈을 뜨게 만들도록 하기 위해서."

(개신교 종교인, 신종하)

기독교 분야의 연구에 따르면, 선교의 목적은 성경을 근거로 모든 민족을 '예수 그리스도의 제자로 만드는 일'이다(손윤탁, 2011). 따라서 인류를 예수님의 제자, 크리스천으로 만드는 것에 교회의 존재 이유와 목적이 있다(임희모, 2008). 더불어, 성경에는 사회적 책임에 대한 언급도 있는데, 즉 성경에는 약한 자와 가난한 자, 억눌린 자와 병든 자, 감옥에 갇힌 자들에 대한 사랑의 실천이 참믿음이라는 것이 구체적으로 표현되어 있다(윤승태, 2013). 이렇게 볼 때 교회는 선교를 함과 동시에 자신의 사회적 책임인 복지, 희망, 사랑을 실천하는 셈이 된다. 북한이탈주민들에게 선교를 하는 종교인들이 이들에게 도움을 주는 이유도 여기에 있는 듯하다.

박강식의 형에게 먹을 것과 입을 것을 주었던 교회, 김진 선교사가 꽃제비들에게 숙박을 제공하며 성경을 가르쳤던 것, 신종하가 말한 의식화

모두 '힘겨운 주민들에게 복지를 행함으로써 새로운 세상에 이들의 눈을 뜨게 하고' 하나님의 말씀을 전하려는 것이 최종 목적임을 알 수 있다. '힘없고 도움이 필요한 사람들을 도와줌'으로써 종교의 이미지를 새롭게 만들고, 북한 안에 복음을 들여보내는 것'이 복음 선교의 한 방식이라 볼 수 있다.

(4) 북한 지하교회의 가능성

'지하교회'는 일반적으로 공인 종교조직과 대비되는 개념으로 북한 당국의 통제를 벗어나 '불법적'으로 활동하고 있는 기독교 신앙조직을 말한다. 북한 사회에서 지하교회에 참여하는 종교인들은 비활성적 신앙공동체인 기존 종교인 가족과는 구분되는 사람들로 식량난 이후 주로 북한이탈주민들을 통해 외부에서 개신교를 받아들여 신앙을 유지하는 비교적 활성적인 새로운 신자들의 공동체를 의미한다(김병로, 2011). 북한 지하교회의 가능성은 끈질기게 제기되어 왔다. 그러한 가능성을 이 연구의 참여자와의 면담에서도 부분적으로 엿볼 수 있었다.

선교사들의 '은밀한' 전도 노력으로 박강식 가족이 입수한 교리 서적은 '(제자)양육교재'와 성경책과 그 외 소책자 두세 권이었다. 박강식의 가족은 두려움에 떨면서 그것들을 읽기 시작했다고 한다.

> "무서웠죠. 북한 사회에서 믿음 생활한다는 건 굉장히 두려웠죠. 왜냐하면 발견되는 그 즉시 온 가족이 수용소에 끌려가서, 거기 가서 어떤 일을 당할지 모르니까. 거의 죽는다고 저희는 믿었죠. 거기서 만약 발각이 되면. 그래서 절대 발각이 되면 안 되는 상황이었어요. 그래서 성경책이나 라디오는 항상 옷장 깊숙이 숨겨 놓고 그러다가 필요할 때마다 꺼내서 읽고 꼭 거기에 숨겨 놓고. 위험했지만 그렇게 했어요. 6~7개월 정도…."
>
> (개신교 북한이탈주민, 박강식)

이미 많은 증언이 있듯이, 북한 내에서의 종교활동은 전면 금지되어 있다. 비밀리에 하는 종교활동이 발각될 시 그에 대한 처벌은 '수용소에 끌려가거나', 심하면 '죽음'이라고 믿고 있었다. 그럼에도 '목숨을 걸고' 성경과 하나님에 매달린 이유는 죽을 것처럼 힘든 자신들의 처지 때문이었다.

북한이탈주민의 대답을 보면, 북한에서는 당이 허락한 단체 이외의 단체 결사가 불가능하다. 가정교회나 지하교회 등 비밀스러운 종교집회는 조직은 가능하다고 하나 실제로는 할 수 없다는 증언을 들을 수 있다(류성민, 1994). 이들은 남한에 와서야 지하교회가 있다는 말을 들었다고 증언하기도 했으나, 지하교회에서 신앙생활을 했던 북한이탈주민들에 의해 지하교회의 존재를 알리는 증언도 있다(문장순, 2007). 지하교회에 대해서는 많은 논쟁이 거듭되어 왔고, 오늘날도 활동 유무에 대해 적지 않은 의문을 낳고 있다. 북한에서는 지하교회를 인정하지 않고 있는데 지하교회 존재의 인정은 종교탄압의 인정이기 때문에 북한은 지하교회의 존재를 부정할 수밖에 없을 것이다.

지하교회의 존재를 증명할 수 있는 것과 관련하여, 연구 참여자의 증언을 들을 수 있었다. 연구 참여자 중 박강식은 북한에서 '선전물'이 발견되기도 하고, 선교하다 체포되는 사람들이 있었다고 증언하였다. 또한 다른 연구 참여자인 신경숙(천주교)은 친구 중 한 명이 누군가 베껴 쓴 성경을 중국으로부터 가지고 들어왔다가 잡혀가는 장면을 보면서 인원수를 알 수는 없지만 지하교회가 분명히 있다고 느꼈다고 했다. 또 이들은 다른 북한이탈주민으로부터 집에서 몰래 예배를 드린 이야기를 들었다고도 했다.

> "지하종교의 유형에는 두 가지가 있어요. 하나는 조상 대대로 기독교를 믿어 그 후손들이 영향을 받아 희미하게 남아 신앙을 간직하고 있는 유형이에

요. 다른 하나는 중국을 몰래 드나들면서 알게 된 유형이에요. 전자는 분명 존재하지만 그 수는 극소수일 거예요. 왜냐하면, 송아연 씨의 말처럼 '이미 다 잡아서 수용소에 넣었기 때문'이에요. 그러나 북한에는 북한체제가 들어서기 전 선조들로부터 종교적 영향을 받은 이들이 아직 살아 있어, 이들은 북한에서 종교가 멸종한 후에도 자식들 몰래 기도를 드린다고 해요. 다만 선조들이 당국으로부터 받은 고통을 차마 자식들에게 물려줄 수가 없어서 자식들에게는 기도행위에 대한 설명은 하지 않는 거죠. 부모님의 기도하는 모습을 목격한 북한이탈주민들은 남한에 와서야 '아, 그게 그거 였구나' 하면서 두 손 모으고 눈을 감고 있던 부모님 모습의 정체를 알게 되었다고 해요."

(개신교 북한이탈주민, 박강식)

반면, 지하교회가 있을 수 없다는 입장을 표명하는 이들도 있다. 이는 북한에서 당원 생활을 하였고 현재는 불교신자인 연구 참여자 박 여사의 시각이다.

"북한은 조직적인 봉기가 불가능한 체제이고, '가정예배', '지하종교'란 있을 수 없어요. 북한은 거의 조폭정치 수준이고, 당과 김정일이 우선이라 미신타파 정책을 쓰는데, 그렇게 철두철미한 시스템에서 지하교회를 운영하기는 불가능해요."

(불교 북한이탈주민, 박 여사)[2]

사실 지하교회는 그 규모나 실체가 실제보다 과장되게 알려졌을 가능성도 있으며 최근 활동을 시작한 북한이탈주민 중심의 지하교회는 그 자

2 녹음을 하지 말아달라는 박 여사의 요청에 따라 면담 내용을 필기한 후, 대화 형식으로 재구성했다.

체로 존재하기 쉽지 않거니와 네트워크나 조직으로서 활동은 존재하지만, 순수 종교활동보다는 비즈니스 관련 활동이 더 많은 부분을 차지하는 것이 현실이기도 하다(김병로, 2011).

2002년의 유엔인권위원회에 제출된 보고서에 의하면 500개의 가정예배소가 있다고 하나 북한 전문가들은 이것이 국가의 통제를 받는 조선그리스도교연맹의 하부조직인 것으로 추측하고 있다. 2012년도 통일연구원 백서와 2007년도 미국 국제종교자유위원회 보고서 「창살 없는 감옥(A prison without bars)」에는 지하교회의 존재를 언급하는 북한이탈주민들의 증언이 포함되어 있지만 실제 존재 여부는 검증하기 어렵다고 결론지었다(USCIRF, 2012). 그러나 이 연구의 참여자인 박강식은 '지하교회가 없다고는 말할 수 없다'고 하였으며, 본인이 당국 몰래 북한에서 가정예배를 드렸던 사실을 증언하였다. 이 말이 사실이라면 종교에 대해서 서슬이 시퍼런 북한에서도 예배가 가능하다는 말이 될 것이다. 박강식의 가족들처럼 은밀한 기도를 올리느냐 아니면 지하에 신도들을 모아 놓고 설교를 하느냐 하는 것에만 차이가 존재할 뿐이다. 즉, 가족끼리 성경책을 읽느냐, 아니면 집단으로 모여서 성경책을 읽느냐 하는 차이뿐인 것이다. 북한 당국 몰래 신앙활동을 하는 것이 지하종교라면 결국 박강식 가족의 경우도 지하종교의 한 단면을 보여 주는 예가 될 수 있다. 북한에서 가정예배, 지하교회가 존재한다면 박강식의 가족과 같이 단체활동이 아닌 가족들끼리만 조용히 기도하는 이런 모습이 아닐까 추측해 볼 수 있다.

(5) 북한주민들의 종교 수용 원천

이 연구의 참여자들이 북한에서 종교와 가까워질 수 있었던 이유는 북한에 대한 신뢰 저하였다. 이들이 종교와 가까워지는 과정은 다소 다르나, 북한 정권에 대한 신뢰가 무너지면서 그것을 대체할 의지처를 종교에서 찾았다고 할 수 있다. '처음부터 신뢰가 없었던' 박강식, 김일성 장군의 사진이 실린 책을 태우며 위협감을 느꼈던 구자옥, 심지어 '정말 빨갛게 무장'이 되었던 신경숙 모두 주체사상, 공산주의 사상, 김일성 부자에 대한 신뢰가 없었거나 신뢰를 잃었다. 각자를 그렇게 만든 개개의 사연들이 신뢰 저하로 귀결되었고, 이런 결과로 종교를 받아들일 수 있는 터가 머릿속에 마련이 되었다.

"주체사상에 대한, 혹은 공산주의 이념에 대한 믿음이 투철한 사람은 이거에 대해 극구 거부하는 마음이 있었을 거예요. 근데 저희 안에는 일단 그런 마음 자체가 없었어요. 공산주의에 대한 신념도 없었고, 이건 잘못된 거라는 믿음이 있었기 때문에 그래서 뭔가 새로운 대안을 만났을 때 그걸 받아들이는 마음이 더 적극적으로 반응들이 있었던 거 같아요."

(개신교 북한이탈주민, 박강식)

박강식과 구자옥의 증언은 김진 선교사의 경험과도 이어진다.

"아이들마다 달라요. 사상이 철저한 사람들은 좀 더 오래 걸리고, 그렇지 않은 사람들은 좀 더 쉽게 바뀌는 경우가 있어요. 그리고 어떤 경험을 하게 됐나 그거에 따라서 다르고, 또 얼마만큼 힘들고 고생했나 이거에 따라서 다르더라고요. 지금은 아닌데 그 당시만 해도 사상적으로 굉장히 많이 강한 분들이 있거든요. 그런 분들은 좀 걸려요. 지내보면서 '아, 내가 북한에서 배웠던 거 가짜였구나, 내가 속았구나' 이런 게 오시는 분들은 더 쉽게 영접하는데…."

(개신교 종교인, 김진)

중국에서 꽃제비를 보호하면서 선교를 했던 김진 선교사에 따르면 그 아이들은 종교라는 것을 전혀 모르고 있었고, 하나님 이야기를 하면 다들어리둥절해 했었다. 그런데 '차츰 예수를 영접하는 아이들이 생겼고, 특별한 은혜를 받게 될 적에 눈물을 흘리면서 회개하는 애들'도 생겨났다. 예수를 일찌감치 영접하는 아이와 그렇지 않은 아이의 차이는 북한에서 얼마나 오래 사상에 물들었는지, 어떤 경험을 했는지에 따라 다르다고 했다. 이에 따르면, 박강식은 처음부터 사상에 물들지 않았었기 때문에 좀 더 쉽게 신앙을 가질 수 있었던 것이 아닐까 추측할 수 있다. 또 구자옥의 사상에 대한 의심과 반감, 신경숙의 배신감은 신앙이 싹틀 수 있었던 밑거름이 되었다고 볼 수 있다. 종교를 배척하는 주체사상, 사회주의 사상에 이들이 물들어 있는 상태였다면 신앙의 싹이 돋아날 기회가 없었을 것이기 때문이다.

2. 탈북과정에서의 종교경험

1) 탈북 경로와 현황

북한이탈주민의 이주 유형은 이주 목적에 따라 크게 네 가지로 유형화할 수 있다(문남철, 2004). 첫 번째는 주로 초기 북한이탈주민으로서 탈북의 목적인 식량과 금품이 확보되면 곧바로 귀환하는 형태이다. 두 번째는 탈북과정에서 중국의 경제적 성과와 남한 및 국제사회에 대한 정보를 접하면서 북한에 대한 회의감으로 중국이나 러시아에 정착하는 경우이다. 세 번째는 남한 및 제3국으로 망명하기 위해 중국이나 제3국을 통해 이동하는 경우이고, 네 번째는 육로나 해상을 통해 북한에서 남한으로 직접 오는 형태이다. 이를 구체적으로 도식화하면 그림 3-1과 같다.

북한주민이 북한을 이탈해서 남한에 입국하는 현황을 살펴보면, 한때 연간 3,000명에 육박했던 북한이탈주민들은 2011년 2,706명, 2012년에

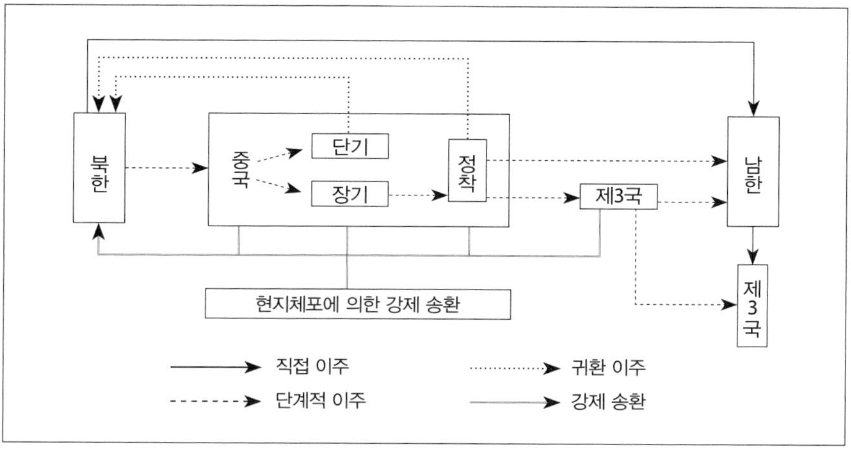

출처: 문남철, 2004

그림 3-1 북한이탈주민의 탈북 유형 및 탈북 경로

표 3-1 북한이탈주민의 남한 입국 현황

단위: 명

	2002	2003	2004	2005	2006	2007	2008	2009	2010	2011	2012	2013	2014
인원	1,143	1,283	1,899	1,382	2,026	2,553	2,804	2,914	2,402	2,706	1,502	1,514	1,397
남	511	473	626	424	514	572	608	662	591	795	404	369	305
여	632	810	1,273	958	1,512	1,981	2,196	2,252	1,811	1,911	1,098	1,145	1,092

출처: 통일부

는 1,502명으로 급감했다(표 3-1 참조). 2013년 1,514명, 2014년 1,397명으로 감소 추세가 이어지고 있다. 북한이탈주민 증가를 예상하고 추가로 지은 북한이탈주민 정착시설 제2하나원은 최대 400명을 수용할 수 있는 공간이지만, 현재 76명만이 머물고 있는 실정이다(동아일보, 2013. 7. 17).

2009년 이후 북한이탈주민들의 입국이 급격히 줄어든 이유는 북한의 국가안전보위부 차원에서 탈북차단 비상대책을 점검하였기 때문이다. 구체적으로, 북한은 2010년 이래 북한이탈주민 가족 및 친척들에 대한 사상동향 파악 및 감시, 사상교양 강화, 국경지역 여행증 및 숙박 검열, 국경 경비사령부 검열을 강화했고, 국경지역에서의 휴대전화 사용에 대한 처벌을 강화했으며, 해상 탈북을 막기 위해 해안경비를 대폭 강화하여 '탈북자의 경우 3족을 멸한다, 혹은 현장에서 사살한다'는 강력한 처벌 경고를 실시함에 따라 탈북 현상이 크게 위축되었다(조정현 외, 2013).

북한이탈주민들은 북한을 빠져나오기로 결심한 후 나름대로의 방법으로 탈북방책을 찾는데, 북한이탈주민에 대한 경계가 엄격하지 않던 2009년 이전에 탈북했던 사람들은 지리적으로 가깝고 생각보다 위험하지 않은 두만강 지역을 중심으로 탈북을 한 경우, 해외 근무 중 작업장을 이탈하는 경우, 친척방문 여권을 발급받고 체류기관이 경과한 후 제3국 입국을 추진하는 경우 등 다양한 형태로 탈북을 하였다(조정현 외, 2013).

2) 탈북 결심

북한주민들은 경제난과 1980년대 말 이래 점차 확대되어 온 외부사조, 문물의 침투, 식량 구입을 위한 주민 이동의 급증과 장마당의 활성화 등으로 의식 변화가 가속화되었다(임순희 외, 2011). 특히 장마당에서 주민 간 정보교류가 이루어지고, 국제기구의 방북 등으로 의식이 변화되어 주민들 사이에 동요가 일어난 것으로 보인다. 이에 따라, 그동안 북한 당국이 주장해 왔던 제국주의의 패악과 착취, 그로 인한 자본주의의 폐해가 더 이상 북한주민들에게 먹혀들지 않는 것으로 볼 수 있을 것이다. 경제난을 이겨내기 위해 스스로 시장에 나가 자본주의식 경제활동을 택하면서, 라디오와 텔레비전의 보급으로 북한 당국의 정치 시스템의 한계를 깨닫고 사상적 동요를 일으키는 경우도 있다.

북한주민의 의식 변화의 특징을 몇 가지로 정리하면 다음과 같다(임순희, 이교덕, 통일연구원 북한인권연구센터, 2011). 첫째, 자본주의 체득 및 수용이다. 경제난이 지속됨에 따라 북한주민들은 국가에 의존하기보다는 시장에 의존하여 생계를 유지하면서 자본주의 경제를 자연히 체득하게 되었다. 둘째, 체제 자긍심과 최고지도자에 대한 신뢰 약화이다. 경제난과 무상의무교육제, 무상치료제 등 사회주의제도가 제대로 구현되지 못하는 데 대한 불만과 간부들의 부정부패에 반감을 가지게 되었다. 셋째, 남한 사회의 문화에 대한 긍정적 인식이다. 특히 최근에 평양, 평안남북도, 황해도, 함흥, 청진 등의 일부 지역에서 남한의 공중파 방송이 수신되고 CD로 복사되어 유통되고 있다. 넷째, 중국에 대한 새로운 인식과 개방에 대한 관심 및 요구 증대이다. 북한에서는 중국을 개방을 통해 경제발전을 이룬 모범 사례로 인식하고 있다. 다섯째, 돈이나 물질 우선의 가치의식이다. 이에 따라 정치사상을 우선시했던 집단중심의 사회지향적 가치로부터 돈과 물질을 우선으로 하는 자아중심의 개인지향적 가치로 옮겨가게 되었다.

이 연구의 참여자들 역시 이러한 범위에서 크게 벗어나지 않았다. 이들이 탈북을 결심하게 된 계기 역시 말을 자주 바꾸는 당국에 대해 신뢰가 무너졌고, 먹고사는 문제가 시급했기 때문이었다. 어떤 이는 당국에 대한 배신감으로 인해 철저하게 유일사상으로 무장된 '이념적 인간'에서 '생계형 인간'으로 변화되기도 했다. 북한 밖의 세계는 이들에게 신세계였고, '젖과 꿀이 흐르는 땅'이었다. 이들은 어쩔 수 없이 조국을 버리게 된 것이 아니라, 오히려 자발적으로 조국을 버리고 싶어 했다.

북한주민이 북한이탈주민이 되기까지의 과정을 시작하는 데는 흔히 북한 당국의 정책에 대한 의심과 신뢰 저하가 전제된다. 이 연구의 면담 참여자들의 탈출 시작은 현실의 깨달음, 핍박과 배신감이었다. 이 탈출의 시작점들은 이들이 그동안 주입받았던 공산주의 사상을 흔들었다. 이들은 자신들이 사실이라고 배웠고 믿었던 사상이 무너지는 순간 탈출을 생각한 것이다. 그리고 탈북의 모든 시작점을 관통하는 것은 먹고사는 것의 어려움이었다.

(1) 현실의 깨달음

북한에서 처음으로 현실에 대한 인식을 하게 되는 과정이 다음의 면담 사례에서 설명되고 있다.

> "한국에 오게 된 동기는 이래요. 제 마음속으로 한 번밖에 없는 인생을 이렇게 낙후한 나라에서 그냥 이렇게 보내는 게 너무 아깝다는 거였지요. (중략) 책에 김일성이 사진이 있지요? 그럼 종이를 찢어 쓸 수가 없어요. 근데 그거 모르고 찢잖아요, 모르고… 그래도 수용소로 가야 돼요, 북한은. 근데 저는 생각했어요. 그 종이를 사실 고의로 찢은 것도 아니고 모르고 찢었는데 그런 사람들 잡아 가냐? 그런 불만이 제 안에 생기기 시작했고… 그 다음에, 이 사람이 도대체 뭐이기에, 김일성이가 도대체 뭐이기에 사진조차 우리가 정말로 그렇게까지 옹호하고 보위해야 되냐? (중략) 북한은 아궁이에 불 때거든요. 종이가 없으니까, 제가 교과서들을 때기 시작했어요. 교과서에는, 뭐 김일성이 사진도 크게 그림으로 그려져 있고 그러죠. 그 교과서들을 제가 몰래몰래 불 때기 시작했어요. 그런데 그거를 혹시 몰카래도 혹시 되어 있을까봐… 거기는 감시하고 통제하는 나라니까. (중략) 저는 그 개인의 사진조차도 이렇게 훼손하면 우리 목숨이 죽어야 되는가에 대한 어떤 의문이 생겼어요. 이거는 부당하다, 이런 생각을 했어요. 그러다 보니까 김일성에 대해 충성하고 막 그러잖아요. 저는요, 그때 제 안에 충성이라는 마음이 없었어요."
>
> (개신교 북한이탈주민, 구자옥)

구자옥의 기억에 의하면, 김일성 정권에서 김정일 정권으로 권력이 이동한 뒤부터 배급이 정상적으로 이루어지지 않았다. '농사는 똑같이 지었는데 왜 이때부터 다 굶어 죽는지가 가장 이해가 안 되었다'고 한다. 배급의 단절로부터 시작된 의문은 김일성 사진이 삽입된 교과서를 몰래 불 때울 때 가장 크게 치솟았다. 추위로부터 목숨을 잃지 않기 위해 목숨을 걸어야 하는 역설을 견디며 국가의 부당함과 제도와 환경의 낙후함을 깨달았다. 이미 충성은 없었다. 탈출은 사상의 부조리를 깨닫는 데서 시작했다.

현실의 깨달음은 구자옥처럼 자신의 처지를 어느 순간 알게 되는 데서부터 오는 경우도 있지만, 몰랐던 타국의 실정을 아는 것으로부터도 오기도 한다.

> "(남조선에 대한 생각은) 좀 나쁘다는 생각은 했어요. 왜냐하면 아침에 항상 『노동신문』을 보는데, 4면 맨 끝에 요만하게 국제소식하고 남조선 소식이 나와 있어요. 근데 남조선 소식은 대부분 임금 인상을 위해 데모를 했다, 뭐 그런 게 나지 않으면 사고가 나서 사람들 몇이 죽어서 주민들이, 뭐 이런 이야기가 나는데, 우선은 그런 글이라고 해도 저는 그걸 봤어요. (중략) 곡괭이 질을 하는데, 장갑을 꼈는데도 손이 얼었으니까 돌에 탁하면서 찢겨져요. 근데 이 상처가 한 달 동안 가요. (중략) 그때 막 상처가 붓고 고름이 나오고 피 나오고 그래서 이 뼈가 보였어요. (중략) 근데 불을 쬐는데, 팔락팔락 날아가는 거가 있어서 보니까 종이 같은 게 날아가는 거예요. '개성지방'이라서 삐라가 항상 있는데, 새하얀 게 아니고 색깔 있는 거라 가보니까 삐라가 몇 장 있는 거예요. 뭐, '북한 인민군 식구들, 올해 여름 계획은 어떻게 짜셨는지요?' 이렇게 해놓고, 해변가에 아파트도 있고 진짜 멋있더라고요. 그리고 돌아서려고 하는데… 그때 당시에 삐라를 보면 그냥 나무 꼬챙이로 불에다 넣어라 이렇게 그냥 지시를 받았어요. 그래서 눈치를 보다가, 밑을 봤는데 밴드가 있잖아요? 이만 했어요, 밴드가. 북한 반창고는 천 같은 건데 둘둘 감게 되어 있었어요, 89년도에. 그 밴드를 그냥 한 번 붙인 걸 일주일 동안 있다가 생각이 나서 풀었는데, 어마, 새 살이 다 나온 거예요! 그래서 그때 그랬어요. 남한이 발전하기는 진짜 발전했구나."
>
> (천주교 북한이탈주민, 신경숙)

『노동신문』에 주로 소개되는 남한에 대한 기사는 사고, 사망, 데모와 같은 논란적인 내용들뿐이었다. 그래서 이 신문을 보아 왔던 신경숙은 남한에 대해 좋지 않은 이미지를 가지고 있었다. 하지만 신문에 실린 남한 사람들의 사진을 보며 어렴풋이 자신들보다 경제적으로 더 낫지 않을까 하는 생각을 하기도 하였다. 그러던 차에 남한으로부터 북송된 '삐라'에 붙어 있는 밴드를 발견하고 상처에 붙였고 그 상처가 회복되면서 그러한 밴드를 만들어 내는 남한의 기술에 놀랐다는 것이다.

(2) 배신감

신뢰 저하의 또 다른 이유는 당국에 대한 배신감이었다. 신경숙은 단체의 장을 맡아 사람들을 동원해서 당국을 위해 일을 했을 정도로 충성도가 높았다. 한때 경제적으로 많이 어려웠던 신경숙은 장사를 하기도 했으나, 이윤이 나기 시작한 뒤 '주변에서 막 그냥 뜯어먹으려고' 권력을 쥐고 있는 사람들이 수작을 부려 이사를 결심했다. 북한에서는 주거 이동을 할 때 당국에 문서를 제출해야 하는데, 신경숙은 그 문서를 제출하지 않았고 그 이유로 보안원으로부터 '누구한테도 들어보지 않은 쌍말'을 들은 뒤 다투게 되었다. 그런데 보안원의 지시대로 어떤 문건에 빨간색 손도장을 찍게 되었는데, 후에 그 손도장은 감옥 가기 전 단계인 노동단련대[3]에 보내지는 데 동의한다는 도장이라는 이야기를 사람들로부터 들었다.

> "직책상 충성을 할 수밖에 없잖아요? 내가 얼마나 충실했냐면, 우리 군당 책임비서면 여기의 구청장 정도예요. 그 책임비서가 내보고 뭐라고 했냐면

3 노동단련대는 주로 절도범, 집단생활 이탈자 등이 수용되는 시설로 500~2,500명 정도의 수용능력을 갖추고 있으며 전국의 시 · 군에 1개씩 설치되어 있는 것으로 알려져 있다(조정현 외, 2013).

'세상 사람들이 다 변한다고 해도, 내가 확신을 하는데, 당신은 절대 변하지 않을 사람이다'라고 평가를 했어요. 그만큼 '정말 빨갛게 무장이 됐다'고 그렇게 평가를 받았거든요. 저는 정말 학교 시설부터 나라에 충성하는 일만 했거든요. 학생 때부터 좋은 것만 써내고 다음에도 생활을 잘했고, 사회에 나와서도 정말 모범이다… 그 뭐라고 할까요? 하루 열여덟 시간씩 일을 하면서 당에 대한 충성밖에 몰랐는데, 감옥에 가야 된다니까, 도무지 그 사회에 대한 반항이 막 솟구치는 거예요. 그래서 진짜 여기선 못살겠다…."

(천주교 북한이탈주민, 신경숙)

신경숙은 '그 사회에 대한 반항'이라 표현을 했으나, '진짜 못살 정도의 반항'이 생긴 원인은 결국 배신감 때문이었다. 그토록 충성을 다하는 자신에게 단 한 번의 실수에 대한 대가가 크다고 느꼈다. 중국 상황에 대한 정보가 들리던 당시 찾아온 배신감은 북한을 탈출해야겠다는 생각으로 이어졌다. 조국에 대한 실망감은 철저한 주체사상으로 무장되어 있던 신경숙의 마음을 움직였다.

(3) 핍박

또 다른 경우는 북한 정권의 핍박인데, 이는 박강식의 사례에서 찾아볼 수 있다.

"저희 같은 경우는 북한 정권에 대한 신뢰가 거의 없었죠. 가정적인 배경부터 따져봐야 하는데요. (중략) 저희 집안은 흔히 북한에서 말하는 성분이 안 좋은 집안에 해당되는 거죠, 우리 할아버지 세대 때부터. 사실 저희 할아버지, 큰아버지, 저희 집안 어른들 대부분이 북한 정권에 의해 피살당한 그런 경우였어요."

(개신교 북한이탈주민, 박강식)

북한에서 핍박을 당하는 경우는 땅이 많은 지주, 재산이 많은 자본가, 아니면 일제시대의 친일파, 그 외에 북한 정권에 반대되는 행동을 한 사람 혹은 기독교를 믿었던 사람에 해당된다. 이 부류에 해당되면 출신성분이 나쁜 사람으로 지목되고, 이런 사람들은 '사회적으로 출세할 기회조차도 제대로 주어지지 않는 그런 경우가 굉장히 많다'고 한다. 박강식 가족이 탈북을 시도한 여러 가지 이유(김정일 정권의 붕괴, 자유에 대한 갈망, 북한의 경제적 위기) 가운데 가장 큰 이유가 '주체사상에 대한 신뢰나 북한 정권에 대해 좋게 생각하는 마음이 없었기 때문'이라고 했다. 사상적으로 심취해 있던 신경숙과는 반대로, 박강식은 성분이 안 좋은 것에 기인한 핍박으로 인해 처음부터 당국에 대한 신뢰가 없었다. 신경숙과 박강식은 시작점에서는 주체사상에 대한 믿음의 정도가 극과 극이었다. 그러나 탈북을 결심한 시점부터 두 사람의 '믿음의 정도'는 차이가 좁혀진다. 자신들의 생존권을 보장할 만큼의 신뢰도 주지 못하는 나라를 떠나게 만든 계기였다.

3) 탈북과정과 종교적 체험

> "하나님을 경험하려는 열망은 삶이 아주 실망스러울 때의 비극적인 사건들에 뿌리를 두고 있다. 한 사람의 내적 자원들이 고갈되거나 부족할 때, 하나님에 대한 그의 간구는 필사적이다. 삶에 대한 용기가 없을 때 사람들은 절망 속에서 하나님을 향해 자신들의 마음의 문을 열어 놓을 수 있음을 발견한다. 산산이 부서지는 경험 속에서 하나님을 향해 쳐놓았던 인간의 울타리들은 약해진다."
>
> (Rice, 1991)

이 연구의 참여자들이 취한 탈북 경로는 위에서 언급한 탈북 경로들과 대체로 유사하지만, 이들은 상대적으로 수월하게 북한을 빠져나온 경우에 해당한다. 박강식은 경비가 허술했던 북한과 중국의 경계를 허가증 없이 드나들기도 했고, 박 여사와 신경숙은 생각보다 수월하게 강을 건너 중국으로 가기도 했다. 이들이 고통과 갈등을 겪었던 시점은 오히려 탈북 전과 후였다. 탈북 전에는 주위 사람들에게서 들었던 소문에 두려움이 컸다. 국경을 넘을 때 북한경비대에게 잡히면 사형을 당하고, 중국에서는 중국 공안에게 잡히면 북한으로 송환되어 사형을 당하며, 또 북한이탈주민들의 인신매매가 빈번하다는 말 같은 것들이었다. 탈북 후에는 중국 공안들을 피해 다녀야 했고, 일터에서 사기를 당하고 멸시를 당해도 어디에다 항의할 수 있는 것이 없었다. 그야말로 매일매일을 불안에 떨며 지내야 했다. 잡힐까 봐, 신고 당할까 봐 불안해했던 경험은 자신도 모르는 절내사를 불러내었다.

(1) '하늘이시여' 비는 마음

연구 참여자들은 라디오와 여러 정보를 통해 외부 세계에 대한 지식도 많아졌고, 그에 따라서 '우리는 왜 이렇게 노예같이 살아야 하나? 배급도 제대로 안 나오는데, 집단농장 이런 데 묶여서 매일같이 일해야 하나?' 하는 마음이 들었다고 한다. 그들은 그러한 상황을 견디기 어려워 탈출을 결심하나, 탈출의 과정은 피를 말렸다.

> 구자옥: "잡혀가는 거예요, 우리는. 걸려들어 가기만 하면. 말 모르죠, 신분증 없죠, 북한 사람이죠. 잡히는 거예요. 그래서 엄청 힘들었어요. 진짜 죽고 싶었어요, 그때. 우리는 무조건 한국에 간다, 갈 것이다, 우리는 강하다, 우리는 지혜롭다, 그래서 어떻게 해서래도 간다, 이런 마음이 제 안에 꽉 있었는데… 마지막에 이렇게 갈 때까지 다 가고 나서, 아무것도 할 수 있는 게 없더라구요. 우리는 아

무것도 못하겠더라고요. 그래서 뭐 '강하다', '갈 수 있다' 이런 게 다 무너지고. 아무것도 이제는… 어항에 있는 물고기를 바닥에 꺼내놨을 때 펄떡거리다 죽잖아요? 그런 운명인 거예요, 우리가. 우리는 북한 땅에서는 날고 기고했지만, 남의 나라 땅에 와서는 어항에 헤엄치던 물고기를, 바깥에 내놓으면 펄떡거리다가 죽어 가는 것과 똑같은 존재다 하는 이런 느낌. 이런 인식이 됐어요. 그래서 너무 기막혀 피눈물이 어떤 건지 제가 가슴으로 맛봤어요. 그때 제가 하나님을 모르니까 이렇게 두 손 들고 허공을 향해서, 하늘이시여, 당신은 정말로 살아계십니까, 당신은 정말로 존재하시는 거 맞습니까 하면서, 제 온몸, 이 마음이 모든 바닥까지 다 쏟아져 나와서 하나님을 불렀어요. 예, 그러면서 '우리를 불쌍히 여겨 주세요' 했어요…."

면담자: "그때는 하나님이 아니라?"

구자옥: "하늘이시여…."

면담자: "하늘이시여?"

구자옥: "예, 하늘이시여. 하나님 모르니까요. '하늘이시여, 우리를 불쌍히 여겨 주세요. 당신은 정말로 살아계시는 것입니까? 당신은 정말로 살아계시는 것입니까? 살아계신다면 우리를 불쌍히 여겨 주세요' 하는 거죠."

(개신교 북한이탈주민)

삶의 바닥으로 꺼진 순간, 구자옥은 자기도 모르게 하늘을 찾았다. 그때는 하나님과 개신교에 대해 들어본 적도 없었다. 이미 땅 위에서는 바닥으로부터 자신을 구해 줄 수 있는 것은 아무것도 없었다. 자신들을 구원해 줄 이를 찾을 때 자기도 모르게 김일성이 아닌 하늘을 외쳤다는 것은 김일성은 이미 자신을 구원해 줄 수 있는 존재가 아님을 깨달았거나 이미 김일성에 대한 회의가 만연했기 때문이었을 것이다. 탈출 당시 구자옥은 이미 '김일성은 자신과는 상관이 없다'고 생각하고 있었고 위험에 처한 자신을 도와줄 이는 김일성이 아님을 알고 있었다. 자기도 모르게 김일성이 아닌 하늘을 찾은 것이 이를 설명해 준다.

신경숙도 이와 비슷한 경험을 했다. 탈북 준비를 끝내고 중국으로 가기 전에 신경숙은 자기도 모르게 절대자를 찾아 '빌었다'.

> "돈도 쪼끔 꾸려놓고. 뭐 이것저것 주워 넣고, 떠나기 전날. 물에 빠진 사람이 지푸라기 잡는다는 그런 마음 있잖아요? 그런 심정으로 막… 기도라는 거 그때 저는 몰랐어요. 그냥 하느님, 저랑 우리 딸이 지금 여기서 정말 살 수 없어서 중국에 가려고 하는데, 강을 넘는 순간에 북한 국경경비대가 우리를 보지 못하게 하고, 중국에서 공안들이 우리를 잡지 못하게 하고, 중국에 가면 다 팔려간다고 하는데 우리 가족을 팔려가지 않게 해달라고 막 그랬거든요."
>
> (천주교 북한이탈주민, 신경숙)

신경숙은 두 손을 모으고 하늘에 빌었다. 신경숙의 기억 속에는 청수대라는 곳에 물을 떠놓고 비는 어머니의 모습이 남아 있었다. 농사를 지을 때 어머니는 청수대에 물을 떠놓고 '올해 농사가 제발 좀 잘 되게 해주세요, 뭐 해주세요'라고 두 손을 모으고 빌었다. 탈출 전의 신경숙은 어머니의 모습을 흉내 내었다. 박강식에 따르면, 북한에서도 '신령님에게 빌고, 무엇인가 위험한 일을 할 때 지켜달라고 흰 쌀밥을 떠놓고 비는 행위'는 한다.

신에게 잘못을 뉘우치고 복을 빌며 불행이 닥치지 않기를 기원하고 소원을 이루기 위해 기도하고 정성을 올리는, 신과 인간의 끊임없는 소통이 샤머니즘의 특징이다. 신에게 비는 행위가 공산주의 사상의 확산에 방해가 되는 미신이었으나, 오래전부터 굿이나 무당의 형태로 이어져 온 무속신앙이 그렇게 쉽게 사라지기는 어려운 듯하다. 북한에서 이미 유행이 된 무속신앙을 통해 북한주민들은 결혼, 진학, 장사 등 크고 작은 일에 앞서 점쟁이와 먼저 상의하면서 일정한 금액을 내고 점쟁이의 운수풀이, 손금, 묏자리, 꿈풀이를 듣는다(하종필, 2003).

신경숙 역시 북한주민들 사이에서는 무언가를 하기 전에 점쟁이로부터 의견을 구한다고 했다. 점을 보는 행위는 북한에서 인정하지 않는 비합법적인 행위이나, '북한을 떠날 날짜, 떠나서는 안 되는 날짜, 몇 월에는 물을 피하라, 불을 조심하라, 동쪽으로 난 집에 살아라'와 같이 북한주민들에게 삶의 길을 알려 주는 역할을 하고 있으며, 실상 북한에서는 '비일비재한 행위'이다. 이렇게 보면 북한 종교에 대한 개념은 없더라도 귀신의 존재에 대한 믿음은 가지고 있음을 알 수 있다. 어쩌면 애초에 신령님과 같은 보이지 않는 영적인 영역에 대한 믿음이 있었기에 북한이탈주민들은 하나님의 이야기에 귀를 기울일 여지가 있었을지도 모른다.

박강식과 신경숙은 무속신앙을 접함으로써 보이지 않는 누군가의 힘이 있다는 사실을 알고 있었다. 그래서 박강식은 하나님이 도와주리라는 것을 믿었고, 구자옥은 자신도 모르게 하늘을 불렀다. 구자옥은 당시 자신도 모르게 외쳤던 '하늘이시여'의 주인공이 하나님이라는 사실을 뒤늦게 깨달았다.

(2) 기독교적 신 인식

연구 참여자들 중에는 탈북과정에서 자신들을 도와줄 절대자를 찾는 경험에서 기독교에서 말하는 하나님의 존재를 인식했다고 증언을 하기도 한다. 그중 가장 이를 가장 확실하게 경험한 사람은 구자옥이다. 구자옥은 북한을 벗어나던 당시 하늘을 찾았지만 그것으로부터 무엇을 얻지는 못했다고 했다. 자신이 그 순간 왜 하늘을 찾았는지 의문을 가져보지 못했다. 하늘에 실제로 누군가가 있으리라고는 생각을 하지 못해서였다.

"그래가지고 '하늘이시여' 하고 그분을 찾았는데, 저는 그거를 하나님이 들으신다는 거 몰랐어요. 그러니까 저희가 너무 교만하고 오만하고 고집이 세고. 제 가슴에 하나님이 살아계신다는 이 진리가 들어박힐 자리가 없는 거예요. 제 가슴이 너무나도 완악해서. 예, 너무 금강석같이 단단하고 해서. 제 주장과 철학과 이성이 너무 단단해서 하나님이 들어오실 자리가 없는 거예요, 제가 봐도. 나중에 깨달았는데, 그러니까 하나님이 그 고난 속에서 저희를 겸손케 하신 거 같아요. 지금은 그 자만, 오만 이게 다 무너지고 텅텅 비었어요, 이 마음이 그냥. 그때 '하늘이시여' 하고 그분을 찾았을 때 저는 하나님 들어오신다는 거 상상도 못했지요."

(개신교 북한이탈주민, 구자옥)

구자옥이 하늘에 누군가가 계시리라고 생각하지 못한 이유는 '교만하고 오만하고 고집이 세서' '철학과 이성이 너무 단단해서'라고 했다. 그래서 구자옥 안에는 하나님이 들어올 자리가 없었다. '하늘이시여'를 외칠 때 하나님이 그 말을 듣는다는 것을 몰랐고, '하나님이 들어오신다는 것도 상상'도 못했다. 하지만 이런 '교만, 오만, 고집과 단단한 철학과 이성'이 점차 무너지면서 하나님이 들어올 자리가 생겼다고 인식하고 있었다.

구자옥이 말하는 교만과 오만, 고집이 구자옥의 원래 성격이라면 주체사상을 신뢰하지 않게 된 것도 어쩌면 이런 성격에 의한 것인지 모른다. 하지만 주체사상도 침투하기 어려웠던 구자옥의 마음을 녹인 것은 개신교 자체의 힘보다는 자신도 모르게 하늘을 찾던 살고 싶었던 인간의 '본능'이었고, 힘들 때 구원의 손길을 건네준 기독교의 마음이었다. 구자옥으로 하여금 하나님을 온전히 믿게 한 것은 생사가 달린 상황에서 절대적인 힘이 되어 주는 신앙 경험이었다. 구자옥이 처음부터 하나님을 받아들인 것은 아니었다. 자신도 모르게 하늘에 구원의 손길을 내밀었지만, 막상 만난 선교사는 구자옥의 기억 속에서는 무서운 존재였다.

"(중국에서 알게 된 꽃제비가) 선교사님을 모시고 우리 집까지 온 거예요. 그래 만났는데, 처음에는 선교사라니까 못 믿었죠. 흡혈귀다, 양의 탈을 쓴 이리다, 이렇게 북한에서 배웠어요. 근데 그거를 어떤 실례를 들어서 너무 구체적으로 배웠기 때문에 우리는 그 거대한 거짓말이 사실인 걸로 알았거든요. 정말로 사실로 알았어요. 선교사는 과자사탕으로 아이들을 얼러서 예배당에 데려가서는 그 아이들을 지하실에서 거꾸로 매달아서 주사기를 연결해서 피 뽑아서 미국에 팔아넘겼다, 이런 걸 배웠어요. 그러니까 그런 존재인 선교사는 양의 탈을 쓴 이리, 흡혈귀 뭐 이렇게 배웠으니까 얼마나 긴장했겠어요? 그러니까 처음엔 긴장했어요. 근데 그 데리고 온 애가 이 선교사님이 우리 북한 아이들을 돌보시던 분이다, 이분이 우리를 먹여 주고 입혀 주고 재워 줬다, 그러니까 우리도 그거를 도움 받고 싶은 거예요."

(개신교 북한이탈주민, 구자옥)

흡혈귀 같을 줄 알았던 선교사의 모습과는 다른 모습에 가까이 갈 수 있었고, 절박한 자신에게 먹을 것과 잠자리를 주는 것만이라도 도움을 받고 싶었다. 이때까지는 하나님의 존재를 믿지 않는 수준이 아니라 그 존재를 증명해 내라고 선교사에게 따지고는 했다.

"처음에는 좀 웃겼어요. '참 웃긴다, 얘' 막 그러면서 제가 하나님이 있다는 걸 봤냐고 막 따지고 그랬어요. 하나님 보셨냐고 그러니까 보지는 못했지만 있다는 거예요. 그러면 보지도 못하면서 있다는 거는 뭘 가지고 있다고 하냐, 이런 식으로 제가 막 논리적으로 따졌어요. 그 어떤 상식과, 어떤 인간적인 이성과 판단, 이런 거 가지고 그분을 알려고 애를 썼어요."

(개신교 북한이탈주민, 구자옥)

구자옥이 처음 선교사를 받아들인 이유는 하나님에 대한 믿음이 아니라 온전히 도움을 받기 위해서였다. 도움을 받는 한편 하나님의 존재에 대해 선교사와 논쟁을 벌이기도 하였다. 이성과 논리에 맞지 않아 하나님을 의심했던 구자옥은 성 안셀모[4]의 말처럼 신의 존재를 부정하는 것처럼 보이지만 결국 신에 대한 개념을 가지고 있는 것이었다. 왜냐하면, 생각조차도 할 수 없는 것이라면 부정할 수도 없기 때문이다(김정호, 2003). 그가 눈에 보이지도 않고 존재가 의심은 되지만 하나님을 정말로 믿어보기로 한 것도 어쩌면 하나님에 대한 개념의 씨앗이 머리 한구석에 있었기 때문인지도 모른다. 게다가 무엇보다 그는 한국행에 절대적으로 필요한 초월적 도움을 줄 유일한 구원자였다.

(3) '거래'로서의 신앙 시작

북한이탈주민들 중에는 이와 같이 생존을 위한 거래로서 신앙을 시작하는 사람들도 있었다. 다음의 면담 내용에서 이러한 사실을 구체적으로 확인할 수 있다.

> "이분한테서 도움 받자. 우리가 지금 쌀도 다 떨어지고 돈도 일 푼도 없는데, 그런 걸 좀 제공받자. 이런 거래의 차원에서 그 선교사님을 받아들였어요. 구원자지요. 예, 정말 구원자지요."
>
> (개신교 북한이탈주민, 구자옥)

구자옥에게 신앙생활의 시작은 '거래의 차원'에서 이루어졌다. 구자옥

---

4 성 안셀모(1033~1109). 북부 이탈리아 태생의 그리스도교 사상가. 철학상의 입장은 아우구스티노의 "믿기 위해서 알고자 함이 아니고, 알기 위하여 믿는다"는 매우 주의주의적(主意主義的)인 명제로서 신앙이 앎의 전제라 하여, 신앙의 우위를 주장하면서도 신앙자가 이성에 의하여 이해하려고 노력하는 것, 즉 '마음속에서 터득하는 것(intus legere)'을 강조하였다(출처: 『한국가톨릭대사전』).

은 개신교를 받아들인 것이 아니라 식비와 아파트 월세를 주는 '어떤 사람'을 받아들인 셈이다. 그 대가로 선교사가 전하는 성경 말씀을 '들어주었다'. 그에게 선교사는 영성적 구원자가 아닌 숙식을 제공해 주는 물질적 구원자였다. 이때까지도 그는 하나님을 받아들이지 못했다. 오히려 하나님 이야기가 '웃기기'까지 했다. 단지 안전하게 한국에 가야 한다는 목적 앞에서 구자옥은 하늘의 도움을 받아야 함을 깨달았다. '하나님에게 기도하라'는 선교사의 말에서 깨달음을 얻었다.

구자옥: "사람이 하는 일은 실수할 수도 있다고, 그 실수는 잡히는 거다. 잡히는 거는 북송이다. 북송은 죽음이다. 그러기 때문에 사람 의지하지 말라고. 하나님이 하는 일은 실수가 없다. 하나님이 하는 일은 완벽하고 실수가 없고 정확하다. 그러니까 하나님에 의지해라, 자꾸 그러시더라고요. 물에 빠진 사람이 지푸라기 잡는대서 밖으로 나오는 건 아니잖아요? 그렇지만 그걸 잡잖아요? 그때 심정은… 막연하게 믿어지지도 않고 증거도 안 보이지만… 하나님이 한국 보내 줄 수 있다, 지켜 줄 수 있다, 그 말, 그 말을 붙잡는 게 어찌 보면 평시에는 제가 막 코웃음 나가고 웃기는 말이잖아요? 근데 그때는 그만큼 갈급했기 때문에 한국 가고 안전해진다면 무엇이든지 다 할 수 있을 거 같더라고요, 그걸 위해서는. 그러니까 한국 갈 수 있고 안전해질 수 있다면… 제가 지푸라기 잡아 그렇게 된다면 그거라도 잡아야 하는 거잖아요? 그런 심정으로 하나님을 잡았어요. 그런 심정으로 기도하기 시작했어요. 너무 불안하기 때문에.

면담자: "하나님이 실제로 있는지 없는지는 확신하지는 않지만…."

구자옥: "없었죠, 모르죠. 그렇지만은 그냥 '정말로 그 바라는 마음 지켜주십시오, 한국 보내 주십시오' 이 마음 때문에 제가 믿음이 없지만

기도를 선택했어요.”

(개신교 북한이탈주민)

구자옥은 있을지 없을지 모르는 어떤 이에게까지 기도할 정도로 절박했을 것이다. 그래서 평소에는 코웃음을 쳤던 하나님의 말을 붙잡을 수밖에 없었다. 이 절박함과 불안함은 구자옥으로 하여금 성경 말씀을 외우고, 예수님의 말씀에 자기의 처지를 대입시키며 하나님에 대한 믿음을 키우는 수단으로 작동을 했다. 신앙은 하나님 자체가 아닌 하나님의 말을 붙잡는 것을 시작으로 잉태되기 시작했다.

“그러니까 그 말씀 외우고… 예수님이, ‘네가 낫기를 원하느냐’ 할 때 그 병자가 ‘낫기를 원한다’ 할 때 ‘네 믿음대로 될지어다’ 했잖아요? 그러니까 ‘네가 한국 가기를 원하냐?’ 예수님 물으면 ‘한국 가기를 원합니다’ 할 때 ‘네 믿음대로 될지어다’ 하시면 내가 한국 간다는 거 믿어야 하잖아요? 제가 그 말씀에 내 마음을 막 접목시켰어요. 신앙이 좋아 그런 게 아니라 한국 가기 위해서, 하나님 도움 받기 위해서… 한국 보내줄지 안 보내줄지 모르잖아요? (중략) 그리고 ‘하나님은 우리의 기도에 응답하시는 분이시기 때문에 우리가 기도하는 것을 응답해 주실 줄을 믿습니다’ 이러면서 그 말씀들을 막 하나님께 상기시키고 믿는다고 고백하고 이러면서 기도했어요. 너무 절박하니까 그렇게 되더라고요. (중략) 새벽 다섯 시부터 밤 열두 시 자정기도까지 하루 종일 기도했어요. 그리고 지금은 그냥 뭐 아침에 한 번 기도하면 끝이잖아요? 대충 저녁에도 자기 전 기도 한 번 하고. 그때는요, 한 시간 전에 한 기도를 한 시간 후에 또 하고… 한 시에 했던 기도를 두시에 또 하고. 그 기도 끝나고는 조금 쉬다가는 좀 전에 했던 기도를 또 하고.”

(개신교 북한이탈주민, 구자옥)

구자옥이 하나님 말씀을 외운 것은 신앙심의 깊이 때문이 아니었다. 한국에 가기 위해서는 초월적 존재의 힘, 자신도 모르게 '하늘이시여'를 외쳤던 그때의 '하늘'이 필요했던 것이다. 마음에서 우러나온 기도가 아닌 의식적인 기도였으나, 그 심정은 절실했다. 그는 필사적으로 매달렸다. 그 후 중국에서 함께 생활하던 구자옥의 남편이 먼저 한국행을 택했다. 하나님으로부터 떠나도 좋다는 응답을 받은 것이 계기였다. 남편이 떠난 후 구자옥과 딸은 하루에도 수십 번씩 기도를 했고, '기적'이 일어났다.

(4) 기도에의 의지

이탈과정에서 기도는 마음의 위안, 안전한 한국행의 보장, 낯선 삶의 위로, 더 나은 삶의 희망을 소원하는 행위였다. 절박한 순간 구자옥이 하늘을 찾았던 본능이 선교사를 만나고 난 뒤에는 두 손을 모으고 기도를 하는 본능으로 대체된다. 실체가 없는 '어렴풋했던 하늘'이 '구체적인 하늘'로 대체된 것이다. 순간, 자신의 절박함에 대한 이야기를 들어줄 대상이 뚜렷하게 모습을 드러내었고, 그에게 어떤 이야기를 들려주어야 할지가 보다 명확해졌다.

> "절박했어요. 그래가지고 기도했는데… 성경책 보면요, 그런 말씀이 있었어요. '너는 내게 부르짖으라. 나는 네게 응답하겠고 내가 알지 못하는 크고 비밀한 일을 네게 보이리라' 하는 이런 말씀이… (중략) 제가 그 시편 말씀 쫙 외웠어요, 91편을. 그런 말씀들을 붙들었어요. 제가 지푸라기라도 잡는 심정이니까 그 말씀들을 왜 안 붙잡겠어요. (중략) '하나님께서는 전지전능하신 분이시기 때문에 우리를 한국에 능히 보내실 수 있는 능력이 있으신 분임을 믿습니다' 고백했어요. (중략) '저 하나님, 잘 모릅니다. 그러나 하나님께서는 지키기를 원하시고 응답하기를 원하시고 우리의 부르짖는 기도에 들으시는…' 뭐 이런 말씀들을 제가 외워가지고 상기해 '그런 분이심을 보여 주십시

오!' 막 그랬어요. '하나님의 하나님 되심을 보여 주십시오.' 그리고 제가 시편 말씀을 저한테 적용하면서, 사람이 너무 갈급하니까요, 뭐 완전히 하나님은 보이지 않지만 그분을 아주 목숨 걸고 붙들었어요. 그리고 기도는 그냥 뭐 대충 하는 기도가 아니고, 필사적인 기도를 했어요."

(개신교 북한이탈주민, 구자옥)

칼빈은 기도를 '경건한 자녀들이 하나님과 친밀하게 하는 대화'라고 정의했다(이오갑, 2002). 완전한 신앙심을 가지지 않은 구자옥은 하나님께 기도를 했다고 했지만, 이것은 '대화'가 아닌 '독백'이었다. '내 이야기를 들어 달라', '존재를 보여 달라', '지켜 달라', '응답해 달라'와 같은 일방적인 요구였다. 이 기도는 아직은 완전하지 않은 형태였고, 기도라기보다는 요청이었다. 당장은 절박했고, 하나님의 말씀을 믿으려 노력했다. 구자옥은 성경의 하나님 '말씀에 마음을 접목시키면서' 성경 글귀에 자신의 처지를 대입시키며 하나님의 말씀을 믿고, 위안을 얻으려 노력했다. '신앙이 좋아 그렇게 한 게 아니라 한국에 가기 위해서'였다. 성경 말씀 중 자신의 처지에 대입되는 글귀를 읽으며 '자신을 도와주시고 지켜주시고, 이 말에 응답해 달라고' 요청했다. 구자옥의 요청은 실제로 일상이 되었다.

"저는 지금은 (성경) 공부를 잘 못하는데 그때는 힘들 때마다 성경을 막 책상에다 놓고 있었어요. 그리고 정말 속상하면 생각나는 페이지 펼쳐가지고 읽고 그랬거든요. 그러다 보면 아무튼 성경 속에 길이 있어요. 읽다 보면 내가 느끼는 거가 있거든요. 그래서 (누가 나한테 이 일 해도 되겠다고 했을 때) 저는 그때 그랬어요. 사십이 넘고… 그때 마흔두 살이나 그렇게 되었어요. 사십이 넘었는데, 내가 뭘 하겠냐? 식당에 가서 그릇이나 부시고 이걸 해야지 이렇게 생각을 했는데. (중략) 그래서 그날 저녁에 집에 와서 정돈하고 뭐 이렇게 책을 보다 보니까 아무튼 그때도 성경을 봤어요. 그때 기억은 잘 안 나는데 아무튼 용기에 관한 뭔가를 봤는데, 그때 생각한 거가 뭐냐 하면 '아, 내가 대한민국에 왔는데 도전이라는 거를 한번 해보자.'"

(천주교 북한이탈주민, 신경숙)

신경숙이 한국에서 구직을 할 때나 구자옥이 이탈과정에서 절박할 때 성경은 삶의 길이자 위안이 되었다. 성경 속에 정말로 길이 있었던 것이다. 삶의 길, 위로의 길이 그 안에 있었다. '사랑하라'는 하나님 말씀을 따르기 위해 중국으로 건너가 옥살이까지 했던 김진 선교사나 이들에게 성경은 삶의 행위규범이자 안내자의 역할을 했음을 알 수 있다.

(5) 기적의 희구

북한이탈주민들은 탈북과정에서 마치 '기적'이 일어나기를 바라면서 신앙에 간절히 매달림으로써, 종교적 체험을 하는 경우가 있었다. 이 연구의 참여자인 구자옥도 그러한 경우에 해당되었다.

"기도하다가 우리 딸이 그러는 거예요. 자정기도 하는데, '엄마, 엄마는 기도할 때 뭐가 보여?' 이러는 거예요. 그래서 '아니, 뭐가 보이겠니?' '그럼, 엄마는 아무것도 안 보여요?' '아무것도 안 보여' 그러니까 '엄마, 나 어제 아빠 봤어, 기도 중에. 아빠가 저기 지금 어디 베트남 아니면 캄보디아 그쪽에 가 있는데…' '니가 아마 너무 그리워서 보고 자랐던 아빠 얼굴을 떠올렸을 것이다' 그러니까, '아니야. 아빠가 그 흙 있잖아? 그 진흙, 그 길로 걸어가고 있는데…' '왜 아빠가 혼자 가고 있어? ○○이하고 같이 안 가고?' '아빠가 혼자 가고 있어' 이래요. 우리 딸이. 그러면서 '와. 너 진짜 아빠 봤냐?' 그러니까, '아빠가 (떠날 때처럼) 배낭 메고 옷 똑같이 입고 걸어가는데, 아빠 앞에 천사들이 한 무리 섰어.' (중략) '그럼, 천사가 몇 명쯤 되더니?' 하니까 자기가 보았던 거를 세보는 거예요 이렇게, 이렇게(손가락을 접으며) 세어 보는 거예요. 그러더니 '스무 명 넘어' 이래요. (중략) 기도 끝나고. 그래서 제가 자~꾸 물어봤어요. '정말이냐?'고. '엄마, 내가 왜 거짓말해야 돼?' 정말 안 믿어졌어요."

(개신교 북한이탈주민, 구자옥)

하나님을 의도적으로 믿었던 구자옥에게 하나님을 진실로 믿을 기회가 왔다. 먼저 한국행을 택한 아빠를 걱정하며 기도하던 딸이 기도 중에 아빠의 모습과 함께 아빠를 호위하고 있는 천사들을 직접 눈으로 본 것이 그 계기가 된다. 구자옥이 의문을 가졌던 하나님의 실체를 간접 경험한 사건이었고, 이 사건은 하나님을 진실로 믿을 수 있는 발판이 되었다. 그리고 또 하나의 발판이 마련된다.

"우리 기도 다 끝났는데 이분(선교사)이 딱 우리 딸을 붙들고 있게 한 거예요. 그러니까 이전에 다른 사람 다 통성 끝나고 자기하고 두 분만이 남았잖아요. 근데 우리 딸이 그러는 거예요. '저 예수님 봤어요' 하는 거예요. '어? ○○이 어떻게 예수님 봤어?' 하니까 (중략) '그래서 예수님이 어떻게 생겼어?' 하고 막 따졌어요. 그러니까 '우리나라 사람처럼 안 생겼다'고 한 거예요. 우리는 너무 봉쇄된 사회에서 살다 보니까 TV를 봐도 기껏해야 백인 흑인, 그것밖에 모르잖아요. (중략) '내가 너의 죄를 사하노라' 하는데, 그 손끝에서 이렇게 흘러서 자기한테까지 와 닿았나는 거예요. 그러면서 예수님이 다시 그 손으로 '내가 너의 길을 밝히리라' 하셨는데, 여기서 무지개가 떠가지고 자기하고 연결됐대요. 근데 그 무지개 언약이라는 그 성경 말씀 있잖아요. 저는 모르지요, 그런 말씀 본 적도 없고. 근데 선교사님이 성경에 대해서 무슨 말씀 어디 있냐고 하면 다 찾아요, 저분이. '어, 무지개는 약속'이라고 하면서 성경 막 뒤져보시더니 무지개는 하나님의 언약이라 이런 말씀 있더라고요. 그걸 보여 주시는 거예요. 하나님이 너하고 약속하신다는 거예요. 근데 그게 그렇게 큰, 하나님이 정말로… 그게 얼마나 기이한 사건이고, 우리 가정에 얼마나 큰 정말로 은총인지 그때는 몰랐어요, 그냥 그때는… 제가 그 환상 보고야 믿었어요. 그전에는 못 믿었어요. 그러고 나서 그걸 믿기 시작했거든요."

(개신교 북한이탈주민, 구자옥)

하나님이 보여 주신 환상과 들려주신 음성, 딸 앞에 드러낸 하나님의 모습은 신앙을 돈독하게 만든 일련의 성령체험이라고 구자옥은 믿고 있다. 이는 하나님을 온전히 믿게 된 결정적 계기가 되었고 신앙은 깊어졌다. 구자옥의 영적 삶을 일련의 단계로 바라보면 구자옥 가족의 신앙체험이 먼저 발생한 뒤에 하나님에 대한 믿음으로 발전한 것으로 보인다. 개신교에서 믿음은 어떤 추상적 주장, 가령 예수의 신성 등을 정신적으로 받아들이는 것이 아니라 하나님의 구원 행위에 자신을 의탁하는 것이어서 믿음의 행위에 의해서만 어떤 사건을 하나님의 행위로 승인할 수 있다(김재성, 2008). 실제로 어떤 사건과 하나님 사이에는 연관성이 없을지도 모르지만, 그 둘을 이어 주는 것이 믿음이라면 구자옥의 '기적' 역시 신에 대한 믿음 안에서 만들어진 결과일 수 있다.

구자옥은 '너무 절박해서 금식기도를 밥 먹듯이 했고' '하나님을 목숨을 걸고 붙들었고' '새벽 다섯 시부터 밤 열두 시 자정기도까지 하루 종일 필사적으로 기도를 했다.' 그 이유는 단 하나, 한국으로 가기 위해서였다. 안전한 한국행을 위해서 '있을지 없을지 모르는 누군가(하나님)한테까지 기도를 할 정도'로 절박했다. '공안이라는 사냥꾼에 쫓기는 먹잇감 신세'로 노숙을 하고 하루하루를 마음 졸이며 살았던 그들이다. 이 가족의 신앙체험이 가능했던 것은 절박함, 선교사와의 만남, 예수님의 등장이 시의적절하게 순차적으로 이루어졌기 때문일지도 모른다.

구자옥이 거래하는 기분으로 손을 잡았을 그때도 그게 하나님의 사랑인 것을 몰랐지만 선교사를 자신에게 보내준 분이 하나님이라는 사실을 나중에 깨달았을 때 그 초기의 체험은 이미 하나님에 대한 체험이었음을 후에 깨닫게 된 것이다. 종교체험의 선후관계를 어떻게 보든지 개신교에서 '그리스도를 체험하는 일'은 신앙에 이르는 주요한 계기가 되는 것은 사실이다(김상균, 1990). 구자옥의 경험으로 볼 때 신앙심은 '믿자고 마음을 먹는 것'으로 완성되지는 않는다. 씻기지 않는 의문이 따를 때, '도우심을 구하고자' 하는 거래하는 마음으로는 영적 체험을 했다고 할 수 없을지도 모른다. 그러나 인생의 가장 힘든 때 자신과 가족을 위한 기적을 눈으로 경험했다고 보고 있고, 그 과정에서 의문은 묻히고 신앙은 만개한 것이다.

이 기적과 같은 종교적 체험은 박강식에게도 일어났다. 박강식은 북한을 나와 중국생활을 하는 중 알게 된 선교사의 미션홈에서 생활했다. 미션홈은 많은 북한이탈주민들이 생활하는 곳이었고, 적응하지 못하는 사람들이 집 밖을 돌아다니거나 성경을 읽는 것이 체질에 맞지 않는다며 밖으로 나갔다가 공안에 발각되었다. 박강식을 포함해 함께 있던 북한이탈주민 네 사람이 체포되었고 구류소에 갇혔다.

북한의 법률은 망명이나 망명 기도(정치적 망명을 위해 외국 외교공관에 진입하려는 시도 포함)를 범죄행위로 규정하고 있다. 망명이나 보호요청을 목적으로 국경을 넘는 자는 5년 이상의 노동교화에 처해지거나 심각한 사안의 경우 무기징역과 강제노역, 재산몰수, 사형에 처해진다. 특히 비자발적으로 본국에 송환된 자는 가혹한 징벌 혹은 사형을 당하도록 형법에 규정되어 있다(민주주의인권노동국, 2006). 이는 미션홈에 있다가 공안에 발각된 박강식의 경우에 해당되는 처벌이었다. 박강식 역시 그 사실을 알고 있었고, 매우 큰 두려움에 떨었다고 했다. 다행히 형식적인 심사와 허술한 조사를 거친 후 몇 개월 뒤 형을 마치고 풀려났다고 했다. 공안에 체포된 상황은 박강식을 포함한 모든 북한이탈주민에게는 목숨을 잃을 수도 있는 상황이었다. 정말 죽을 수도 있다는 생각을 했고, 그 과정에서 하나님을 많이 찾았다.

"그 상황에서는 인간으로선 뭐 할 게 없잖아요. 인간의 힘으로 극복할 수 있는 건 없고, 그러다 보니까 절대자를 의존할 수밖에 없고 그 상황에서 그건 누구라도 마찬가지일 거예요."

(개신교 북한이탈주민, 박강식)

김진 선교사가 구자옥에게 했던 말, '하나님이 하는 일은 완벽하고 실수가 없고 정확하다. 그러니까 하나님에 의지하라'는 말이 여기서도 통용되었다. 인간이 할 수 없는 일을 하나님은 할 수 있다는 생각에 하나님을 찾았다. 그리고 풀려났을 때 '굉장히 벅차오르는 기분'을 느꼈다.

"아, 나를 살리셨구나, 이제는. 나는 죽는 줄 알았는데 다시 내가 살게 되었구나. 어떤 그런 구속, 묶여 있던 곳에서 풀려난다는 게 어떤 해방감을 주는지, 그게 얼마나 정말, 사실 엄청난 거였어요. 그때의 그 느낌."

(개신교 북한이탈주민, 박강식)

구류에서 풀린 뒤 박강식은 다시 중국으로 돌아갔고, 헤어졌던 가족들과 만나고, 얼마 뒤 우연히 한국으로 먼저 떠난 지인과 전화통화를 할 수 있었다. 그가 소개해 준 브로커를 통해 곧바로 한국으로 왔다.

"모든 게 착착… 제가 북한에 잡혀가고 그런 과정을 겪으면서부터 모든 게 스케줄이 다 짜여 있더라고요. 모든 게 맞물리듯이. 그 5년 동안을 어쩌면 중국에 머물게 한 것도 나를 훈련하게 한 과정이었고. 그때 사실 데리고 오려면 데리고 올 수도 있었죠, 한국으로. 빨리 올 수도 있었죠. 기적같이. 근데 그게 아니라, 5~6년을 중국에 있으면서 여러 어려움을 겪게 하고, 어쩌면 연단한 과정이었다, 저는 그렇게 믿는 거죠.

(개신교 북한이탈주민, 박강식)

공안에 붙잡혔다가 목숨이 위태로운 상황에 처했다가 풀려나 가족을 만났고, 바로 한국으로 올 수 있었던 모든 과정을 박강식은 자신을 훈련시키려는 하나님의 계획이었다고 받아들였다. 구자옥처럼 목숨을 건진 박강식도 그것이 하나님의 기적이었음을 뒤늦게 경험한 셈이다. 기적이라는 하나님의 응답으로 이들의 기도는 완성되었고, 하나님을 체험했다고 느낀 것이다.

3. 남한 정착 이후의 종교경험

1) 하나원 생활과 종교

(1) 하나원 생활

한국에 입국할 때, 어떤 루트를 통해서든 공항을 통한다면 북한이탈주민들은 국정원의 심문센터에서 한두 달 동안 자신이 북한 사람임을 증명해야 한다. 중국 혹은 연변 사람들이 자신을 북한인이라 거짓 증언을 하는 경우도 간혹 있기 때문이다. 간첩의 의혹도 벗어 내는 과정을 거쳐야 한다. 이 과정에서 걸러진 사람들은 하나원[5]에서 적응훈련인 남한 정착 훈련을 받는다.

---

5 '남과 북, 우리 민족, 너와 내가 하나가 되자'라는 뜻으로 정식명칭은 북한이탈주민정착지원사무소이다.

1999년 개설된 북한이탈주민 정착지원 시설인 하나원은 의식주 해결을 위한 숙소의 개념이라기보다는 북한이탈주민의 남한 자립을 지원하는 센터로 이곳에서의 훈련과정에는 기본적인 남한 생활 방법, 인문사회부터 실기, 요리, 컴퓨터, 운전교육까지 다양한 교육이 이루어진다. 하나원의 사회 적응교육 정규 프로그램은 그림 3-2에 제시되어 있다.

하나원의 사회 적응교육 정규 프로그램 안에는 종교교육도 포함되는데, 국정원과 하나원을 거치는 동안 이들은 종교를 접할 기회를 가진다. 이와 관련해서는 하나원에는 개신교 목사, 천주교 신부와 수녀, 불교의 승려 등 성직자들이 활동하고 있다. 이 연구에서는 목회 차원에서 수년 동안 하나원 활동을 전개하고 있는 한 수녀를 연구 참여자로 선정하고 면담을 진행하였다.

> "(국정원과 하나원에서 종교활동을 허락하는 이유는) 북한이탈주민들의 심신의 안정을 위한 거죠. 그리고 그 직원들이 하나의 교육용으로 하는 거죠."
>
> (천주교 종교인, 수녀님)

우리나라의 중등교육과정에도 종교를 하나의 교과로 인정하여[6] 종교의 교육적 필요성을 말하고 있다. 4차부터 7차 개정 교과교육과정에서 서술하는 종교교육의 목표를 종합해 보면, 첫째, 종교에 대한 폭넓고 균형 있는 지식을 습득하여 건전한 종교관(종교의 차이 이해) 가지기, 둘째, 삶과 죽음에 대한 궁극적 물음과 이해, 셋째, 일상생활의 여러 문제를 성찰하고 해결할 수 있는 성숙한 인격 배양하기, 넷째, 이를 통해 여러 사람

---

6 종교교과는 1981년 제4차 교육과정에서 자유선택교과로 포함이 되고 공식교과로 인정을 받은 후 1992년 제6차 교육과정에서 종교교과 교육과정이 처음 마련되었다. 제7차 개정 교육과정까지 교과내용은 체계적으로 변화해 갔다. 그 사이 교과 명칭은 '종교'에서 '생활과 종교'로, '종교학'으로 변경되기도 했다.

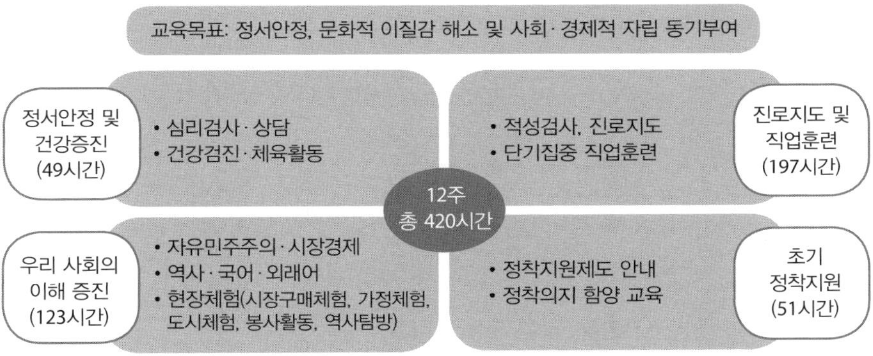

주: 자율 참여형 보충 프로그램: 운전면허, 컴퓨터, 회계기초, 간병인 과정 등(257시간)

그림 3-2 하나원의 사회 적응교육 정규 프로그램

과 더불어 살아갈 수 있는 교양을 갖춘 전인적 인간을 기르기로 요약된다. 이를 정리하면, 종교교육의 이유는 종교에 대한 지식을 쌓고, 생활 문제를 합리적으로 해결할 수 있는 인격을 쌓으며, 더불어 살아갈 수 있는 인간으로 만드는 데 그 목적이 있다.

하나원에서 진행되는 종교교육의 목표도 이와 같다. 더불어 살아가야 하는 우리 인간은 '사회 및 신과 같은 타자와 긴밀하게 상호 연결되어 있는 존재'라는 전제에서 '인격의 내면과 인격적 관계에서 상호연결성 혹은 상호의존성을 깨닫는 것'이야말로 종교교육의 궁극적인 목표인 것이다(최준규, 2005). 따라서 이는 북한이탈주민들로 하여금 새롭게 만난 세상과의 단절과 그로 인한 심신의 고달픔을 소통을 통해 해결하고 치유하는 역할을 종교가 담당할 수 있음을 의미한다.

이러한 이유로 해서 국정원과 하나원에서는 3개 주요 종교, 즉, 개신교, 천주교, 불교의 입회를 허락했고, 북한이탈주민들은 이 세 종교 중 하나를 선택해 종교활동에 참여할 수 있다. 어느 종교에 참여할지는 개인 선택에 맡겨진다.

(2) 하나원에서의 종교 선택

① 종교인에 대한 오해

북한이탈주민들의 종교 선택에 영향을 주는 것이 선입견이다. 북한에서 영화, 강연 등을 통해 반종교교육을 받아왔던 북한이탈주민들에게 종교는 '두렵고 나쁜 것'으로 인식되어 있다. 그들이 북한에서 경험한 영상과 강연 속에는 사람을 잡아먹는 이상한 옷을 입은 성직자의 모습이 그려진다.

> "하나원에서 수녀님들 만났는데 처음엔 무서웠어요. 북한에서 수녀들이 나오는 독일 영화를 봤는데 참 무서웠거든요. 그때 당시 겨울이라 수녀님들이 검은 옷을 입었거든요. 그때 독일 영화가 어떤 내용이냐면 수녀들이 정말 위급한 상황에 처한 어떤 여자를 살리는 거예요. 근데 그때 그 영화가 엄청 무서웠거든요. 그걸 봐서 좀 무섭다, 그런 생각을 하고 개신교를 갔어요, 제가. 첫날에."
>
> (천주교 북한이탈주민, 신경숙)

북한이탈주민마다 종교를 처음 접할 때 두려움을 느낀다. 그리고 '아편'이라 배웠던 종교의 전혀 다른 실상에 놀라고, 호의에 놀란다. 그 후에 종교에 대해 호기심이 생긴다. 북한이탈주민들의 천주교에 대한 오해 중 하나가 북한에서 반종교교육을 위해 상영했던 드라마나 영화를 통해서 비롯되었다. 영화에는 검은 옷을 입은 수녀가 반드시 등장했고, 사람을 잡아먹었다. 그 영화에서 본 이미지가 남아 있어서 북한이탈주민들은 이상한 복장을 한 수녀님이 초면에는 무서웠다고 했다. 천주교에 대한 오해는 이 외에도 더 있다.

“개신교의 목사님이나 스님들은 결혼을 하시기도 하고 안 하시기도 하고. 근데 저희 천주교의 성직자 수도자들은 안 하잖아요. 그것 자체가 이분들한테는 굉장히 충격인 거예요. 물론 남쪽에서도 성직자, 수도자에 대한 이해가 없는 분들도 계세요. 하지만 이분들은 너무나 기가 막힌 일인 거죠. 북한에선 정신병자를 신경환자라고 하는데, 신경환자가 아닌가라고 하는 사람부터 시작해서 계속 동물원의 원숭이처럼 보는 사람부터 시작해서… 조금 이해하는 사람은 존경스럽다고 하는 사람도 있고. (중략) 요즘은 좀 덜해졌는데, 얼마 전까지만 해도 개신교 믿던 사람들이 천주교는 예수님 어머니 믿는 데라고 자기네들끼리 얘기를 하는 거예요. 그런 자기네들끼리 확실치 않은 정보, 사실이 아닌 그런 것들을 다 듣고, 1차 이해를 하고 오는 거예요. 와서 저희들을 만나면 바르게 설명을 해주고 그러죠. 그런 측면이 많이 있죠.”

(천주교 종교인, 수녀님)

천주교의 의복과 미사 방식, 수녀와 신부의 독신 생활은 북한이탈주민들로서는 이해할 수 없는 모습이었다. 이런 오해는 주로 천주교에 관해서 많이 존재하는 편이다.

“천주교는 일단 개신교만큼 이해도 없을뿐더러, 있다 해도 부정적이에요. 근데 오히려 모르는 사람들이 더 많아요.”

(천주교 종교인, 수녀님)

북한이탈주민들은 중국에서 이미 개신교를 접한 경우가 많다. 이것도 개신교 선교사들의 노력 중의 하나라고 볼 수도 있다. 그와 비교할 때 천주교는 상대적으로 중국에서의 선교활동이 적어서인지 이탈과정에서 천주교를 접한 북한주민들의 수는 많지 않은 편이다. 그로 인해 개신교에 익숙해져 있던 북한이탈주민들은 신부와 수녀가 결혼을 하지 않는다거나 독특한 예복을 입고 미사에서 이상한 행동을 하는 모습을 보면 낯설어하는 풍경을 볼 수 있다. 종교인에 대한 또 한 가지 오해는 북한의 정치 시스템과 유사한 개신교의 모습이다.

> "싫어하죠! 교회 목사하고 북한의 초급당 비서하고 이름만 바꿔놓으면 똑같다고 막 이래요. 거기다가 한국 교회 목사들이 좀 이렇게 권위적이고 이런 부분들이 많잖아요. 북한의 초급당 비서들이 자기는 당 간부고 권력자기 때문에 권위적이거든요. 거기에 너무 유사한 거예요. 근데 저도 선교사라고 하지만 그런 권위적인 사람 만났으면 저 하나님 부인했을 거예요."
>
> (개신교 북한이탈주민, 구자옥)

구자옥의 말은 개신교를 알게 된 초기에만 해당하는 문제는 아니다. 하나원 생활을 마치고 한국에 정착하는 과정에서도 겪을 수 있는 경험이다. 권위적인 목사의 모습에서 권위적인 당 간부의 모습을 발견하기도 한다. 이 문제를 더 넓게 본다면 교회 시스템과 북한 시스템의 유사성에서 오는 거부감일 것이다. 개신교가 체계적인 시스템을 통해 한 사람의 평생 지속적, 반복적으로 신앙을 교육하여 내면화시키고 신앙을 세계적으로 전파하기 위해 노력한다. 이와 마찬가지로 북한도 주민들을 평생 항상 어느 한 조직에 소속시켜 김일성과 김정일의 절대성에 대해 그리고 그들에게 충성해야 한다는 것에 대해 지속적, 반복적으로 교육시킨다. 이를 통해 북한주민들은 김정일이 바라는 창조적 인간, 전면적으로 발전된 사회주의적 인간, 주체혁명 위업, 사회주의 위업을 위하여 모든 것을 다 바쳐 투쟁하는 주체형의 혁명가로 키워지고 있는 것이다(이수원, 2011). 이 두 시스템의 유사성 때문에 북한이탈주민에게 개신교는 그토록 환멸감을 느끼며 돌아서 나왔던 북한에서의 기억을 떠올리게 만든다. 개신교에 대한 오해는 그렇게 만들어진 것이다.

② 종교 선택의 기준

• 종교의 친숙성

하나원에는 주말마다 개신교, 천주교, 불교 단체 성원들이 방문을 한다. 종교에 관심이 있는 북한이탈주민들은 주말마다 이들과 접하며 종교경험을 한다. 북한이탈주민들은 세 종교 중 하나를 선택할 수도 있고, 하지 않을 수도 있다. 하나원에 있는 북한이탈주민들 중에는 종교를 접해 본 적이 없는 사람도 있지만, 개신교를 선택한 사람들 중 상당수는 중국에서 이미 개신교와 선교사를 경험한 사람들이다.

> "한국에 벌써 20년 이상 탈북자들이 오고, 그 사람들이 교인 생활도 하고, 전화로 다 통화하거든요, 북한에서, '무조건 교회를 찾아. 무조건 선교사를 만나라' 이렇게 인제 가르친대. 그런 사람들이 찾아가는 거지. 그니까 남한에 온 사람들의 가족들은 알고 그렇게 가요. 무조건 교회를 찾아가지. 친구 따라, 무조건 따라 넘어 왔다가, 교회를 보면 도망가기 때문에, 이런 사람들이 많기 때문에… 그러다가 어떻게 도움을 받아서 하다 보니까 '어? 기독교인 만나면 그렇게 고생시킨다고 하는데, 아니구나' 하고 거기서 깨닫고."
>
> (개신교 종교인, 신종하)

북한을 이탈하는 북한주민들은 여러 경로를 통해 중국에서 교회를 찾아가면 보호를 받는다는 사실을 알고 있다. 중국과 제3국가에서 선교사들이 사역 활동을 하며 북한이탈주민과 접촉을 하기 때문에 개신교는 북한을 갓 벗어난 북한주민들에게는 종교로서는 첫 경험의 상대였다. 그래서 선택의 부담 혹은 선택의 여지없이 자연스럽게 혹은 의리로 그때의 인연을 이어간다.

"저는 원래 기독교를 믿고 있었으니까 자연스럽게 그렇게 된 거고. 근데 아무래도 기독교 쪽에서 많이 오는 것 같아요, 자주 오는 것 같고, 교회도 많아서 여기저기에서 거의 주일을 정해서 오거든요."

(개신교 북한이탈주민, 박강식)

"북한이탈주민 열이다 하면 여섯, 일곱은 개신교와 연결이 된 상태에서 입국하는 사람들이 대부분이었어요. 그리고 어려울 때 도움을 받았으니까, 그분들이 순수하고 단순하세요. 어려울 때 나를 도와줬으니까, 종교 이런 거를 떠나서 나가주는 거예요. 그래서 개신교에 많이 가고."

(천주교 종교인, 수녀님)

하나원에서 종교를 선택하는 기준 중 하나는 세 종교의 비교우위를 고려한 선택보다는 의리로, 혹은 '자기 집이 편한 것'과 같은 기준에서 선택하는 경우가 많다. 이 경우는 탈북과정에서 이미 개신교를 접했고, 선교사나 목사로부터 많은 도움을 받았던 이들에게 해당된다. 이들은 이탈과정에서 이미 개신교인으로서 성경 공부를 많이 했고, 개신교식으로 예배하는 방식을 배운 채로 입국을 했다.

• 다수의 선택 추종

북한이탈주민 중에는 다수가 선택하는 종교를 따르는 방식을 취해 종교를 선택하기도 한다.

"그래서 이번 주엔 천주교 가고, 다음 주엔 기독교 가고, 이런 식으로 돌아가면서, 그래서 여기도 다니고 저기도 다니며 보는데, 거기서 제일 많이 가는 게 기독교예요. 사람들 중에, 프로 수로 보게 되면 거의 60%가 기독교로 가고, 거기서 나머지 30%가 천주교, 불교는 10%나 되겠나, 그 정도. 대한민국 사회는 기독교가 몇 프로냐 하니까 한 천만이 된다고 소리를 들었어요. 북한식으로 말하면, 뭐 사람이 많이 모인다는 건 뭔가가 있기 때문에 모이는 게 아니겠어요."

(개신교 북한이탈주민, 김민석)

"처음에는 개신교를 왜 갔냐하면… 나는 그랬어요. 아무튼, 옳은 일에는, 뭔가 옳다고 생각하는 쪽에는 사람들이 다수일 거다. 정의롭다 하고 갈 것이다, 나쁘다 할 사람이 많지는 않을 것이니까. 근데 사람들이 그쪽으로 막 많이 가는 거예요. 그래서 저 많이 가는 쪽에 뭔가 있지 않을까 한 번 가보자 해서 가봤어요."

(천주교 북한이탈주민, 신경숙)

다수의 의견을 좇아 종교를 선택하는 경우가 가장 일반적이다. 개신교에 많은 사람들이 몰리는 것을 본 김민석과 신경숙은 '사람이 많이 모이는 곳에 뭔가 있지 않을까' 하는 생각에서 다수의 의견을 선택의 준거로 삼았다. 그러나 다른 종교를 경험해 보고 싶은 마음에 타 종교를 재선택하는 경우도 있다.

• 개인적 선택 기준의 중시

북한이탈주민들 중 상당수가 다수가 선택하는 기준을 따르기도 하지만, 북한이탈주민들 중에는 자신만의 개인적 기준에 의해 종교를 선택하는 경우도 있다.

"제가 천주교 선택한 이유도 그거예요. 저는 종교에 대해 잘 모르잖아요. 모를 때 천주교를 선택했잖아요. 저는 다른 걸 보지 않았어요. 개신교는 목사님들이 다 그렇진 않겠지만 가정이 있다. 신부님들은 가정이 없어요. 정말 급박한 상황에서 신부님들이 기도를 해주신다면 좋겠구나. 자기 자식이 없으니까 다 똑같이 불의에 처한 상황이라도 자기 자식부터 챙길 일 없겠다. (중략) 그러나 목사님이라면 정말 그렇게 급박한 상황에 처한 사람 속에 자기 자식이 있다면… 내 같아도 내 자식을 집겠다. 그러기 때문에 나는 개신교를 선택하지 않는다. 수녀님들이나 신부님들은 모든 것에 사심이 없다, 내 가정이 있다면 잇속이라도 챙기려고 이러지만… 그렇지 않냐? 그래서 나는 실제 내 아들도 신부님들한테 갖다 맡기려고 그러는데… 딸도 수녀님들한테 맡겨 놓고 일절 걱정을 안 해요."

(천주교 북한이탈주민, 신경숙)

신경숙이 개신교에서 천주교로 마음을 옮긴 기준은 종교인의 결혼 여부였다. '인류가 위험에 처했을 때 결혼한 종교인이라면 누구보다 자기 가정을 위해 먼저 기도를 드릴 것이라는 점을 그 이유'라고 했다. 그래서 가족이 없는 종교인으로 구성된 천주교를 선택하면 최우선으로 '정말 급박한 상황에서 하나님의 은총을 받을 수 있을 것'이라는 점과 그렇기 때문에 사심이 없다는 결론을 내리며 천주교를 선택했다는 것이다.

이와 같이 자신만의 개인적 선택기준을 적용한 사례는 다른 경우에서도 발견된다.

"편안하죠. 기독교가 좀. 천주교 딱 들어갔을 때, 하나원에서 천주교 들어가는 데, 무엇이 나오냐? 북한 노래도 같이 나오고 그런 식으로 하는데, 그걸 한 번 부르고, 두 번 부르고 하다가 세 번째에는 거기다 예수님을 넣자고 그래요, 천주교에서. 근데 난 그런 게 싫은 거예요. 그렇게 사람을 데리고 노는 감이 탁 들더라고요. '아, 그래서 천주교는 뭔가 구랭이가 있다' 하는 생각이… 그게 싫은 거예요. 어차피 여기 온 거는 하나님에 대해서 설교 들으러 온 거 아니에요. 그러믄 우리 북한 사람들이 하나님에 대해서는 아는 사람도 몇이 있지만 태반 다 모르거든요. 그런데 그런 사람들한테 그런 식으로 들어가는 건… 자존심이라도 좀 있다는 사람들은 다 돌아가거든요, 이게."

(개신교 북한이탈주민, 김민석)

김민석 역시 자기만의 기준이 있었다. 천주교는 북한 노래 가사에 예수님을 넣어 개사하여 부르는 방식으로 북한이탈주민들에게 다가가려 한 모양이었다. 김민석은 '이왕에 하나님을 알리려고 왔으면 하나님을 가르치면 되지, 북한을 떠나온 우리에게 북한 노래를 부르게 하는 것에서 자기를 가지고 논다는 생각이 들어 자존심이 상했다'는 것이다. 신경숙이 '종교인의 결혼 여부'라는 이성적 판단으로 천주교를 선택했다면 김민석은 '기분'이라는 감정적 판단으로 천주교를 멀리하게 된 셈이다.

③ 타 종교의 인지

선택의 여지가 없었던 이탈과정에서는 개신교의 존재를 알지 못하는 사람들을 제외하고는 개신교를 택하느냐, 택하지 않느냐의 문제만이 있었고, 도움이 필요한 북한이탈주민들 대부분은 개신교를 선택했다. 그러나 하나원에서는 선택의 폭이 상대적으로 넓었기 때문에 북한이탈주민들의 상황은 달라지게 되었다. 박강식은 개신교만을 알고 있다가 하나원에서 천주교에 대한 관심이 생긴 경우였다. 그는 북한에서부터 접한 개신교를 한국에서도 '당연히' 택했으나, 탈북 이후 하나원 생활을 통해 같은 예수님을 모시는 천주교에도 호기심을 갖게 되었다.

"천주교 쪽에 한 번 들어가서 얘기를 들어본 적은 있었던 것 같아요. 제가 그 이후 10년을 넘게 살았으니까 천주교에 대해 생각을 많이 했을 거 아니에요? 책도 읽었고. 천주교도 좋은 점이 많다고 보죠. 개신교와 공통된 점도 있고 다른 점도 있지만… 좋은 점도 많이 있어요. 기독교보다도 좋은 점. 천주교는 뭔가 좀 무게감도 있고 깊이가 있는 것 같고, 개신교보다는. 개신교는 막 떠들썩하고 이러거든요. 수련회든 예배든 막 박수 치고 소리 지르고 기도하고 요란한 그런 게 있는데, 천주교는 그런 색깔이 거의 없고. 굉장히 종교적 색채가… 더 온화하고. 사람들이 선한 행위를 하는 부분에 있어서는 더 뚜렷한 것 같고, 개신교보다. 그건 차이죠. 개신교와의 색깔 차이인데 어느 게 더 낫다고 얘기하긴 힘들죠, 저로서는."

(개신교 북한이탈주민, 박강식)

박강식은 하나님을 믿다 보니 자연스럽게 천주교도 알고 싶어졌다. 천주교는 개신교만큼 혹은 그 이상의 장점이 있다고 면담에서 밝혔다. 천주교에 거부반응이 없음에도 천주교를 선택하지 않았던 것은 오래 믿어온 개신교의 '고향' 같은 느낌 때문이라고 밝혔다. 혹은 수녀님이 말한 '의리'와 같은 마음일 수도 있다. 어느 경우든 개신교의 적극적인 선교활동의 결과가 드러나는 부분이다.

개신교를 처음 접했던 신경숙 역시 다른 종교에 관심이 생겼다. 개신교에는 옳기 때문이 아니라 '뭔가를 많이 주기 때문에' 사람들이 모여든다는 생각이 들었고 '아무것도 안 주는 곳에 가보기'로 마음을 먹었다.

"장로님이 뭐라고 말씀하시냐면, 나가면 우리가 뭐도 주고 뭐도 주고 뭘 막 준다고 그러시더라고요. 그래서 첫날에는 그냥 그렇게 흘려듣고 왔어요. 근데 두 번째도 또 갔거든요. 다음 주 목요일에 또 갔는데 또 뭘 준다고 그렇게 말씀하시더라고요. 그래서 그때 무슨 생각이 들었냐면, 아, 사람들이 뭘 준다고 해서 이렇게 많이 오지 않을까? 그래서 나는 안 주는 데 좀 가보자."

(천주교 북한이탈주민, 신경숙)

북한이탈주민들마다 종교 선택의 근거는 모두 다르다. 북한을 빠져나와 생을 유지하기 위해 눈앞에 나타난 선교사의 손을 잡는 행위는 선택의 여지가 없는 일방성을 띤다. 그러나 이들이 하나원에서 종교를 선택하는 행위는 이들에게 다가온 여러 종교 중 한 종교를 어떤 이유하에서 선별하여 그 종교에 귀의한다는 것을 의미한다. 이러한 선택의 행위는 절박해서 자신도 모르게 하늘의 누군가를 간절히 찾고 부를 때의 종교적 감성보다는 보다 이성적인 사고에 근거하는 면을 보이기도 한다. 위험한 오지에서의 무조건적인 선택이 조건적 선택으로 바뀌기도 하는 것이다.

그런데 이와 관련하여 북한이탈주민은 어느 누구든 신앙이 있거나 종교에 관심이 커서 해당 종교를 선택하는 것은 아니라는 점도 눈여겨볼 만하다.

> "이분들이 종교적인 이런 거가 약하고 없어서는 아니지만, 이분들 자체가 생활하고 교육받고 하는 게 오로지 뭘 먹을까 하는 그런 생각이 먼저… 내가 아는 그런 가치, 그런 건 생각할 수 없는 사회에요. 그러기 때문에 양보한다든지 희생한다든지 사랑한다든지 나눈다든지 하는 종교적인 이런 활동들이나 가치들, 이런 것들과는 너무 거리가 먼 거예요. 그러기 때문에 이분들이 종교에 다가가기가 어려울 수도 있어요."
>
> (천주교 종교인, 수녀님)

이러한 증언들에 의하면, 북한이탈주민들의 신앙이 약하다고 해서, 그리고 종교를 생활수단으로 활용한다고 해서 그것은 개인의 문제라고만 볼 수 없다는 말이다. 북한에서 학습되고 체화되어 북한이탈주민들의 머릿속에 이미 자리 잡힌 사고방식이 '하나님과의 교제'를 방해할 수도 있다. 그리고 이탈과정에서 경험한 굴욕, 사기, 협잡과 그럼에도 이들을 끝까지 살아남게 한 삶에 대한 끈기와 집착은 종교에서 말하는 양보, 희생, 사랑의 가치보다는 거짓말, 눈속임, 돈과 같이 살아남는 데 필요한 것들에 더 우선순위를 두게 하였는지도 모른다. 진정한 신앙인이 된다는 말 속에 종교적 가치까지도 받아들인다는 의미로 볼 때, 이러한 상황에 처해 있는 북한이탈주민들은 진정한 믿음을 가지기 힘들 뿐만 아니라 이런 가치를 강조하는 종교 자체에 다가가기조차 어려울 수 있을 것이다.

④ 북한이탈주민에 대한 종교들의 접근 방식

북한이탈주민들의 조건적 선택은 안전한 장소에서 이들 앞에 '다가온 여러 종교들'이 있기에 가능하다. 종교는 자신의 존재 목적인 선교를 위해 이들 앞에 다가오며, 봉사의 의무를 다하기 위해 가장 도움이 필요한 북한이탈주민들에게 손길을 내민다. 그러나 다가가는 방식은 종교마다의 특색(종교적 제스처, 예복, 예식 등)이 다른 것만큼 차이가 있다.

이 연구에서 참여자들의 증언에 따르면 어떤 경우든 북한이탈주민들은 우선 개신교를 선택하는 비율이 높다고 하는데, 이는 개신교의 적극적인 선교가 그 이유라고 할 수 있다. 중국에서는 선교사들이 북한이탈주민을 만나 숙식을 제공하며 성경 공부도 인도한다. 하나원에서는 종교인들이 이들에게 필요한 물품과 경제적 도움을 제공함으로써 이들의 발길을 교회로 이끈다.

"(시작은 교회를 알기 위해서가 아니라 교회가 나한테 도움이 되니까 가는) 그런 경우가 많죠. 학생들 같은 경우는 장학금을 준다든가 하면 그 교회로 몰리게 되어 있고. 대부분의 사람들이 경제적인 도움이나 어떤 사람을 만나기 위해서 교회를 다니는 경우가 많다고 봐요. (중국에서는 선교사들이) 집을 잡아 주고 월세방을 잡아 주고, 거기서 여러 사람이 먹고 자고 하면서 생활하고, 공부하고, 먹고살게끔 지원을 해주었죠. 먹고살게끔 지원을 해줬으니까, 그 선교사님들이. (그래서 일을 안 했어요.) 그분들은 일을 시키는 게 목적이 아니고 신앙심을 갖게 하고 보호해 주고, 이런 게 목적이었으니까. 저는 운이 좋았던 거죠. 그런 데를 알게 돼서 거기서 보호를 받았다는 건. 대부분의 사람들은 그런 데를 모르고 떠돌이 생활을 하거든요."

(개신교 북한이탈주민, 박강식)

이 면담 내용에 따르면, 개신교는 선교활동을 매우 적극적으로 하는 것을 알 수 있다. 종교의 존재 목적인 선교를 위해서는 사람들에게 접근을 해야 하고, 접근하기 위해 그들에게 가장 필요한 것들을 제공한다. 결국 개신교가 이들에게 제공하는 집, 음식, 돈은 본격적인 선교를 위한 밑바탕이다. 먹을 것, 숨을 곳이 가장 필요할 때 손에 들려준 따뜻한 밥 한 그릇과 작은 방 하나야말로 이들에게는 하나님의 사랑이다. 그리고 선교사는 따뜻하고 안전한 공간에서 성경을 가르친다. '밥 먹고 하는 것이 성경 공부'라는 박강식의 말대로 이들은 성경 암기의 달인이 되었다.

이렇듯 개신교의 선교는 성경 중심으로 이루어진다. 하나원에서도 마찬가지다. '교회를 알려면 교회에 나가야 한다'는 김민식의 말대로 개신교는 선교를 위해서는 교회에 발을 들여놓는 것이 우선이라 여겼다. 그러나 처음 교회에 발을 디디는 것으로 신앙이 생기지 않는다는 것에는 모두가 공감했다. 일반적으로 북한이탈주민들은 시작은 '거래'하는 마음으로 종교에 발을 들여놓는다.

"일단은 우선 나오는 게 중요한 거죠. 믿음이 있어서 나온다기보다는 일단은 교회에 친숙해지고, 그 분위기에 어울리고, 뭐 이런 과정을 통해서 차츰 신앙이 들어온다고 봐요. 처음부터 믿음이 확실해서 나온다기보다는."

(개신교 북한이탈주민, 박강식)

개신교의 적극성에 대한 평가는 관점에 따라 다른 듯했다. 물품을 제공하는 등의 포교 활동은 선교를 위한 한 방편이며, '일단 교회에 나와야'

하나님을 가르칠 수 있다는 입장에서는 물질 제공도 포교를 위한 하나의 자구책이다. 그러나 개신교 안팎으로 물질을 이용한 포교에는 반대하는 목소리도 있다.

“큰 교회는 돈을 주거든요. 차비도 주고, 생활비도 주고. 그러니까 돈 주는 덴 다 가요. 그러니까 자꾸 뭐 갖다 주고 그러면 이 사람들이 더 많이 바라죠.”

(개신교 종교인, 신종하)

“(북한이탈주민 중에) 목사님 되신 분들이 여러분 계시거든요. 그분들이 하나같이 하는 얘기가 개신교에서 돈을 안 주면 좋겠다. 천주교는 돈을 안 주거든요. 천주교는 물질적인 건 안 줘요. 왜냐면 이분들이 물질적인 거와 종교를 연결하다 보면, 물질이 없으면 종교에 대한 이해 자체, 의미 자체가 완전히 제대로 되는 게 아니죠. 그래서 우리는 그런 걸 안 해요. 단, 친교가 우선이에요. 그래서 저희가 이제 조직구조를 말씀드리면, 하나원에서 3개월 지나면, 예를 들어, 천주교 20명이 나왔다. 그럼 20명 천주교 나온 사람, ‘또 앞으로 사회 나가서 다니겠냐’ 물어봐요. 왜냐하면, 일방적으로 ‘나와’ 할 수 있는 게 아니거든요. 근데 개신교는 좀 강하죠. 하여튼 경쟁을 많이 해서 너무 피곤한 거예요. 종교인들이, 아니 그 사람들 종교도 모르는 사람들 한 명이 더 오면 어떻고 덜 오면 어때요. 그런데 목숨을 걸어요. 아, 이건 아닌데.”

(천주교 종교인, 수녀님)

더욱이 개신교의 포교 방식은 한편으로는 성공적으로 보이기도 하지만, 다른 한편으로는 완전한 성공은 아니라는 평가도 있다.

“(중국의 미션홈에서 머물 때) 성경에는 굉장히 익숙해졌죠. 성경 구절 웬

만한 거는 알 수 있고, 중요한 구절 같은 건 거의 암기하고 있었고. 어디 부분에 무슨 내용이 있다 이런 정도는 다 알고 있었죠. 웬만한 목사님들 찜쪄먹을 정도로 그렇게 많은 사람들이 성경을 많이 읽었고. 근데 그게 또 전부는 아니니까요. 단지 밥 먹고 그것만 했으니까 그렇게 될 수밖에 없었던 거고. (그렇지만) 지식과 믿음은 전혀 다르죠. 성경에 대해 너무 빠삭하게 잘 알지만 믿음이 진짜 아예 없는 사람도 있고, 그걸 잘 몰라도 믿음이 있는 사람이 있고 그런 거죠."

(개신교 북한이탈주민, 박강식)

북한이탈주민들이 의식주와 보호를 제공받으며 머물던 미션홈에서 이들은 '밥 먹고 성경만 읽었다.' 그래서 '웬만한 목사님들 정도는 찜쪄먹을 정도로' 성경 지식이 많이 쌓였다. 선교를 우선 목적으로 둔 개신교의 접근 방식이 꽤 성공한 것으로 보이지만, 이런 방식이 반드시 진정한 신앙인을 배태하는 것으로 이어지지는 않는다. 박강식의 말대로 성경 공부는 하나님에 대한 지식을 쌓는 방법이지만, 아는 것(지식)과 느끼는 것(믿음)은 다르다. '잘 안다'고 해도 실천하지 않으면 소용이 없듯이 성경지식이 아무리 많아도 '하나님과 교제'를 하지 않으면 진정한 신앙인이 될 수 없다는 데에서 개신교의 포교 방식에 의문이 제기되기도 한다.

개신교의 적극적인 선교활동은 지금까지의 연구 참여자의 면담 내용을 통해서도 알 수 있다. 위에서 종교인과 북한이탈주민들이 말하는 개신교의 적극성이란 보다 많은 북한이탈주민들의 이목을 빠르게 끌 수 있는 여러 방법(돈이나 물품제공 등)을 통해 '일단 교회에 나오게 만드는' 열정을 의미할 수도 있다. 그러나 관점에 따라 이것은 열정이 될 수도, 욕심으로 비춰지기도 한다. 불교의 원장님이 개신교를 두고 '개신교가 온통 선점하여 불교인이 줄어든다'고 표현할 정도로 타 종교의 '미움'을 받기도 한다. 그래서 한편으로 종교 간 '경쟁'의 양상을 띠기도 한다.

북한이탈주민들의 이목을 끄는 돈과 물품들, 종교인들의 표현인 선점과 경쟁은 자본주의의 대표격인 용어와 표현들이다. 북한이탈주민들은 종교의 소비자인 셈이고, 종교의 목적인 선교는 소비자를 유치하는 것이다. 이런 경제학적 관점에 따르면, 종교들은 저마다 새로운 종교소비자인 북한이탈주민들을 유치하여 선교라는 목적을 달성해야 한다. 그러나 개신교의 공격적인 마케팅으로 독점과 매점매석이 이루어져 손님을 빼앗기고 있고 매출이 줄어든다는 의미가 된다. 그렇지 않아도 사회주의 국가에서 갓 넘어와 자본주의의 단맛을 이제 맛보기 시작한 자본주의 초보자들인 북한이탈주민들에게 갑작스럽게 다가온 자본주의가 어떤 위험을 내포하고 있을지 알 수 없는 노릇이다.

세속으로부터 자유로워야 할 종교가 자본으로 교인을 유치하고 경쟁으로 치달을 때 비판의 대상이 되기 마련이다. 종교란 인간이 지닌 끝이 안 보이는 욕망을 극복하고 자아팽창이 아니라 자기를 소멸 혹은 초월하라는 가르침에도 정작 종교인들의 실제 행동은 그렇지 아니하기 때문에 비판을 받는다(최준식, 2009). 산업화 과정과 물질적 풍요 속에서 종교 역시 필연적으로 물질적 행동을 지향하게 되었고, 자본이라는 현실의 지배적 가치를 돌파해 가는 초월적 힘을 잃고 물질지향성의 일부가 되기도 하고, 오히려 그것을 강화시키기도 한다(박영신, 1995).

당장의 힘든 삶이 앞으로의 자립을 위해 낫다는 신종하의 말이나 물질과 연결된 종교가 진실한 신앙을 방해한다는 수녀님의 말처럼 자본을 활용한 도움이 이들을 '게으르게' 만들 수도 있고, 현실 초월의 힘을 방해할 수도 있다. 이에 대해 천주교는 정반대의 입장을 취한다.

"선교가 목적인데 방법이 개신교랑 다른 거예요. 개신교는 예배 중심이라면 우리는 친교 중심이에요. (중략) 그분들이 천주교에 대한 좋은 인상, 편안한 인상, '아, 종교가, 종교인들이 나쁜 사람들이 아니구나. 많이 멀리 떨어진 그런 사람들이 아니구나' 그런 거를 느끼게 하면서 다가가는 거죠. (왜냐하면) 선교 자체는 우리의 욕심이지 그들의 욕심이 아니라는 거죠. 종교인들이 좀 북한이탈주민 입장에서 선교를 해야지, 일단 선교를 하지 말고. 포기하자는 것이 아니라, 중요한 것은 내가 가는 선교지의 선교 환경하고 그 사람들에 대한 이해가 먼저 되지 않고 우리 것만을 강조할 때 그들이 가진 문화, 그들이 살아온 것, 그것들을 우리의 얄팍한 기준으로 종교적인 잣대로 재단한다면 과연 그것이 하느님이 바라시는 걸까. 예수님을 강조하고 예배시간에 더 많이 오고 미사시간에 더 많이 온다고 과연 그게 무슨 의미가 있을까? (그래서) 우리는 국정원에서부터 얘기해요. 천주교 오면 숟가락 하나도 안 준다. 돈 없어서 안 주는 것이 아니라 종교를 물질하고 연결시키고 보상을 바라고 그런 쪽으로 종교를, 첫 단추를 끼기 시작하면, 이건 아니다."

(천주교 종교인, 수녀님)

개신교의 포교 활동이 하나님과 성경, 예배 중심의 '다가가기식 접근'이라면 천주교는 친교 중심의 '기다리기식 접근'이다. 가톨릭교회는 삼위인 하느님의 성격과 인간들의 공동체적인 관계성을 친교(communio)라는 개념을 통하여 표현한다(조정환, 2010). 하느님이 성부, 성자, 성령의 세 위격이 일치를 이루는 삼위일체의 공동체이듯 인간 역시 다른 이들과의 관계 속에서 사회활동을 통해 서로 일치를 이룬다. 또한 친교의 개념 안에는 공동체의 삶과 더불어 참여와 나눔의 의미도 포함된다,

수녀님과의 면담 내용에 따르면 천주교는 북한이탈주민들에게 종교로 다가가지 않는다. 이유는 반종교교육을 받아 온 북한이탈주민들의 의식을 친종교화하는 것을 우선이라 여기기 때문이다. 이 과정에서 무조건적 다가가기는 없는데, '우리 것'만 고집하는 접근 속에서 '너의 것'이 사라지기 때문이다. '우리 것'과 '너의 것'이 공생하기 위해서는 '일방적인 다가가기'가 아닌 '쌍방적인 친교하기', 즉 공동체적 관계성이 필요하다

는 입장이다. 그래서 순수한 친교를 위해서는 물질이 배제되어야 하고, 서로에 대한 이해로 그 자리를 채워야 한다. 그런 후에야 그들 사이에 진짜 예수님이 등장할 수 있다. 선교는 그 목적이 포교에만 있는 것이 아니라 서로에 대한 이해가 우선되어야 완성된다는 것이다.

그러나 이런 천주교 식의 '오면 오고 가면 가는' 방식은 적극성 면에서는 훨씬 뒤떨어진다는 점에서 북한이탈주민들에게는 오히려 적극적인 접근이 더 필요하다는 목소리도 있다.

> "(우리는) 무조건 천주교 나와라 안 해요. 다만 좋은 이웃으로 지내면서 그러다 보면 하나원에서 천주교 나왔기 때문에 천주교 나오게 돼요. 근데 이건 천주교가 극복해야 할 점 중 하나가 되기도 하지요. 이건 좀 부족한 부분인데, 개신교보다는 적극성은 많이 떨어지잖아요. 개신교는 '오세요, 언제 오실래요? 제가 갈까요?' 하면서 어쨌든 낯설고 주저주저하는 사람들을 끌어주는 그게 있는데 천주교는 '오나보다, 가나보다' 하는 그런 것이기 때문에 이분들이 가뜩이나 두렵고 더더구나 종교에 대해서 많이 어색하고 힘든데 선뜻 다가가기 어려운 그런 것도 있죠."
>
> (천주교 종교인, 수녀님)

연구 참여자들에 의하면 남한에서 북한이탈주민들을 힘겹게 만드는 감정이 외로움이라고 한다. '처음에 와서 모든 게 낯설고, 아는 사람도 거의 없고, 모든 걸 다 자기가 새롭게 개척해야 되는 부담감과 소외감'이 외로움으로 귀결이 되는 삶에서 '다가와 주는 종교'에 손을 내미는 것은 당연해 보인다. 목숨까지 위협받을 수 있는 이탈과정에서 종교는 이들에게 안전과 보호를 제공하고, 홀로 살아가는 부담과 소외가 대두되는 정착 후의 삶에서 소통과 소속감을 준다.

결국, 개신교의 적극성은 북한을 이탈한 후의 모든 북한이탈주민들의 삶의 과정에 걸쳐져 있다. 북한이탈주민들이 돈에 의해, 혹은 의리에 의해 개신교를 선택한다 할지라도 힘겹게 삶을 살아내고 있는 이들에게 내민 밥과 집은 하나님 그 자체가 아닐 수 없다. 다만 수녀님의 말처럼 '종교와 물질의 연결', 즉 '종교는 돈을 주는 곳'이라는 인식을 남길지도 모르는 물질 중심의 포교는 북한이탈주민들로 하여금 자본주의를 곡해시킬 수도 있고, 종교의 의미 자체에 속세의 그늘을 드리울지도 모를 일이다. 그럼에도 불구하고, 지금 이들에게 가장 필요한 것은 물질이라는 점에서 개신교의 접근 방식에 비판만을 가할 수는 없는 노릇이다. 그러나 물질주의가 '정신에 비하여 물질에 중요성을 부여하는 가치지향'(송인숙, 1991)이라고 정의할 때, 영적 속성을 지닌 종교가 보여 주는 물질을 다루는 행위는 종교의 물질주의적 세계관을 그대로 드러내는 것이기도 하다. 북한이탈주민들은 신앙생활을 그 자체의 가치보다는 현재 나의 삶에 이익을 가져다주기에 영위해야 하는 것으로 여기기에 그들 스스로 사회적·물질적 영역에서 하나님의 온전한 제자로 자라갈 것을 기대하기 어려울 수도 있고, 따라서 철저하게 신앙을 지도할 필요가 있다는 주장도 있다.

> "우리가 교회에 온다고 하지만 하나님을 만나지 않으면 우리가 확실한 믿음 생활을 한다고 말할 수는 없어요. 그냥 교회를 거치고 가는 거지. 믿음 안에 간다고 하지 못하거든요."
>
> (개신교 북한이탈주민, 송아정)

개신교와 천주교의 접근 방식 모두 결국에는 북한이탈주민들을 진정한 참여로 이끌어 믿음 있는 신앙인으로 만들고 하나님을 만나게 하는 방편임이 틀림없다. 접근의 목적은 같되 접근의 방식이 다를 뿐이다. 따라서 적극성이라는 화두를 두고 두 종교는 '어떻게 적극적이어야 할지'

를 생각해 볼 필요가 있다.

2) 북한이탈주민으로서의 제2의 삶과 종교

(1) 새 삶에 대한 기대와 생활의 어려움

북한이탈주민들은 하나원을 수료한 뒤에는 선택한 거주지에 임대주택을 알선받고 지방자치단체 및 북한이탈주민지원 지역협의회, 지역적응센터(하나센터), 정착도우미, 3종(거주지, 신변, 취업) 보호담당관과 그 밖의 민간 복지·종교·봉사시설과 단체 등으로부터 다양한 지원을 받는다(통일부, 2013). 통일부는 초기 정착지원으로 주민등록번호 부여, 주택 알선, 정착금 지원, 보호지원, 직업훈련, 취업 및 채용까지 안정된 남한 정착을 위해 다양한 지원을 한다(통일부, 2013).

남한의 생활 교육을 받은 뒤 하나원 문밖을 나와 남한 생활을 본격적으로 시작한 북한이탈주민들은 북한에서의, 그리고 이탈과정에서의 불안과 공포에서 벗어나 자유와 평등이 눈앞에 다가왔다는 생각을 가지게 된다. 이제 살았다는 생각과 함께 안도감, 고향에 온 것 같은 안도감, 설렘, 그동안 도와준 사람들에 대한 고마움, 결국 이루었다는 생각은 많은 북한이탈주민들이 보고하는 감정적 경험 중 하나이다(이순형, 조수철, 김창대, 2008).

① 새로운 삶에 대한 기대감

북한이탈주민들이 하나원을 나온 후 느끼는 감정 중에 가장 지배적인 것은 기대감이다.

> "설레었어요. 나도 이제는 자유다. 나는 이제 평등하다. 중국에 있을 때는, 야… 내가 불법체류, 이 목숨을 담보로 하는… 그것 때문에, 정말로 이 불안과

공포 때문에 밥 먹어도 목구멍에 넘어가는 거 같지도 않고 그랬는데, 한국에 딱 오니까 자유, 이거 때문에 그렇게 설레고 행복했어요."

(개신교 북한이탈주민, 구자옥)

그러나 북한이탈주민들에게 자유와 안전이 보장된 삶은 그것으로 다 완성된 것이 아니었다. 직장을 구해야 했고, 친구를 만들어야 했고, 새로운 세상에 적응해야 했다.

② 남한 생활의 어려움

면담에 참가한 북한이탈주민들은 한국에서 가장 힘든 점이 외로움이라고 했다. 이들에게는 직장에서 동료와 원만한 관계를 유지하거나 새로운 남한 친구를 사귀기가 쉽지 않은 일이다(이순형 외, 2008). 북한이탈주민들의 관계에서 오는 외로움은 기반 경제력과 지지집단이 전무한 이곳의 생활을 한 단어로 축약한 표현이다.

"한국교회가 그들을 맞이하지 못하는 거야. 북한에 동족들이 왔는데도 사실 관심도 없고, '왜 왔냐' 그런 얘기나 하고. 애기들은 학교에 가면 '김정일이, 김일성이 꼬봉이냐?' 애들도 교육이 안 돼 있으니까. 아이들도 그래서 북한 아이라는 걸 숨기고. 담임 찾아가지고 '탈북자라는 걸 제발 말하지 말아주세요' 이렇게 말하고. 이게 한국이에요. 그래서 이 사람들이 점점 위축되니까…."

(개신교 종교인, 신종하)

북한이탈주민들이 자신의 출신을 숨기는 이유는 죽을 때까지 터전으로 삼아야 할 이곳에서 다른 한국인들의 좋지 못한 시선을 견뎌내기 위함이다. 한국인들은 종종 북한을 수뢰, 전쟁광, 주적, 악의 축이라는 단어로 표현한다. 이렇듯 우리에게 위협이 되는 북한에서 온 북한이탈주민들에게도 같은 색을 씌우고 그들을 대한다. 북한이탈주민들은 가난하고, 못 배웠고, 체구가 작다는 이유로 무시하기도 한다. 연구 참여자 신경숙이 '회사생활을 3년 차 하고' 있지만, 회사 선배 중에 '잘난 척을 하며 자신을 그렇게 깔보는' 사람들을 만나기도 했다. 실제로 편견과 무시, 외로움은 북한이탈주민들이 남한 생활에서 흔히 겪는 경험이다(이순형, 조수철, 김창대, 2008). 특히 시간이 지나도 이와 같은 차별이나 편견 등의 문제가 별로 줄어들지 않는다는 점에서 북한이탈주민들은 적응의 문제를 안고 살아가야 한다(진미정, 이순형, 2006). 차별과 편견, 무시와 조롱이 북한이탈주민들을 더욱 외롭게 만들고 있다. 가족이나 가족 외의 관계구성원 사이의 사회적 관계망은 위기 상황에서 개인과 가족을 돕는 자원이 되기도 하는데(이순형, 조수철, 김창대, 2008), 사회적 관계망이 취약한 북한이탈주민들에게 종교가 그 역할을 담당할 수 있다.

(2) 종교의 도움과 신앙생활의 이점

북한이탈주민은 종교인들의 사랑과 희생이 가장 필요한 사람들 중 하나일지도 모른다. 정착을 위해 누군가의 도움이 필요한 이들이지만, 불행히도 이들은 한국인들의 관심사가 아니다. 그래서 도움을 줄 그 누군가의 역할을 종교가 하고 있다. 종교가 북한이탈주민들에게 보여 주는 사랑은 종교의 존재 목적인 선교를 향한 하나의 절차이자 종교 정신 그 자체이다.

종교 중에서도 개신교가 말하는 사회봉사란 교회와 신자가 자신이 속한 이웃과 다양한 인간의 관계성 속에서 예수의 섬기는 삶과 가르침을 중심으로 도와주고, 먹을 것을 나누어 주며, 병든 자를 고치고 보살펴 주는 사역을 포함하는 세상의 빛과 소금의 역할을 수행하는 것을 의미한다(이복수, 2002). 남한에서의 현실적인 두려움과 불안감이 종교를 통해 극복될 수 있다(이순형, 조수철, 김창대, 2008)는 의미 안에는 종교의 사회봉사 정신과 북한이탈주민의 종교적 태도가 모두 작동했다는 의미도 포함될 수 있다.

> "우리 교회 오면 병에 걸린 사람 전부 무료로 치료해줘요. 죽으면 또 장례식 치러 주지. 장례식 손님도 없고 뭘 어떻게 해야 하는지 모르잖아요? 결혼식 주례해 주지, 제주도 신혼여행 보내 주지, 합동결혼식 시켜 줘서, 펀드 레이징해서 제주도 신혼여행 보내 주거든요. 그러니까 이북 사람들, 내가 결혼시켜 주지, 아프면 병원 데려가지, 장례 치러 주지, 상담해 주지 그러니까 '가자!, 가자' 해서 오는 사람들이지. 사실 그런 도움들이 필요하잖아요?"
>
> (개신교 종교인, 신종하)

종교인의 입장에서도 믿음만을 강요하지는 않는다. 수녀님이 말한 '상대를 이해하기'는 각 종교에서도 실행 중이다. 신종하는 북한이탈주민들에게 실질적으로 필요한 도움이 무엇인지 언급한다. 당장의 곤궁을 해결할 물질적인 지원보다는 결혼식, 장례식, 병원치료 같은 생활 도움이 우선 필요하다는 점에서 수녀님과 같은 생각이다. 북한이탈주민들이 진실한 신앙을 가지고 종교를 찾아오거나 종교인인 자신들을 진심으로 대하지 않는다는 것을 알지만, 자신들을 필요로 하는 이들이 있다면 기꺼이 거래의 대상이 되어 주겠다는 의지가 보이기도 한다. 북한이탈주민들에게 종교란 신앙과 믿음의 의미가 아니더라도 눈앞의 도움을 넘어서 타국[7]에서의 삶 전반을 정상적으로 유지시키는 역할을 하는 기관이다. 그런 점

---

7 김병욱 등(2010)에 따르면 선교 전략 면에서 북한은 한국과 문화적으로 가장 유사하지 않은 국가, 즉 선교학에서 논의하는 E21등급에 속하므로 북한 선교는 타 문화권 선교로 되어야 한다.

에서 북한이탈주민들은 지금 자신이 선택한 그 종교가 아니었다면 삶을 살아내기가 더 어려웠을 것이라고 한다.

"저를 잘 아는 분들은 제가 지금 잘하지는 못해도 나름대로 주변에서, 우리 성당이라든가 우리 아파트라든가 우리 회사라든가 저를 아는 사람들이 '정말 적응을 잘한다, 정말 이렇게 한 모습처럼 사는 사람이 없다' 이렇게 과분하게 저를 칭찬해 주시고 하는데 이따금씩 제가 그러거든요. '음, 내가 천주교를 선택하지 않았더라면 회사 생활이나 주변 그거를 잘해낼 수 있었을까' 그런 생각도 하는데요."

(천주교 북한이탈주민, 신경숙)

북한이탈주민들은 종교를 갖고 신앙생활을 하는 것이 자신들이 살아나가는 데 있어 많은 점에서 이롭다고 인식하고 있다.

① 안식처의 제공

연구 참여자들은 북한이탈과정에서 자기도 모르게 하늘을 찾았고, 어떤 경로로든 종교를 만날 수 있었다. 두 손 모으고 절대자를 외쳤을 때, 그것이 기도의 한 형태였고, 기댈 누군가, 즉 절대자를 찾는 본능이었음을 깨닫지 못했지만 실제로 그 행위는 그들에게 종교적 위안의 첫발이었던 셈이다. 예컨대, 구자옥에게는 탈북 후 중국에서 위험하고 힘든 생활을 하면서 만났던 김진 선교사의 관심과 도움이나 남한 생활의 또 다른 어려움을 이겨내는 과정에서 교회의 존재가 마음의 위안을 주는 안식처였다. 또한 박강식이 중국 공안에게 붙잡혀 구금되었을 때, 생명의 불이 꺼져감을 느낄 때 붙잡고 있었던 것 역시 종교였다.

"바쁠 때마다 기도가 나가요. 이제는 습관화가 돼서… 나는 종교 따로 일상생활 따로 아니에요. 그냥 종교 안에서 일상생활을 하고 있는 거예요. 내가 종교, 하느님을 만나지 않았다면 내 멋대로, '야, 이것들이 우리 탈북자라고?' 뭐, 이렇게 하고 엇나가게 생각했더라면 내가 적응을 잘할 수 있었겠냐. (중략) 내가 하나님한테 처음에 그렇게 간절하게 기도했던 거가 다 이루어졌고 뭔가를 하나님한테 기도를 하게 되면 된다고 나는 실제로 그렇게 믿거든요. 제가 업무 능력에 조금 더 박차를 더해서 정말 다른 기자들에게 뒤떨어지지 않도록 정말 능력, 지혜를 달라든가, 뭐, 그렇게. 속상한 일이 있어서 기도를 하게 되면 정말 다 사라져요. 진짜예요."

(천주교 북한이탈주민, 신경숙)

신경숙은 종교와 생활이 일치한 종교적 생활을 하고 있다고 말했다. 믿음 없이 식사기도와 일상기도를 하는 것이 아니라 '직장에서 능력이 부족하다고 느낄 때, 일상에서 속상할 때' 기도를 한다. '간절하게 기도를 하면 다 이루어지고', '안 되는 건 없다'고 믿기 때문이다. 기도와 절대자의 힘을 믿는 신경숙에게 종교는 경쟁사회에서의 능력에 대한 회의와 일상에서의 스트레스를 없애는 마음의 안식처이다. 종교의 이런 기능은 신경숙에게 '진짜'로 다가왔다. 종교가 가져다주는 마음의 안식은 쉽게 말해 마음을 편하게 해주는 것이다, 종교를 믿는 북한이탈주민들 중 종교를 마음의 안식처로 생각하지 않는 이들은 거의 없다.

이와 같이 종교가 주는 위안은 비단 북한이탈주민들에게만 해당하는 것은 아니었다. 중국에서 선교활동을 하다 구금된 김진 선교사 역시 종교의 힘으로 열악한 구류수 생활을 이겨낼 수 있었다.

"(감옥에) 갇혀 있는 사람은 3년 됐는데, 거기 너무 오래 있게 되면 팔이 잘리더라도 나가고 싶다고… 그러니까 그 정도로 감옥에 갇혀 있는 생활이 힘든데, 기독교인들은 기도를 많이 하게 되고, 거기서 성경책을 보게 되면서 많이 견뎌내고 그래요."

(개신교 종교인, 김진)

구류소 생활은 오히려 '그동안의 주님을 생각하면서 잘못했던 것들을 회개하고, 영성을 다시 회복하는 좋은 장소로 생각하게 되고, 기도하는 기회'가 되었다. 김진 선교사에게 종교는 안식의 기능을 넘어서 '자기반성의 기회'가 되었다.

② 나눔과 감사 경험

북한이탈주민들은 종교활동을 통해 나누는 마음을 알아간다. 처음에 이들은 자신의 것을 나누어 줄 준비가 되어 있지 않았으나, 서서히 나눔을 배워 갔고 나눔의 감정을 느꼈다.

"주는 자가 복이 있다. 또 욕을 하나씩 줄여가지고 적게 하고. 또 칭찬은 하나씩 늘려가지고 많이 하고. 우리가 북한 음식 시식회하고, 통일교육 하고 이런 거 많이 하거든요. (중략) 큰 교회는 돈을 주거든요. 차비도 주고, 생활비도 주고, 나는 돈 주는 게 아니라 돈 내라고 하지. 감사헌금 해라. 이래가지고. 이 사람들, 아까 말했잖아요?, '다른 교회 돕자' 그랬더니 139만 원을 내는 거. 그거 내가 볼 땐 기적이에요, 기적! 가능하다고 봐요, 이렇게 조를 짜가지고 뭐 자기들끼리 '음식 만들어라, 청소해라, 꽃 화분 만들어라, 꽃꽂이해라' 그러고. 주일학교 모이면 교재 때문에 '니들끼리 돈 내가지고 자원봉사하는 사람들 밥도 사주고 좀 그렇게 해라.' 그렇게 하니까 자기 돈 다 내요. 교회 올 때 자기가 교통비 다 내고 오잖아요? 근데 이런 훈련을 평생 받지 못한 사람들. 이게 쉬운 게 아니에요."

(개신교 종교인, 신종하)

또 다른 신앙을 통한 나눔의 기회는 신경숙의 사례에서도 찾아볼 수 있다.

신경숙: "저는 북한에 있었을 때 나눠 주고 좋다 이런 건 몰랐어요. (중략) 그렇게 힘들게 살면서도 그때는 그러니까, 누굴 준다는 거가. 그때는 나를, 내 잇속을 위해서 나눠 주고 그랬어요. 그랬는데, 그때는 뭐 주고 막 좋다 하는 게 없는데 그렇잖아요? 나도 없는데 준다는 거가 쉽지는 않아요. 어차피 내가 너에게 일을 시켜야 되니까 너 이거 갖고 그거 일해라."

면담자: "여기서는 이유 없이…."

신경숙: "없어요. 저는 사심이 전혀 없어요, 여기서 주는 거는. 그니까 저는 '나눔'이라고 할 때는… 전 그 장기기증, 그거도 천주교에다 신청을 했는데요. 김수환 추기경이 가시면서 눈까지 다 나누고 가셨잖아요. 저는 나눈다는 거를 그 교리를 배우면서 알았어요. (중략) 제가 항상 말하는 건 서로 나눔이라든가 용서라든가 배려라든가 이해라든가 이걸 종교에서 안 배웠다면… (중략) 우리 애가 저를 평가하는 게, 뭐라냐면 우리 엄마가 북한에서 만약 이렇게 성격이 이랬다면 여기 와서는 이렇게 됐다고. 나는 노름에서도 지면 상대방을 집에 못 가게 했어요. 내가 이길 때까지 그렇게 성질이 더러웠거든요. 아무튼, 나를 이기겠다 하면 무조건 그 사람을 못살게 히고 그렇게 했어요. 근데 실지 성경에서 교리에서 서로 나눔도 하고 지금도 이렇게 모임을 하면 서로 나눔을 하잖아요. 그 성경 속에 길이 있기 때문에 속상할 때마다 성경을 보는데 그러다 보면 제가 이제처럼 천주교를 선택하지 않고 그냥 뭐 그랬다면 내가 누굴 죽이려고도 했을까 이런 생각을 해봐요."

(천주교 북한이탈주민)

성서에 기반한 나눔의 행위는 무조건적이고 자발적인 행위, 사랑이나 연민의 감정을 동반한다(이혁배, 2012). 천주교, 불교, 개신교의 선교활동 혹은 종교활동 중에는 사회봉사, 사회운동, 사회선교의 형태로 나눔을 실천하기도 한다. 종교기관 차원에서 쉼터를 운영하고, 무료급식소, 의료지원시설을 운영하듯이 면담에 참여한 북한이탈주민들은 개인 차원에서 할 수 있는 일을 한다. 종교를 통해 알게 된 또 하나의 감정이 감사하는 마음이다.

> "근데 정말 우선은 감사해라. 정말 지금 내가 오늘 이 순간에 살아 있다는 것에 감사하고 내가 존재하고 있다는 것에도 감사하고. 이 좋은 집에서 춥지 않게 산다는 것도 감사할 일이다. 그리고 나한테 새로운 인연이 생긴 것도 정말 감사하게 생각하고 다 그렇게 감사하다는 것을 달고 있으면 된다고. (중략) 사람들은 나에게 어떻게 기자도 하는데 대학 공부도 하고 그렇게 힘든 내색을 안 하냐고 (물어보면) 나는 항상 그러거든요. 우리가 힘들다는 건 아무렇지 않아요, 나는 아무튼 그 기회를 준 것만 해도 하느님한테 감사할 일이고. 우리가 대한민국에 온 것만으로도 감사드리고. (중략) 아무튼 우리가 태어날 때부터 우린 다 몰랐지만 우리가 살 수 있게 해주고 여기에 올 수 있게 해준 것도 보이지 않는 길이 있어서 그랬던 거 아니냐."
>
> (천주교 북한이탈주민, 신경숙)

북한 사람들의 특징 중의 하나가 감사하는 마음이 없다는 사실인데, 한국 사회에 정착하고 있는 북한주민들은 서서히 감사의 마음을 가지게 된다고 한다. 나눔은 다른 사람의 삶을 들여다보고 그것을 통해 자신을 되돌아보게 하는 새로운 가능성으로 성서에서는 넉넉하지 않더라도 남을 도우려는 따뜻한 마음으로 무조건적, 자발적으로 할 것을 권유한다(이혁배, 2012). 이런 점에서 신종하가 언급한 내용이나 신경숙의 면담 내용은 성서적 관점의 나눔을 실천하고 있음을 알 수 있다.

> "전철 안에서 '경숙씨 많이 자랐네, 이제는. 우리 회사 들어와서 많이 자랐네.' '북한에 있었다면 저는 선배가 누구든 나를 홀대했다면 진짜 가만 안 뒀어요. 정말 험악하게 머리채도 막 잡고 그랬을 거예요.' '그러셨어요?' '선배님 공로도 거기 있어요.' 하고 그렇게 좋게 받아들였어요. 그 선배가, 제가 뭐라고 했냐 하면, 후에 저보고 그랬어요. '정말 많은 탈북자들을 많이 지내봤지만, 후배지만, 정말 존경이 간다'라고."
>
> (천주교 북한이탈주민, 신경숙)

종교를 통해 신경숙은 나눔과 감사를 알았고 직장 선배로부터 칭찬을 들을 정도로 스스로 성장했다고 말한다.

(3) 신앙생활의 유지와 성장

탈북과정과 정착 이후 종교의 도움을 받은 북한이탈주민들 중에는 신앙생활을 유지하는 사람들이 많으며, 그중에는 신앙이 더욱 원숙해지는 경우도 있다. 이 연구의 참여자 중 대표적 사례로 꼽힐 만한 구자옥은 이탈과정에서 혹은 정착 후에 기적을 경험한 후 종교에 완전히 전념했다. 그리고 개신교의 집사가 되었다.

신앙생활을 원만히 유지하는 북한이탈주민들이 말하는 기적은 하나님과의 교제를 돈독히 만드는 역할을 하는 듯하다. 한국에 정착한 후 신앙보다는 거래하는 마음으로 개신교 행사에 참석했던 북한이탈주민들 중에는 집단적 기적을 체험한 후 신앙이 돈독해진 사례도 있다.

> "그러니까 하나님을 마음속으로 믿은 게 아니고… (중략) 그저 따라오는 거죠. 와서 밥 먹고, 탈북자들이 모이니까 따라오는 거죠. 기적 같은 걸 체험

하기도 하고, 전에는 상상도 못했던 일들이 막 벌어지니까. 예를 들어서 하는 얘기가 뭐냐면, 우리가 교회를 세 번 옮겼어요. 처음에는 식당 옥상에서 모였어요. 그러다가 사람이 많이 모이니까 주인이 돈을 내라 그러더라구. 처음에는 그냥 모이라 그러더니. 마음이 바뀌어 가지고. 그래서 그 소식을 듣고 어떤 사람이 자기 빌딩에 공터가 있으니 거기서 하라구 그래서 거기로 갔어요. 그래서 남의 집에서 계속 있었죠. (중략) 그러다가 건물 주인이 부도나게 된 거예요. 그러면 우리 나가야 되잖아요? 근데 그 소식을 신문에 실었어. 한 교회 장로님인데, 그 신문 기사를 보고 찾아왔어요. 그해 겨울에 자기들이 조그만 교회를 하나 후원하려고 돈을 저금해 놨는데, 이 헌금을, 이 돈을 우리 탈북자 교회에 '저 사람들이 마음 놓고 예배드릴 수 있는 그런 건물 하나 얻어 주자' 해서, 우리 건물이 하나 생겼어요. 그랬더니 자기들이 경험을 했잖아요? 그러니까 '하나님이 살아계신 거 같다'고 그러고. '같다가 아니라 살아계신 거다.' (중략) 관공서에서 많이 와요. 오는데, '아, 뭐 부족한 거 있으면 도와달라고 얘기하십시오' 이러고 가잖아요? '법인을 만들면 우리가 도와줄 수 있습니다' 계속 이러는 거예요. 그래서 (중략) 우리는 법인을 위해서 후원자가 나타나는 걸 기도했어요. (중략) 어떤 분이 내가 방송하는 거 듣고 나한테 식사하자고 해요. (중략) '내 꿈이 뭐냐? 북한에 대해서 어떤 꿈을 갖고 있냐?' 계속 물어봐요. 그러고 나서 '건물을 하나 기부하겠습니다. 목사님, 법인을 만드십시오.' 딱 이러는 거예요. 본인 입에서. 이거는 우리가요, 기도하면서 3년 동안 기다린 거 아니에요? 우리 교회 교인들이 춤을 추고 난리예요. '하나님 살아계시다!' 그러니까 내가 그들을 설득시킬 순 없어요. 하나님이 보여 주는 거예요. 우리 교인들은 확신을 가지고 있어요. 그러면서 신앙이 점점 이렇게 커지는 거지. 체험적인 신앙이죠. 기적을 통해서."

(개신교 종교인, 신종하)

신종하가 말하는 기적은 기도하는 대로 이루어지는 경험이다. 북한이탈주민들의 기도에 대한 하나님의 응답을 눈과 귀로 직접 보고 듣는 체험이 바로 기적이다. 이것은 목사나 신부의 힘으로는 보여 줄 수 없는 체험이다. 구자옥과 박강식이 체험했던 기적도 마찬가지였다. 신종하는 '체험적 신앙'을 경험한 북한이탈주민들이 개신교를 떠나가지 않을 '알짜들'이라고 단정한다.

한편, 탈북과정을 겪고 북한이탈주민으로 안착한 후 자신이 갖고 있던 신앙관이 더욱 원숙해진 경우도 있다.

> "근데 기독교 신앙이라는 게 꼭 죽어서 가는 천국만 말하는 건 아니거든요. 우리가 살아 있는 동안에도 하나님의 나라가 내 안에 온다고 믿는 거죠. 이미 내 안에 이루어졌다고 믿는 거죠."
>
> (개신교 북한이탈주민, 박강식)

북한이탈주민들이 지니는 신앙의 모습은 다양하게 나타날 수 있고, 이러한 다양성 안에서 종교는 북한이탈주민들에게 분명히 중요한 삶의 한 요소라고 할 수 있을 것이다.

(4) 신앙생활의 어려움과 회의

북한이탈주민들에게 있어서 종교가 분명히 중요한 기능을 수행하는 것은 사실이나, 이들 중에는 신앙을 유지하는 사람도 있고 그렇지 못한 사람도 있다. 이러한 양상은 북한이탈주민 각자가 처한 상황에 따라 다소 차이가 있다. 사람에 따라서 다양한 양상과 단계를 거쳐 가는 모습을 띠기도 한다. 사람에 따라서는 생활상의 어려움으로 인해 종교생활이나 신앙을 유지하기 힘든 경우가 있고, 또 근본적으로 종교에 대한 회의에 빠질 경우도 있다. 북한이탈주민 전부가 그런 것은 아니지만, 일부의 북한이탈주민들은 종교를 본인의 생활을 위해서 이용한다는 지적이 있기도

하다.

"그걸(위험한 상황) 다 겪고 왔지만 종교를 믿는 사람도 있고 안 믿는 사람도 많아요. 여기도 마찬가지죠. 여기 사람들, 다 안 믿나요? 믿는 사람들 많잖아요? 믿음 좋은 사람도 많고, 반면에 안 믿는 사람도 있고. 사람에 따라 다른 거죠. 꼭 그걸 뭐 죽음의 위기를 겪어 봐서 다 신앙심이 깊다, 그건 말이 안 되죠. 여기 온 사람 중에 사실 제대로 교회 다니며 신앙생활 하는 사람이 많지 않아요. 소수예요. 북에서 온 사람들도. 중국에 가서 다 교회 도움 받고 거기서 성경 많이 읽고 이런 사람이 태반, 많거든요. 근데 그분들이 다 여기 와서 신앙생활을 잘하고 있냐, 아니거든요. 그때는 그때고 지금은 지금이다. 뭐 이런 식으로 사는 사람 많죠. 단지 교회는 자기 목적을 이루기 위한 수단으로, 물질적인 경제적인 지원이나 받고. 내가 만약 대학생이면 교회를 통해서 장학금이란 이름으로 지원을 하는 경우도 있는데, 어쩜 그런 부분에서 도움이 되니까 교회를 다닐 수도 있고. 신앙심하고 상관없이. 그건 신앙심이라기보다는 종교를 이용하는 거죠. 나의 목적, 나의 욕심을 이루기 위해서."

(개신교 북한이탈주민, 박강식)

종교를 거래의 대상으로 삼는 북한이탈주민들도 자신의 종교를 개신교, 천주교, 불교라고 당당하게 말하며, 매주 종교행사에 참석을 한다. 그러나 그런 노력도 생활의 무게에 짓눌려 주기적인 참석이 어렵기도 하다. 그렇게 한 주, 두 주 빠지기 시작하면 종교생활은 어느새 잊혀지기도 한다.

"일 할 때는 워낙 바빠서 교회 갈 시간도 없었어요. 일주일 내내 일을 하니까. 그래서 그때는 기도나 하고 있었지 따로 성경 공부를 한다든지 교회 간다는 건 생각 못했고요. 늘 가고 싶은 마음은 있었죠. (하나님이 나를 지켜보고 있다고 생각하냐? 는 질문에) 항상 그런 건 아닌데, 믿음이라는 게 충만하고 풍성할 때가 있고 그게 또 없어질 때가 있고 이런데, 그때그때. 감정에 따라 기복이 심하면 안 되는데, 그런 게 있을 때가 있어요."

(개신교 북한이탈주민, 박강식)

종교행사에 참석은 어렵지만 기도는 한다. 마음만은 여전히 종교에 가 있는 셈이다. 그렇지만 생활에 쫓긴 삶이 참여를 허락하지 않는다. 북한이탈주민들이 이탈과정에서 종교를 알게 되었을 때 생존을 위해 손을 내밀어 도움을 청했다. 삶을 유지시키기 위해 가장 필요한 의식주 문제를 종교는 해결해 주었고, 그것이 종교행사에 반드시 참석해야 하는 이유였다. 눈앞의 의식주 문제가 해결된 후에는 잠시 종교에서 멀어지기도 한다. 정신적 거리에 비해 신체적 거리가 멀어진 셈이다. '그때는 그때고 지금은 지금이라는 식으로 사는 사람'이 많은 이유 중 하나도 '삶의 무게'에 치여 살기 때문이다.

탈북과정에서 경험한 기적 체험과 종교생활이 반드시 이어지는 것은 아닐 수도 있다. 탈북 후 중국 공안에 체포된 뒤 목숨이 위협받던 상황에서 기적처럼 풀려난 박강식이 증언한 것처럼 '생활이 바빠서' 종교행사에 한동안 참석을 못하는 사람도 있다.

전우택 등(2007)에 따르면, 개신교를 다니는 북한이탈주민들의 숫자가 정착 후 3~4년이 지나면 감소한다고 한다. 북한이탈주민들이 종교생활을 중단하는 큰 이유가 교회모임 참여를 강요당하는 것과 바쁜 직장 생활 때문이다.

"제가 한국에 들어오기 전까지는, 타국에 있을 때는 항상 두렵고 불안하고 이랬거든요. 그리고 힘들고 하면 아무튼 그 어떤 신앙을 붙들면서 그것을 극복해 나갔던 것 같아요. 한국에 딱 들어오니까, 왠지 모든 것이 다 풀리면서,

긴장했던 것이 다 풀리고, 이 사회는 북한이랑 다르니까 정신상태가 좀 달라지더라고요. 또 세상적으로 나와 봤을 때, 할 것도 많아요. 할 일도 많아 죽겠는데 교회 계속 나오라 해봐요. 짜증이 나는 거예요. 그래서 난 처음에는 3국에 있을 때 더 신앙이 있고 믿음이 좋았던 게, 한국에 오니까 없어졌어요. 도로 없어졌어요. 너무 할 게 많고, '어떻게 살아야 되지?' 고민도 많았어요. '우리가 나와서 설 자리가 어디지? 이 나이 먹고 어디 가서 어떡하지?' 이런 고민에, 아무튼 대학교는 빨리 가야 된다, 그래서 들어는 갔는데, 과제는 많고 따라가긴 어렵고. 시간을 많이 투자해야 되니 몸도 아팠어요, 환경이 바뀌니까 그런지는 모르겠는데, 지금도 가끔 두통이 있고 그래요. 아프고 학교만 갔다 오면 집에서 너부러져 있어요. 그래서 집에서 쉬고 싶은데, 교회 나오라 하면 안 좋죠. 할 수 없이 언니 얼굴 볼라고 갔어요. 그렇게 그냥 주일에 가고, 어떨 때는 기말이라든지 중간고사 때는 교회를 안 갔어요."

(개신교 북한이탈주민, 송아연)

북한이탈주민 신자들 중에는 생활이 바빠서 종교행사에 참여하지 못하는 경우가 허다하다. 그리고 직장일, 학교 공부, 자녀보육 등 바쁜 생활의 모습은 사람들마다 다르다. 종교에 기대야만 할 때와 그럴 필요가 없을 때 종교를 대하는 태도도 달라진다. 불안하고 두려울 때 고개 들었던 '하나님 앞의 순종'은 생존 과제가 해결되었을 때 다시 고개를 떨구었다. 새롭게 만난 자유로운 세상에서의 대학생활은 송아연에게 적응과 공부, 미래라는 새로운 고민거리를 과제로 주었고, 그 새로운 과제의 해결 앞에서 교회를 가지 않을 때도 있었다. 여기에서는 목숨을 잃을 불안이 없었고, 하나님에게만 매달릴 처절한 이유도 없었다. '목숨을 지키고 싶은 안전의 욕구'를 뛰어넘었으나 그와 반비례해서 신앙의 정도는 낮아졌다. 이것은 '세상 밖으로 나와' 자기 삶을 찾은 모든 북한이탈주민들의 신앙심에 대한 고민일지도 모른다.

종교에 대한 회의감은 어떤 종교인을 만나느냐에 따라 생길 수 있다. 박 여사의 경우는 북한이탈과정에서 종교단체를 만나지 못했다고 한다. 다만 하나원에서 목사님이 '못살게 굴어' 교회를 다니게 되었고, 하나원에서 나온 후 3년을 더 다녔다. 그 3년 동안 신앙심은 전혀 없었다고 했다. 박 여사가 3년 동안 교회를 다닌 이유는 '스트레스가 되는 한국 생활을 하는 동안 한국문화와 생활방식을 배울 겸 한국 사람들과의 접촉을 위해서'였다고 했다. 그래서 교회를 다니면서 한국에 대한 많은 것을 배웠다고 했다. 그러나 교회를 다니며 느낀 것은 많은 연구와 증언에서 밝혀진 대로 성경 내용과 김일성 이야기가 비슷했고 성경은 허구의 이야기일 뿐이라는 점이었다. 성경의 내용 자체에 그릇된 것이 없으나, '허상'과 '거짓'이 있다고 생각했다. 특히 아담과 이브 이야기는 믿을 수가 없었다. 그리고 누구보다 북한에 대해서 잘 아는 입장에서 목사님들이 설교할 때 '지하교회'가 있다고 하는 말을 참을 수 없었다. 이런 이유로 점차 목사에 대해 좋지 않은 생각이 자리를 잡아갔다. 오히려 잠깐 만난 천주교 신학생과 스님으로부터 자신들은 결혼하지 못한다는 말에 성스러운 신뢰가 갔고 순수해 보였다고 했다. 박 여사는 목사로부터 겉과 속이 다르고 사리사욕을 채우는 듯한 느낌을 지우지 못했다고 한다. 박 여사가 불교를 택한 이유는 가장 인간미가 느껴졌기 때문이다. 불교에 3년째 다니고 있는 박 여사는 불교와 개신교/천주교의 가장 큰 차이가 불교에는 신이 아닌 '인간의 이야기'가 있고, 부처의 고뇌는 인간으로서 했던 고뇌였다는 점이라고 한다.

이와 같이 초기에 가졌던 종교에 대한 기대, 그 후에 느껴지는 회의감은 사람들마다 그 정도와 나타난 시기가 모두 달랐다. 그리고 어떤 종교인을 만나느냐에 따라 달라지기도 했다.

4. 정신건강과 사회 적응

북한주민들은 다양한 외상 경험을 하는 것으로 알려져 있다. 식량 부족으로 인한 극심한 굶주림, 가족 및 친인척 등의 아사 목격, 안전원으로부터의 구타와 고문, 자신이나 가족 및 친인척의 정치적 사상성으로 인한 처벌, 출신 성분으로 인한 고통, 정치범 수용소나 교화소 생활, 공개처형 목격 및 타인의 고문 목격, 가족이 병으로 죽어가는 과정에서 도움을 줄 수 없었던 경험, 탈북 준비 기간 동안의 발각 위험과 가족에게도 털어놓을 수 없는 심적 고통, 3국에서의 체포 경험, 음식물 부족으로 인한 아사에 근접한 경험, 성폭력 피해, 낯선 언어와 얼굴, 망명 요청이 거부되었을 때 등(김현경, 전우택, 2009; 이학준, 2011)의 모든 경험이 외상 후 스트레스로 나타난다. 이 못지않게 나타나는 심리적 고통이 문화적응스트레스인데, 이는 '일반적으로 문화적응과정에서 경험하게 되는 스트레스 행동의 특이한 경향'으로 난민 이주자의 경우 일반 이주자와는 달리 선택의 여지가 없이 새로운 문화권으로 진입하게 되면서 정신건강에 더 큰 어려움을 경험하게 된다(김현경, 전우택, 2009).

"사실 사회에 나가면 (문제가) 너무 많을 것 같아. 탈북자들이 다 문제투성이일 것 같아. 다 문제가 돼요 사실은. 외로움은 가장 초보적인 것이고. 취업도. 그것도 당연한 거지만, 정신적으로도, 육체적으로도 너무 아프거든요. 그래서 그것도 문제고. 또 자녀들 있으면 자녀들 학교에 적응을 못해서 그것도 문제고. 또 이제 자녀들을 두고 왔다가 나중에 데려온 애들은 사랑을 받지 못하고 부모와 교류가 없어서 굉장히 반항적으로 엄마한테 대하니까, 엄마들도 그렇고 자녀들도 그렇고 나름 스트레스는 굉장히 많다고 생각해요. 그리고 정신적인 문제는 더 많다고 생각해요. 어려서부터 사회 전반적으로 사랑을 권하는 세상이 아니기 때문에, 굉장히 사랑에 대해 결핍되어 있어요. 그래서 기독교 안에 들어오면 그 사랑이 굉장히 많다는 거죠. 그래서 기독교가 우선 좋고. 그런 것들 때문에 사회에 들어오면 다들 상처와 자아의식, 비판의식 그런 것들이 꽉 차 있어. 근데 이걸 안에서 들어내야, 치유가 돼야 회복이 될 수가 있는데, 저도 한 5년 정도 믿음이 안 생겼어요. 솔직히 너무 교회에 그냥 맹목적으로 가야 되고, 남편 때문에 따라가야 되고, 가는 것도 괴로워서 그랬는데, 어느 땐가 하나님을 본격적으로 만나니까 삶이 달라지고, 세상이 달라졌어요. 세상이 너무 아름다웠구요. (중략) 고백이 있어야 돼요."

(개신교 북한이탈주민, 송아정)

"북한 사람들이 여기 와서 제일 힘든 게 첫째 자신감이 없는 거예요. 남한 사람들이 무엇이라 그러겠는가 그걸 먼저 생각하거든요. 근데 자기 마음을 그대로 털어놓으면 사람들은 다 적응하잖아요."

(개신교 북한이탈주민, 김민석)

앞서 언급했듯이 많은 연구에서 '외로움'을 북한이탈주민들의 대표적인 적응문제로 꼽는다. 북한이탈주민들은 한국문화, 한국인, 자본주의에 적응해야 하지만, 이런 적응은 주로 인간관계를 통해서 가능하다. 그러나 북한이탈주민들의 낮은 자존감과 한국인들이 이들을 바라보는 좋지 않은 시선 때문에 진정하고 깊은 인간관계를 맺기가 어렵다. 아이들은 학교에 적응하지 못하고 학교에서 받은 스트레스를 부모에게 풀기도 한다. 외로움이 인간관계에서 오는 정신문제라면 그 근본적인 문제는 사랑을 하는 방법을 알지 못하기 때문이다. 사랑을 주고받는 방법을 모르니 새로운 삶을 꾸려야 할 한국에서 관계의 문제가 발생하기도 한다. 그 결핍을 해결해 줄 수 있는 곳이 교회라고 한다. 교회 안에는 사랑이 있다고 한다. 사랑을 하고 자신감을 키우기 위해서는 자기 안의 비판의식과 상처를 인정하고 끌어내야 하는데, 교회를 통해서 그것들을 '치유'하면 외로움과 자존감은 '회복'될 수 있다고 믿었다.

또 다른 문제가 자본주의에 적응하는 것이다. 북한이탈주민들이 가장 적응하기 어려워하는 부분이 한국의 자본주의적 특성이다. 돈으로 물건을 사고, 돈을 벌고, 돈을 불리는 방법의 중요성은 알지만 실제로 어떻게 하는 것인지 알기 어렵다고 한다.

> "제가 우선 (한국) 사회 나오면서 제일 신경 쓰인 거는, 자본주의라는 경제생활을 몰라서요. 내가 뭔가를 해야 하겠는데 너무 모르잖아요, 이 사회에 대해서. (하나원에서) 나와서 내가 뭔가를 해보겠다 생각했는데, 이것이 실제 주식이라든가 부동산, 경기 지금 돌아가는 거. 하나원에선 어느 정도 인식을 가지고 왔지만, 실지 이게 부딪힐 땐 느껴지질 않는 거예요. 뭘 해봐야 되겠는데, 뭐부터 해야 되는지…."
>
> (개신교 북한이탈주민, 김민석)

돈 때문에 힘든 것은 박 여사도 마찬가지였다. 박 여사에 따르면, 한국 사람들은 겉과 속이 다르다고 한다. 그것은 돈 때문이라고 한다. 박 여사는 그것을 자본주의의 문제라고 규정한다. 예를 들면, 북한 병원에서는 의사가 환자에게 온갖 노력을 기울이면서 문진을 가고 아픈 곳을 직접 만지면서 진료를 하는데, 한국의 '자본주의 의사들은 환자의 가슴에 청진을 하는 것이 아니라 환자의 돈주머니에 청진한다'고 느낀다. 북한이탈주민들은 자본주의사회에 대해 비판적이면서 또 다른 한편으로는 지나치게 돈에 집착하는 이중성을 보이기도 한다. 이는 북한에서 경험한 개인주의의 심화와 자기 생존을 위한 방어기제가 자본주의사회인 한국에서는 돈이 되었기 때문이다(조용관, 2004). 박 여사는 한국의 자본주의체제에서 살면서 강의를 하고 있지만 그럼에도 여전히 인간보다 돈이 중요시되고 있음에 대해 불만을 드러냈다. 이러한 불만은 면담 곳곳에서 발견되었다.

박 여사가 언급한 내용을 요약하면, 북으로 간 남한이탈자는 남한에서 어떤 직업을 가졌느냐에 따라 직위 배치가 되는데 반해 남한은 평등사회라 똑같은 대우를 받는 것이 처음에는 섭섭했다고 했다. 그것을 보고 한국에 들어올 때 자신의 지위를 증명하기 위해 졸업장, 제대증, 당증, 신분증을 가지고 왔으나 소용이 없었다. 또 북한에서는 돈에 대한 개념이 없었는데 한국은 돈이 만능인 사회라는 사실을 몰랐다. 그래서 북한 집에 있는 도자기나 금을 가지고 왔으면 하는 후회를 하기도 했다고 했다. 북한이탈주민들이 남한에 들어와 살면서 이곳은 내가 목숨을 걸고 들어오려 했던 그런 가치 있는 곳이 아니라는 느낌을 가진다면 그것이 심리적으로 큰 갈등을 일으키게 된다. 특히 돈에 대한 극심한 양가감정은 자본주의사회 안에서 극심한 심리적 갈등이 될 수밖에 없다(전우택, 2000). 박 여사는 북한에서 간부 생활을 오랫동안 했던 경험이 있었기 때문에 배고픔이나 핍박 같은 어려움을 겪지 않았기에 오히려 자본주의사회가 돈을 매개로 자신에게 핍박을 가한다고 느낄 수도 있을 것이다.

이처럼 북한이탈주민들이 남한 사회에 적응하기란 쉽지 않다. 이들에게 자본주의체제에서의 삶이란 곧 돈이고, 돈이 없거나 돈을 벌지 못한다고 생각될 때 무력감을 느끼고 사회 갈등으로 이어지기도 한다. 체제와 사람으로부터의 이질감 때문에 스스로를 고립시켜 외로움을 느끼고 부모가 느끼는 이런 감정은 고스란히 자녀들에게로 전이되어 외로운 학교생활을 이어간다. 자신들을 받아주지 않는 이곳에서 이들은 점차 자신감을 잃어간다. 남한 사회에의 부적응은 외로움 등의 정신건강으로 나타나기도 하는 것이다. 이때 종교는 이들에게 큰 힘이 된다.

> "탈북자들 모아 놓으니까 자기들도 이제 맘이 편한 거야. 동네 얘기할 수 있고, 부끄럽지도 않고. 그리고 이제 같이 음식도 먹고. 그렇게 해가지고 이제 많이 좋아진 거죠. 그래서 탈북자 교회가 필요한 거예요. 한국에서 적응한 사

람도 있지만, 적응 못하는 사람이 더 많이 있는 거지. 그렇게 해가지고 탈북자들 케어하고 나니까 잘살아요. 신앙도 잘 생기고. 정체성이 확립이 되고, 소외됐던 마음도 자신감을 갖고. 또 한국 사람들이 거꾸로 찾아오잖아 이제. 탈북자들이 많은데 한국 사람이 몇 찾아오니까 그 사람들은 자기가 주인이라고 생각하고 찾아온 사람을 손님이라고 생각하잖아. 그래서 자원봉사자들이 와도 위축되지 않고… 이북 사람들 내가 뭐 결혼시켜 주지, 아프면 병원 데려가지, 장례 치러 주지, 상담해 주지 그러니까 가자, 가자 해서 오는 사람들이지. 사실 그런 도움들이 필요하잖아요."

(개신교 종교인, 신종하)

신종하는 교회의 필요성에 앞서 북한이탈주민 교회가 필요한 이유를 이렇게 말하고 있다. 같은 문화를 공유하는 이들이 한데 모이는 것은 이질적인 문화를 공유하는 이들과 섞이는 일보다 훨씬 더 쉽다고 말한다. 앞서 북한이탈주민들이 말했던 남한체제에의 적응과 외로움이 북한이탈주민 교회에는 없다고 말한다. 북한이탈주민 교회에서는 북한이탈주민이 주인이고 그 외 사람이 손님이다. 남한에 온 북한이탈주민이 아니라 북한이탈주민에게 온 남한인이 되는 것이다. 바로 이 점에서 주인의식이 만들어지는 것이다. 주인의식은 북한이탈주민으로 하여금 정체성과 자신감을 되찾게 만들었다고 한다. 북한이탈주민 교회의 필요성은 일상에서도 나타난다. 남한 사람들에게는 흔한 관례나 풍습, 예를 들면, 장례식, 결혼식, 건강관리, 상담과 같은 일상적인 것들이지만 북한이탈주민들에게는 전혀 생소한 일들, 이것을 북한이탈주민 교회에서 해결해 준다. 신종하는 이런 것들이야말로 북한이탈주민들에게 정말 필요한 도움이라고 말한다.

"전 기독교 대학 다녀가지고, 따뜻함을 느꼈어요. 애들하고의 의사소통 같은 건 어려울 수는 있었지만, 다니면서 많이 학생들의 도움을 받으면서. 별로 스트레스 안 받고 다닌 것 같아요. 그냥 잘 다닌 것 같아요. 동아리는 북한 선교 동아리가 있어요. 회장도 다 북한 사람이니까. 학교 가도 북한 사람들끼리 잘 어울리고 그랬어요. 그리고 남한 친구들도 그만하면 잘 따라주고, 잘 도와주고 그래서 너무 감사했던 것 같아요."

(개신교 북한이탈주민, 송아연)

송아연은 개신교 안에서 따뜻함을 느꼈다고 했다. 그 안의 학생들은 자신을 따뜻하게 대해 주었다. 북한 선교에 큰 역할을 하는 개신교라는 종교답게, 개신교 학교에는 북한 선교 동아리가 있었고 북한이탈주민들이 많이 있었다. 신종하가 말한 북한이탈주민 교회처럼 북한 선교 동아리 역시 남한에 있는 북한이탈주민들의 보금자리 역할을 했다. 송아연은 북한에서 몰래 성경을 읽었던 박강식이 느낀 따뜻함을 대학교 안에서 그대로 느끼고 있었다. 이들의 이야기를 종합해 보면 사회 적응과 올바른 정신건강에 가장 중요한 것은 만남과 소통이다. 한 사회에의 적응과 외로움의 극복에 필요한 것은 결국 사람과의 만남인데 낯선 곳에서 자신을 받아들여 줄 만한 곳은 개신교였고, 그 안에서 사람과의 만남이 이루어지며, 만남이 지속되어 왔던 것이다. 지속된 만남을 통해 언젠가는 예수님 앞에 바로 와 있는 삶이 된다고 박강식은 말한다. 이 말을 다시 풀이하면 사람과의 만남을 통해 비로소 안정을 찾을 수 있다는 말과도 같을 것이다. 북한이탈주민들의 입장에서는 종교야말로 신체와 정신을 안정시키는 역할을 할 수 있다는 의미로 생각된다.

"한 10년은 잡고 적응을 해야 된다 이렇게 생각을 해요. 처음에 오면 언어들부터도 사실 남한 말이 안 들려요. 영어도 많은데, 일반 한국말도 잘 안 들려요. 그런데 이제 그걸 점차 극복을 해가니까, 이제 10년 되니까 너무 편해졌어요. 자꾸 조급하기보다는 이런데 들어와서 교제하면서 계속하다 보면, 어느샌가 내가 예수님 앞에 바로 와 있는 삶이 돼 가는 거죠. 그러니까 교회 안에 들어오는 제일 중요한 거 같아요."

(개신교 북한이탈주민, 박강식)

현재 한국에 살고 있는 북한이탈주민들은 북한 생활, 탈북 그리고 남한 입국까지 일련의 과정에서 긴장과 불안, 좌절과 위협을 겪어 내고 마침내 안착한 이들이다. 이들은 북한에서 자유는 물론 기본적인 의식주 생활을 누리기 어려웠고, 탈북과정에서는 목숨을 걸었다. 탈북 이후 중국 거주 생활에서는 '사냥'의 대상으로서 인간적인 대접을 받지 못하기도 했다. 그러나 그 와중에서도 몇몇 사람들로부터 인간적인 면모를 느끼기도 했고, 물질적·정신적 도움을 받았으며, 그들로부터 살아갈 수 있는 힘을 얻기도 했다.

종교는 바로 이와 같이 북한이탈주민들에게 도움과 힘을 주었던 것들 중에서 가장 두드러지는 것이라고 할 수 있을 것이다. 종교를 믿는 북한이탈주민들에게는 종교야말로 위기 상황을 이겨내는 힘의 원천이 되었기 때문이다. 북한에서 가족들과 이불을 덮고 몰래 성경을 읽었을 때, 종교를 접해 보지 못했으나 두 손 모으고 절대자를 찾았을 때, 종교를 만났지만 기도의 의미와 절대자의 존재를 이해할 수 없었던 때, 종교에 매달리며 살려달라고 외쳤던 때, 스스로 '기적'을 경험했다고 믿었던 때까지 다양한 상황이 존재하였다. 종교는 북한이탈주민들에게 그 어떠한 모습으로든 존재하면서 힘을 주는 때가 많았다. 이들이 종교에서 힘을 얻는 방식은 진정한 믿음이나 신앙을 정신적 의지처로 삼거나, 혹은 생존의 방편으로 물질적 도움을 받고자 한 형태일 수도 있으나, 실제적으로 이들에게 있어 종교가 상당한 기능을 수행한 것은 부인할 수 없는 사실일 것이다.

북한이탈주민들이 본격적으로 종교를 알게 된 계기는 남한 입국 후의 하나원에서이다. 하나원에서의 종교 선택 과정은 북한이탈주민들에 따라서 다양하게 나타난다. 그동안 알지 못했던 다른 종교들을 만나게도 되고 선택의 폭이 넓어졌음에도 불구하고, 원래 믿었던 종교를 다시금 선택하는 경우도 많다. 그 이유는 '의리'를 지켜야 해서, 아니면 물질적으로 무엇인가를 제공해 주니까 받기 위해서, 혹은 신앙이 더 굳건해져서 등 다양할 수 있다. 반면 그동안 알아왔던 종교와 다른 종교를 선택하는 경우도 있다. 하나원에서 새롭게 타 종교의 장점을 보게 된 후 그 종교를 선택해 가는 경우이다.

북한이탈주민들이 종교를 선택한 이후 신앙생활을 유지해 가는 모습도 다양하게 전개된다. 새로운 사회에서 살아남고 적응해 가는 문제가 만만치 않은 이들에게 종교가 기능하는 모습은 또한 다양하게 나타난다.

어떤 북한이탈주민들에게 남한에서의 안착은 진정한 의미의 안착이 아닐 수도 있다. 이들의 남한 생활은 안착이 아닌 탈북생활 동안 지속되어 왔던 고난의 연속선상에 있는 것이다. 이들이 정착한 남한 사회에서는 목숨의 위협은 없었으나, 전혀 새로운 고난의 장이 펼쳐지는 경우도 드물지 않다. 처음 만난 자본주의와 그 세계 속에서 살아남아야 한다는 강박, 외로움, 새로운 문물의 학습, 넉넉지 못한 경제사정, 학교와 직장에서의 스트레스는 그동안 느껴보지 못했던 또 다른 괴로움이다. 이러한 상황에서 종교가 의지처가 되고 안식처가 되기도 하지만, 반면 오히려 부담이 되거나 회피의 대상이 될 수도 있다. 새로운 사회 적응의 어려운 과제를 수행해야 하는 상황에 있는 북한이탈주민들에게는 종교 모임에 참여해야 한다는 것이 강박적으로 느껴져 심리적으로 회피하고 싶어질 수 있다. 또 현실의 고단함에 종교는 뒷전으로 밀리기도 한다.

북한이탈주민들에게 종교가 어떤 의미이고, 어떤 기능을 하는가는 사람에 따라서 다르겠지만, 일반적으로 북한이탈주민들이 종교를 접하게 되는 경험은 그림 3-3에 나타난 일련의 단계로 살펴볼 수 있을 것이다. 그림 3-3에서 보면 북한이탈주민들이 신앙심을 가지게 되는 과정은 다

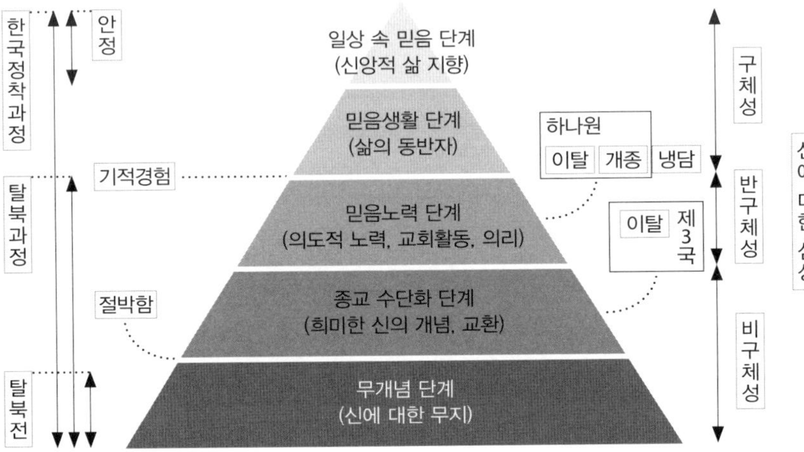

그림 3-3 북한이탈주민들의 신앙 변화 단계

섯 단계를 거친다. 첫 번째 단계는 탈북 전의 종교에 대한 '무개념 단계'이다. 주로 탈북 전 생활이 여기에 해당된다. 북한에 있을 때는 종교가 무엇인지 몰랐다는 북한이탈주민들의 면담 내용을 통해서도 알 수 있듯이 북한이탈주민들의 신에 대한 무지를 나타내 주는 단계이며, 이때 신에 대한 심상은 비구체적인 것이라고 할 수 있다.

두 번째는 '종교 수단화 단계'이다. 이는 탈북과정에서 만난 선교사 등의 종교인에 의해 종교를 알게 되고 신이라는 존재가 있음을 알게 되는 단계이다. 절박한 상황에서, 무엇이든지 다 할 수 있는 전능한 절대자라는 개념이 와 닿지 않는다. 신에 대한 개념은 희미하지만, 체포의 위험에 직면한 불법체류자로서 중국 공안에 붙잡히지 않으려고 피해 다니는 와중에 '먹을 것과 숨어 지낼 곳을 주니 성경을 읽겠다'와 같은 교환(거래)하는 심정으로 종교에 적을 두는 단계이다. '여태껏 받아 본 적 없는 사랑을 준 교회의 따뜻함'에 대한 답례로 믿음생활을 실천하거나(박강식), '처음에는 탈북자들이 모이니까 그저 따라와서 밥 먹고, 설교를 들으면서'(신종하) 안전을 영위하는 단계이다. 여전히 절대자에 대한 믿음이 없고 신의 존재가 구체적으로 그려지지 않는다. 이 시기에 종교를 이탈하는 현상이 나타나는데, 주로 '외부와 차단된 은둔 생활'과 '의무적 성경 읽기'와 같은 답답함이 가장 큰 이유였다. 이런 이유로 바깥으로 나갔다가 공안에 잡히는 경우도 발생하고 제3국으로 빠져나가기도 한다. 신에 대한 심상은 여전히 비구체적인 단계라고 할 수 있을 것이다.

세 번째는 '믿음노력 단계'이다. 이는 힘들 때 자신을 도와준 신을 믿기 위해, 자신들을 구해 줄 '마지막 동아줄'이라는 생각에 의도적으로 신을 믿기 위해 노력하는 단계이다. 이 단계는 탈북과정과 남한 정착과정에서 모두 나타난다고 볼 수 있다. 탈북과정에서 북한이탈주민이 먹을 것을 두고 거래하는 심정으로 종교를 선택했듯이 종교 역시 믿음이라는 매개를 두고 거래하는 심정으로 성경 공부를 시킨 효과를 거두는 단계이기도 하다. 따라서 종교가 진정한 신앙심을 길러 주어야지 물질적 도움으로 피상적 신앙을 키워서는 안 된다는 비판을 불식시키는 지점이기도 하다. 설사 북한이탈주민들이 그동안 자신들을 돌보아 준 것에 대한 '의리'와 '보답'의 심정에서 어떤 종교를 선택해서 믿는다고 할지라도, 힘든 현실로부터 자신을 구해 줄 유일한 힘은 종교에 있다는 사실을 감지하고 신의 존재를 믿기 위해 노력하기 때문이다. 남한 정착과정에서 의리를 지키는 차원에서라도 믿으려고 의도적으로 노력하고 교회활동을 열심히 하는 이 시점에서 신의 존재는 전 단계보다 더욱 구체적으로 다가온다. 그러나 이때는 완전한 신앙심을 가지지 않은 상태임에도 이탈과정에서의 위험과 두려움은 잊고 남한에서의 안전과 배부름, 바쁜 일상이 이어지면서 냉담한 경우도 발생한다. 실제로 특히 하나원에서 다양한 종교를 경험하며 자신이 알던 종교가 유일한 종교가 아님을 알고 다른 종교에 관심을 가지면서 개종을 하거나 이탈하는 현상도 일어난다. 신에 대한 심상은 이제 서서히 윤곽을 드러내면서 반구체적으로 다가온다.

네 번째 '믿음생활 단계'는 신앙생활이 만개한 단계이다. 이 단계까지

오기 위해서는 스스로 믿는 '기적'의 힘이 필요하기도 하다. 인간의 힘으로 해결할 수 없는 여러 사태가 해결되는 믿기 어려운 경험을 하면서(구자옥 딸의 지병 치료), 또 신앙과 관련하여 북한이탈주민 집단이 기대하던 공동의 성과를 이루어냈을 때(신종하의 북한이탈주민 교회 건립) 신의 존재를 확인하고, 신이 있음을 확신한다. 이 시점부터 종교는 삶의 동반자이자 삶의 큰 부분을 차지한다.

더 나아가, 다섯 번째 '일상 속 믿음 단계'에 이르면, 종교가 더 이상 삶의 큰 부분이 아니라 종교가 바로 삶이 된다. '종교 안에서 일상생활을 하는'(신경숙) 신앙지향적 삶을 살게 된다. 이것이 심리적 위안과 행복을 느끼는 삶이다. 위안과 행복감은 정신적 건강을 유지하는 데 큰 도움이 된다(임영진, 고영진, 신희철, 조용래, 2010).

이상에서 북한이탈주민들의 신앙심의 변화를 단계별로 살펴보았으나, 이를 일반화하기는 어려울 수 있다. 남한에 살고 있는 다른 다문화인들과의 차이점이 북한이탈주민들은 목숨이 걸린 위험한 상황을 겪었다는 점이다. 그런 점에서 일반적으로 이들이 종교를 대하는 태도가 다른 다문화인들과는 다를 것이라 예상할 수 있으나, 실제로 접근해 본 북한이탈주민들의 경우도 종교를 대하는 데에 남한의 보통 다문화인이나 사람들과 크게 다르지는 않았다. 남한에 오랜 기간 살아온 이들도 종교에 대해 잘 알지 못하는 경우가 있을 것이고, 여전히 종교를 수단적 도구로 활용하고 있는 경우도 있을 것이다. 하지만 북한이탈주민의 삶에서 종교가 수행한 심리적 위안과 위기를 극복하는 의지 부여 기능의 중요성을 간과할 수는 없을 것이다. 또한 이들이 종교에 대해 부여하는 의미가 크다고 결론 내릴 수 있을 것이다.

제4장

북한이탈주민의 종교생활

1. 북한이탈주민의 종교와 이념의 갈등

1) 종교의 이해와 종교 수용 또는 거부

앞서 주체사상과 개신교 교리의 구조를 비교했다. 이 지점에서 두 가지 의문이 생긴다. 주체사상적 구조를 체화한 북한이탈주민들은 그 유사한 구조로 인하여 개신교 교리를 더욱 쉽게 받아들이는가(종교 수용), 혹은 반대로 이들이 주체사상의 허구를 체험하고 북한을 떠난 이들이기에 오히려 그와 유사한 구조의 개신교 교리를 거부하기 쉬운가(종교 거부)이다. 이 두 가능성을 논의하기 전에 교리의 구조에 대한 이해가 우선 논의될 필요가 있다. 교리에 대한 이해와 결과적 행위가 언제나 논리적으로 연결되는 것은 아니다. 아는 것과 행하는 것은 다르다.[1] 북한이탈주민 연구 참

1 칸트의 도덕철학처럼 보편타당한 행위 법칙에 따라 인간이 마땅히 해야 할 일을 알게 되면 그것을 행할 수 있다는 주장과 인간은 '선을 알고도 행치 못하는' 도덕적 실존적 한계 상황에 놓여 있다는 주장에 대한 논의로부터 슐라이마허는 더 나아가 종교의 본질은 교리적 지식(앎)과 실천적 행위의 단순한 혼합이 아닌 신에 대한 직관과 감정에 있다고도

여자들의 증언을 통해서도 교리의 구조는 이해했으나 신앙으로 나타나지 않는 경우가 있었고, 오히려 종교를 거부하는 경우도 발견되었다. 이에 따라 개신교 교리와 주체사상의 유사한 구조가 북한이탈주민들의 신앙과 어떤 관련이 있는지를 이해하기 위해 우선 '교리 이해'와 '종교 수용 혹은 거부'에 대한 논의가 필요하다.

(1) 교리 이해

"북한에서는 초급 간부 이상은 당원하고 이걸 필수로 머리에 자다가 깨나서 주체사상의 원리하면, 이렇게 외워야 해요. 그리고 이건 매번 학습 강연회 문답식 다 나오기 때문에 이걸 모르면 그냥 낙오분자, 그 정도거든요."

(천주교 북한이탈주민, 신경숙)

주체사상과 교리 구조의 유사성에 의해 북한이탈주민들은 개신교와 천주교의 교리를 쉽게 이해한다고 알려져 있다. 위의 증언처럼 북한에서는 주민들을 대상으로 주체사상 설파에 힘쓰기 때문에 북한주민들은 김일성이 주축이 된 주체사상에 세뇌와 공포로 자발적, 비자발적으로 길들여져 있다(김병욱, 김영희, 2010). 북한주민들은 취학 이전, 취학, 성인이 되는 과정에서 아침에 일어나서 잠잘 때까지 모든 조직과 사회단체들에 의해 중단 없는 정치교양학습을 하기 때문에(최종연, 2008) 주체사상 교리와 그 구조에 대해서는 완벽하다시피 알고 있을 것이라는 추측이 가능하다.

"여기 오니까 기독교 신자가 그러더라고요 김일성이 기독교 신자니까 10대 원칙도 우리 십계명을 그대로 그니까 하느님을 신조화하는 걸 김일성을 신조

했다(허호익, 2012).

화해라. 뭐, 무슨, 뭐, 이걸 십계명을 내가 우리 탈북자들 보고도 천주교가 뭐고 십계명이 뭐냐 그러면 우리가 북한에서 주체사상을 배웠지 않냐 그냥 북한에서 아버지는 김일성이지 않냐 그냥 하느님이 아버지다 그러카고 아버지 말씀은 우리가 무조건 신조로 삼아야 되고 무조건 그 아버지 생활을 바꿔놓고 거기는 주체사상, 여기는 성경이라 하게 되면 원리는 똑같다. 그걸 이용하면 천주교가 어려운 것은 아니다."

(천주교 북한이탈주민, 신경숙)

구조의 유사함을 활용하여 종교의 교리를 이해시키는 한 방편을 설명하는 증언이다. 김일성을 하느님으로, 10대 원칙을 십계명으로 대치하여 개신교 교리를 이해하도록 한 것이다.

"근데 이해는 굉장히 빠르신 그런 부분들이 있어요. 성경이나 교리 같은 거 공부할 적에 학습을 꽤 많이 하셨기 때문에 이해를 빨리 하시는 분들이 있어요. 그래서 그런 부분에서는 도움이 되죠. (중략) (구조가 같아서) 더 인식을 더 쉽게 하시는 분도 있는데…."

(개신교 종교인, 김진)

교리의 구조를 이해하는 것만으로 신앙을 가질 수는 없다. 주체사상의 구조가 개신교 교리와 흡사한 구조를 가지고 있는 점은 선교의 방법에 직접적으로 도움을 주기 보다는 어떤 복음을 제시하어야 하는가와 같은 복음선포 내용에 간접적인 도움을 줄 수 있다(박영환, 2005). 구조의 이해는 원리의 이해이며 지식과 관련된 것이다. 종교적 지식이 신앙심으로 이어질 것인가? 종교에 마음을 붙이게 만드는 것은 지식이 아니라 정서이다. 인간의 심적 태도나 감정적 측면에서 볼 때 특정 주제에 대한 관심이나 흥미가 무조건적인 믿음으로 이어지기 어렵다. 이 때문에 북한체제 운영이 개신교의 종교 양식과 유사하다는 이유로 북한 선교가 용이할 것이라는 한국의 종교단체들의 기대는 꺾이기도 한다(김병욱, 김영희, 2010). 따라서 개신교의 종교의식이나 가치관과 수령교의 유사함이 북한주민들의 흥미를 단기적으로 끌 수 있어도 지속적인 신앙생활로 이어지는 데 한계가 있다(김병욱, 김영희, 2010). 이 말은 구조의 유사함으로 인해 종교의 형식은 잘 이해할 수 있으나 이것이 종교 수용으로는 이어질 수 없음을 시사한다.

(2) 종교 수용 혹은 거부[2]

종교를 거부하는 사람들은 대부분 유물론적인 종교적 세계관이 굳건해서가 아니라 북한체제에서 겪었던 삶에 대한 환멸로부터 출발하는 경우가 많다. 이러한 사람들에게는 신앙생활이 또 하나의 고통스러운 생활로 여겨질 수 있다(김병욱, 김영희, 2010). 주일예배나 사랑방 모임 등에 참가할 것을 종용하면 북한에서의 조직생활을 떠올리며 이러한 강요된 교회활동 참여에 반발하기도 한다.

> "역작용도 있다고 봐야죠. 북한에서 그동안 아주 철저하게 믿었던 어떤 거기서부터 배신감을 당했기 때문에 또 새로운 그 믿음을 갖는다는 게 어쩌면 방해가 될 수가 있죠. 기존에 믿었던 어떤 주체사상이나 이런 것들 때문에 새로운 기독교를 받아들이는 게 어려울 수도 있습니다."
>
> (개신교 북한이탈주민, 박강식)

> "예수를 영접하는 거가 좀 다른 문젠데, 예를 들어 이런 구조체제에서 있

---

2 여기서 말하는 종교 수용은 물질적 도움이든 진실한 신앙이든 종교활동에 참여하는 것을 의미한다.

으셨다가, 비슷한, 그러니까 이걸 싫어하게 되거든요, 이분들이. 이런 구조체제를 혐오하잖아요. 그런데 교회에 와가지고 비슷한 체계를 요구한다고 할 적에 역반응이라 할 수 있거든요. 그래가지고 오히려 교회를 싫어하는 경우가 있죠. 도움이 되시는 분도 있겠지만, 안 되시는 분들도 있고. 꼭 이거가 좋은 건 아닌 것 같아요."

(개신교 종교인, 김진)

면담 참여자들은 북한에 있을 때부터 북한체제에 믿음이 없었거나 철저히 믿었으나 거짓을 보이며 약속을 어기는 당국에 배신을 느꼈다고 했다. 북한주민들은 먼저 자신들이 믿고 받아들여 오던 중요한 이념체계가 무너지면서 상실감을 느끼게 되었던 것이다(김웅기, 2012). 이러한 상실감과 배신감은 혐오로 이어지고 이러한 감정이 예배시간에 되살아나는 듯했다.

구자옥: "우리가 영접 기도 할 때, 음, 예수님 저는 죄인입니다 뭐 이런 영접 기도하면서. 지금부터 제 마음의 문을 엽니다, 제 생명이 다하는 날까지 예수님께서 저의 삶을 인도해 주세요. 이런 기도하잖아요. 이거 할 때 북한 사람들이 한결같이 뭐라 하는가 하면, 입당선서하고 비슷하대요. 당에 입당할 때, 나는 조선노동당원으로서 뭐 어떻게 살겠습니다. 당을 위해 충성 다하겠습니다. 이런 선서를 하거든요. 근데 우리가 예수님 영접할 때 고백을 하잖아요. 그러니까 입당 선서도 고백이고, 이것도 고백이에요. 그러니까 그게 너무 비슷한 기예요. 그다음에 북한에서 우리가 일주일에 한 번씩 생활총화해요. 근데 우리 한국에서는 기독교에서는 일주일에 한 번씩 예배하잖아요. 비슷해요. 생활총화할 때는 자기 죄부터 다 저는 전 주에 이런 잘못을 했습니다, 이런 죄를 고백하거든요. 그러면서 앞으로 이런 죄를 고치겠습니다. 그다음에 꼭 그저 생활총

화 할 때는 김일성 장군의 노래, 김정일 장군의 노래를 부르고 해요. 말하자면 이, 우리 예배할 때 찬송가 부르고 예배하잖아요. 그것과 똑같아요. 그다음에 끝날 때 또 찬송가 부르고 끝나요. 예배 끝나고 찬송가 부르잖아요, 한 곡, 그거하고 똑같아요."

면담자: "그럼 오히려 그런 거, 북한에 안 좋은 기억이 있는 사람들은 교회에서의 그런 것들이 정말 싫겠네요?"

구자옥: "싫어하죠! 이게 저게 교회 목사하고 북한의 초급당 비서하고 이름만 바꿔놓으면 똑같다고 막 이래요. 거기다가 저기 한국 교회 목사들이 좀 거 어떤 거 좀 이렇게 권위적이고 이런 부분들이 많잖아요. 북한의 초급당 비서들이 자기는 당 간부고 권력자기 때문에 권위적이거든요. 거기에 너무 유사한 거예요."

(개신교 북한이탈주민)

북한이탈주민들은 지위, 권력, 권위에 대한 좋지 않은 인식이 있는 듯하다. 체제와 종교 교리의 구조가 유사하다는 이유와 함께 한국 종교에서 느껴지는 지위와 권력, 권위를 마주하며 그들을 북한에서의 기억이 되살아나는 듯하다. 북한이탈주민들이 종교를 거부하는 이유의 큰 부분은 교리의 내용이나 신에 대한 믿음의 정도가 아니라 종교를 떠올리면 함께 되살아나는 북한체제에 대한 환멸이었다.

2) 종교 수용의 어려움과 용이성

(1) 종교 수용의 어려움과 용이성

주체사상과 종교 교리의 구조가 유사함으로 인해 신앙을 더 잘 받아들이는지 아니면 오히려 거부하는지에 대해서는 한마디로 단언하기 어렵다. 주체사상에서 김일성을 들어내고 하나님을 넣으면 거의 완벽하게 종교의 교리 구조가 된다. 주체사상 구조에 익숙해 있던 북한이탈주민들에게 김일성과 하나님을 바꾸어 생각해 보라는 종교인의 권유가 이상하지 않은 이유도 여기에 있다. 북한이탈주민들은 그 원리에 오랫동안 익숙해 있었기 때문에 순식간에 종교에 빠져들 수도 있다는 생각 역시 이에 기반한다. 그러나 지금까지 논의했듯이 북한이탈주민이 종교를 수용하는 조건과 이유 및 기제가 다양하기 때문에 구조의 두 주체가 바뀌는 것만으로는 북한이탈주민의 종교 수용을 설명하기 어렵다. 게다가 김일성의 자리를 하나님이 대체할 수 있는가라는 질문에 대한 답을 찾아내기 어렵다는 점도 분명히 있다. 면담 과정에서 그 대체 가능성 논리가 적합하지 않을 수도 있다는 것을 발견했다. 그 이유로 첫 번째는 김일성과 신은 엄연히 차이가 있으며, 두 번째는 구조의 유사함만으로 교리가 이해되지 않을 수 있다는 점이다.

북한에 대해 우리가 가지는 한 가지 오해는 북한에서는 김일성을 신성시하기 때문에 주민들은 김일성을 신과 같은 존재로 여기고 있다는 생각이다. 이 생각으로 종교 교리에서 김일성과 신의 대체 가능성을 언급하는 것이다. 그러나 증언에 따르면 북한주민들은 신과 김일성을 구분하고 있었다. 북한이탈주민들이 주체사상의 김일성을 종교 교리의 하나님으로 대체할 수 없는 이유가 여기에 있다.

구자옥: "집단이 모여 사는 어떤 그 사회적 존재라는 거예요, 그거는. 그러니까 사회적 관계라는 거예요. 그 사회적 존재를 우리 사람이 어떤 행동을 하자면 뇌가 나를 방향제시를 하듯이 우리 이런 사회적 존재도 이 존재를 이끌어 가는 뇌가 있어야 된다. 뇌가 필요하다, 그 존재가 김일성이다. 그거예요."

면담자: "아. 그러면 우리한테 힘든 일이 닥쳤을 때 우리를 지켜줄 사람은 김일성이다?"

구자옥: “예, 그렇죠. 김일성이는 위대한 분이요, 우리 북한에는 그런 말 있어요. 노래가. 당신이 없으면 조국도 없다. 김정일이 없으면 조국도 없다. 그게 세뇌인 거예요. 그럼 김일성이 없으면 조국도 없다 이거예요.”

면담자: “그럼 실제로 집사님께서 도망쳐 나오실 때 ‘하늘이시여’라고 집사님도 모르게 외쳤던 것처럼 북한에 있는 사람도 김일성 동지여 이렇게 외칠 수도 있는 건가요?”

구자옥: “아니에요. 김일성이는 저 멀리에 있는 존재고 자기 외치는 거 김일성이 못 듣는다는 거 알거든요. 그러기 때문에 그러지는 않아요.”

면담자: “주체사상을 그렇게 오랫동안 들어오시고 배워 오신 거잖아요. 그런데도 주체사상의 힘이 그렇게 강하지는 않은 거네요?”

구자옥: “주체사상은 어떤 이론이에요. (중략) 사람이 뇌가 없으면 이 모든 이, 이 지체들이 아무것도 할 수 없듯이, 김일성이 없으면 안 된다 그래서 김일성을 목숨으로 사수해야 되고 근위대 돌격대가 돼야 되고. (중략) 근데 저는 개인적으로 그 사람 얼굴 한 번도 못 봤는데 (중략) 저는 아무 상관이 없다. 나는 내가 잘 먹고 잘 살아야 된다 이것만 생각했어요.”

(개신교 북한이탈주민)

북한의 김일성은 그 사회를 움직이는 뇌이고, 자신들을 구원해 줄 사람이라는 것을 오랫동안 북한체제하에서 교육을 받고 그런 줄 알고 생활해 왔다고 했다. 그가 없으면 조국도 없다고 배워왔다. 그러나 낙엽 한 장으로 강을 건넜다고 알고 있었던 김일성이 신이 아닌 사람이고, 주체사상은 단순한 이론임을 이미 알고 있었다고 했다. 김일성과 주체사상은 신과 성경이 아니라 이미 북한주민들의 머릿속에는 사람과 이론이었다.

두 번째는 교리의 어려움 때문에 단순 대체가 되지 않는 면이 있다. 또 다른 증언 역시 신과 김일성을 구분하는 증언을 담고 있으면서 교리 이해의 생소함과 어려움을 담고 있다. 기원전에 살아 있었다던 눈에 보이지 않는 하나님과 예수님의 존재 자체를 믿을 수 없었을 뿐만 아니라 성경을 처음 접했을 때의 용어의 생소함에 종교 자체를 이해할 수가 없었다. 신의 존재를 믿을 수 없다는 사실과 성경을 이해하기 어려움은 김일성을 신으로 대체하는 것을 방해하고, 쉽게 대체할 수 없었음을 보여 주는 증언으로 받아들여진다.

면담자: "어쩌면 예수님이라는 게 약간 북한에서의 김일성 같은 느낌처럼 주체사상처럼 김일성이 신이잖아요. 그렇기 때문에 반감이 생기기나."

박강식: "근데 다른 점이 있죠. 김일성은 눈으로 보이는 사람이고요. 실질적으로 예수는 보이지 않는 사람 아니에요? (중략) 예수라고 할 때는 너무 생소하게 부딪히고 그것이 또 기원전으로 가잖아요. 2000년 전으로. 이게 시작점이. 그러니까 그게 너무 허황인 거예요. 우리한테는 그게 받아들여지지 않죠. 그걸 당장 받아들이는 이거 자체가 아니잖아요. (중략) 천주교나 기독교 갖고 이야기하면서 김정일이고 김일성이고 믿지 않고 그 사회를 믿자고 하는 사람을 요기 와서 당장 와서 하나님 믿으라면 누가 믿냐. 하나님이 정확히 있는가 하고 질문을 던지는 사람도 있어요. (그러면 종교인들은) 기원전 1년부터 노 풀더라고요. 근데 뭐 그게 우리가 느껴져요? 뭐 성경 자체가 우리하고 완전히 다른 은어 아니에요, 이게. 한문도 아니고 용어도 아니고 그렇다고 중어도 아니고 우리가 언제 들어본 소리가 아니거든요 이게. 이해가 안 되죠. 아무리 설교가 되도 이게 시간을 두고 저희가 받아들여져야죠."

(개신교 북한이탈주민)

한편, 신에 대한 이해가 별로 없음에도 불구하고 신을 받아들일 수 있었던 밑바탕이 발견되기도 했다. 북한주민들은 눈에 보이지 않는 존재에 대한 심상을 이미 가지고 있었다는 점이 그것이다. 물을 떠놓고 비는 행위나 굿, 푸닥거리, 무속신앙, 사주와 같은 민간신앙이 북한에는 만연해 있다. 북한 당국에서는 민간신앙과 같은 미신 행위를 이적 행위로 간주하여 제거하려 하지만 제도적 종교에 대한 접근 제약으로 민간신앙이 주민들의 생활 속에서 더욱 생명력을 지니게 되었다(문장순, 2005).

(2) 종교 수용의 과정

북한이탈주민들의 증언과 여러 연구결과를 살펴보면 종교를 수용 혹은 거부하는 원리는 과정으로 살펴볼 수밖에 없을 듯하다. 즉 김일성을 하나님으로 대체하는 것이 아닌 주체사상에 대한 좋지 않은 기억을 지워내고 하나님을 받아들이는 과정을 논의하는 것으로 설명될 것이다. 다만 오랫동안 세뇌되었던 주체사상을 완전히 지워내기란 어려울 것이라는 가정하에 주체사상의 기본 틀 위에서 종교를 받아들이는 과정을 알아보는 것이 더 타당하다는 생각이다.

우선 이들의 탈북 결심은 북한체제에 대한 실망에서 비롯된다. 정치적 망명, 생활의 어려움, 배신감, 남한을 비롯한 타 문명의 발전에 눈을 뜬 것 등이 그 이유가 될 수 있다. 여전히 주체사상으로 가득한 이들은 북한체제에 실망하지도 않았거니와 탈북과는 무관한 삶을 살고 있다고 했다. 하나님을 받아들일 수 있었던 기저에는 반종교성이 내포된 주체사상의 제거가 선행해야 한다는 가정이 있어야 하기 때문에 종교 수용의 시발점은 주체사상에 대한 반감일 것이라는 생각이다. 그러나 그 밑바탕에는 보이지 않는 존재에 대한 심상이 있었던 것으로 파악된다. 보이지는 않지만 자신의 운명을 결정하는 데 도움을 줄 누군가에게 물을 떠놓고 비는 행위를 해왔음을 증언과 자료를 통해 확인했다. 이들은 눈에 보이지 않는

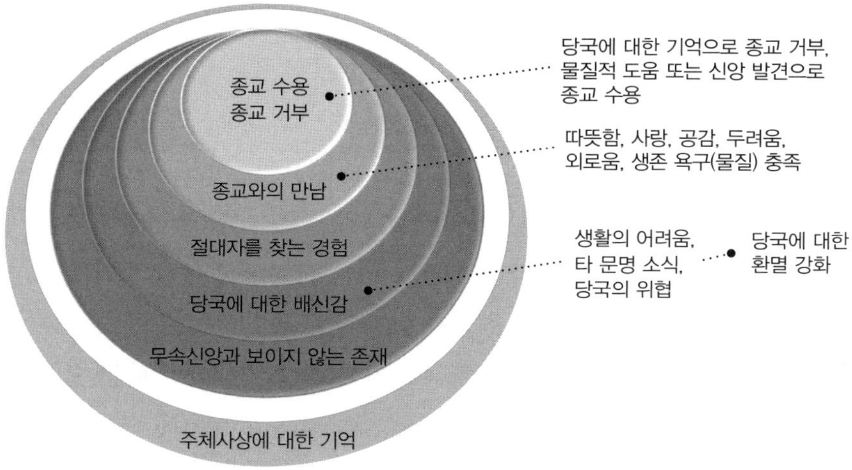

그림 4-1 종교 수용 과정

그 누군가와 마찬가지로 눈에 보이지 않는 하나님을 받아들일 수 있었을 것으로 추측이 된다. 무속신앙의 경험과 주체사상에 대한 반감은 하나님을 완전히 생소한 존재로 보이게 만들지는 않았을 것이다.

북한주민들은 가장 먼저 자신들이 믿고 받아들여 오던 중요한 이념체계가 무너지면서 상실감을 느끼고 그 상실감을 극복한 이후에 수령론을 대체할 어떤 사상, 이념 체계를 찾아 나서게 될 수 있다(김웅기, 2012). 김웅기(2012)에 따르면 북한주민들이 수령의 영도를 받아야만 바른길로 갈 수 있다는 주체사상의 주장이 설득력 있게 북한주민들에게 받아들여질 수 있었던 이유는 수령의 역할에 대한 독특한 주장—인민의 이익을 철저하게 실현하는 것을 목직으로 일하는 존재, 철저히게 인민의 처지를 공감하는 존재—이 명시되어 있기 때문이다. 이에 따라 북한이탈주민들은 주체사상에 물든 북한주민들에게 가장 중요한 가치는 사람의 이익이며, 사회체제는 이들의 현실 생활에 이익을 가져다주는 역할을 해야 한다고 생각한다. 또 수령과 인민은 어버이와 자녀의 혈연관계로 묶여 있는 사랑의 관계로 수령은 인민의 이익을 위해 헌신하는 존재라는 점에서 국가는 자신에게 헌신하고 공감해야 한다고 여긴다. 북한체제에 대해 실망하고 배신감을 느끼며 타 국가의 발전에 눈을 뜨기 시작하였으나 주체사상에 대한 심상은 그대로 남아 있다는 설명이다. 이 지점에서 종교 수용 혹은 종교 거부가 나타날 가능성이 있다. 종교가 물질적 도움을 주고 전에 없던 따뜻한 사랑을 베풀어 주기에 초기에는 종교를 수용할 가능성이 있지만 막상 한국에 온 뒤에는 자신에게 더 이상 사랑과 관심을 보이지 않는 종교인과 신도들에 실망하여 종교를 멀리하는 경우도 발생한다. 탈북 초기에 받았던 사랑과 헌신을 더 이상 주지 않는다고 느끼기 때문이다. 이는 물질과 사랑을 중시했던 주체사상에 대한 심상이 여전히 남아 있음을 보여 주는 예일 수도 있다.

종교 거부가 나타나는 또 다른 이유로 북한주민들이 가진 종교 전반에 대한 부정적 인식을 들 수 있다. 김병욱 등(2009)은 전반적으로 북한주민들이 어릴 때부터 당국의 반종교 선전에 세뇌되었기 때문에 수령교를 제외한 여타 종교에 배타주의적 의식이 강하고 이런 속에 수령교에 대한 회의감마저 들게 되면 종교 전반에 대한 부정적 인식으로 확산될 가능성이 크다고 분석했다. 이는 앞서 김웅기의 가정처럼 수령론과 같은 주체사상에 대한 상실감이 북한이탈주민들에게는 그만큼 크다는 말이다. 북한이탈주민들은 종교 수용과 종교 거부의 측면에서 주체사상의 그림자에서 여전히 벗어나지 못하고 있음을 알 수 있다. 결국 주체사상에 대한 실망과 불신이 종교를 수용하게도 할 수 있고 종교를 거부하게 만들 수도 있음을 보여 준다.

2. 북한이탈주민의 종교생활에서의 갈등

1) 종교 수용에서의 내면적 갈등

북한이탈주민들은 종교가 삶에 매우 도움이 되거나 어느 정도 도움이 된다고 생각하고 있다(최승주, 2005). 대다수의 북한이탈주민이 종교의 정서적, 사회적 순기능에 대하여 인식하고 있는 것이다. 하지만 종교생활을 계속 유지하는 경우(50%)나 종교생활을 시작하게 되는 경우(8%)도 있지만, 종교생활을 하다가 중단하게 되는 경우(12%)나 종교생활을 유지하다 중단하는 것을 반복하게 되는 경우(4%)도 존재한다(최승주, 2005).

한국의 종교인들 또한 개인 내적으로 신앙을 성숙시키고, 종교적 의식이나 예배에 잘 참석하고, 헌금 및 십일조 등의 종교적 실천들을 잘 지켜가기가 어려울 수 있다. 북한이탈주민들의 경우 그동안 사상적, 환경적으로 매우 특수한 경험을 해왔기 때문에 이러한 종교생활의 어려움은 더욱 클 수 있다. 그들이 주입식으로 교육받은 주체사상은 종교적 교리의 틀을 이해하는 데에 도움을 주기도 하지만, 교리의 구체적 내용을 수용하고 개인 내적인 신앙을 성숙시켜 가는 데는 걸림돌로 작용하기도 한다. 북한이탈주민들이 북한에서 경험한 권위적이고 규율적인 사회체제 또한 그와 매우 유사한 개신교의 의식이나 체계, 분위기에 거부감을 느끼도록 한다. 그동안 경험한 적 없는 자본주의사회에서의 생활은 북한이탈주민의 신앙 없는 종교생활을 독려하기도 하고, 때로는 신앙을 가지고 있음에도 종교생활을 소홀하게 하기도 한다. 신앙은 없지만 종교단체에서 주는 물질적 지원에 이끌려 종교생활을 하거나, 중국 등에서 종교를 접하여 신심은 있지만 남한 정착 이후 경제활동 등에 집중하면서 종교생활 참여가 약화된 경우가 이러한 경우이다.

한편, 북한이탈주민들은 헌금이나 십일조, 선교 등의 종교적 실천에서 소극적인 면을 보인다. 신앙이 없이 종교생활을 하는 북한이탈주민의 경우 개신교 교리에 충실한 종교적 실천을 보이지 않는 경우가 대다수이다. 신앙을 가지고 있는 경우에도 헌금 등의 소극적 실천은 하고 있지만 십일조, 선교 등의 적극적인 실천은 하지 못하는 경우가 많다. 종교공동체에서의 관계적 갈등은 북한이탈주민들이 겪는 또 다른 종교생활의 어려움이다. 북한이탈주민들이 기대하는 한국 교회 또는 한국 교인들의 포용성을 발견하지 못할 때, 북한말과 남한말의 언어 차이에서 오해가 생길 때 이들은 종교생활에서 멀어지는 것을 경험한다고 증언하거나 북한이탈주민 교인들 간의 관계적 갈등이나 교회에서 주는 물질적 자원의 분배 갈등 등도 이들이 꼽는 종교생활의 어려움이다. 이 연구에서 면담 참여자들은 종교생활을 하면서 북한이탈주민들이 겪는 여러 측면의 어려움과 갈등을 증언해 주었다.

(1) 교리 이해의 어려움

북한이탈주민들이 개신교의 교리를 접하며 가장 먼저 크게 느끼는 것은 주체사상과의 체계의 유사성이다.

> "비슷한 점이 너무 많은 거라 특별히 십계명 같은 거는 김일성 이외는 아무것도 믿지 말라는 것이 있거든요. 당 유일사상체계 그게 십계명하고 너무 비슷해가지고 북한도 부모를 공경하라는 말도 그대로 있어요. 이웃도 사랑하라 정치는 하나를 위해서 하나는 정치를 위해서 이게 신통한 꼴이 많아가지고 너무 비슷한 게 많아요. (중략) 그리고 주일예배, 수요일예배, 금요일예배 너무 비슷한 거예요. 우리는 주일날에 생활총화, 수요일에는 수요강연회, 금요일에 금요학습 너무 신통한 거예요. 그리고 우리는 일주일에 5일 반 일하는 거예요. 그리고 일요일에 쉬거든요.
>
> (개신교 북한이탈주민, 정혜옥)

하지만 주체사상과 개신교의 체계적 유사성이 북한이탈주민으로 하여금 개신교 교리를 깊이 이해하고 개신교를 신앙으로 내면화하도록 돕는 것만은 아니다. 주체사상과 개신교의 유사성은 체계의 큰 틀에 국한되며, 그 안의 내용이나 교리 등은 전혀 다르기 때문이다. 이 때문에 북한이탈주민들은 성경의 내용과 교리를 접할 때 생소함과 혼란을 경험하게 된다.

> "북한의 주체사상과 하나님의 설교가 똑같다는 거는 신격화하고 신이라는 존재로 표현하는 방식은 똑같은데 그 내용은 전혀 다르죠. 야곱이나 요르단 강이니 이런 거 저는 전혀 몰라요. 처음 들어본 거고. (중략) 귀가 절벽인 거야. 안 들어와요. 도대체 무슨 소린지 별도로 공부하고 이제 지부장 그런 거 맡아서 남들보다 공부를 조금 더 해도 하나도 없어 머리에. 교리 같은 것들이 이해가 안 가고 전혀 무슨 말인지 생뚱맞고."
>
> (개신교 북한이탈주민, 김나리)

> "아 많이 논쟁했지요. 저기 중국에 있을 때는. 대놓고는 못 말했죠. 왜냐면 제가 이북 사람이기 때문에. 그런데 저희 집사님하고는 제가 계속 쟁론했지요. 아니다 하나님을 믿으면서도 아니다 (천지창조 등 성경 속에 나온 내용들이). 절대로 이럴 수 없다."
>
> (개신교 북한이탈주민, 정혜옥)

성경의 내용과 교리를 충분히 이해하지 못하기에 북한이탈주민의 신앙생활은 표면적 종교생활에 그치는 경우가 적지 않다. 성경 내용과 교리의 이해 부족은 하나님의 말씀을 삶 속에 녹여 이를 실천하는 진정한 의미의 종교생활을 영위하기 어렵게 만든다. 그럼에도 불구하고 북한이탈주민들이 짧은 시간 안에 깊은 신앙을 가진 신앙인의 모습을 보이기도 하는데, 김진 선교사는 북한이탈주민들의 이러한 모습을 가능하게 하는 것이 교회에서 받은 교육과 그들이 한국 종교인으로부터 얻고자 하는 신뢰라고 증언했다.

> "북한 분들 보면 조금 신앙을 했어도 굉장히 신앙이 깊어 보이는 경우가 있어요. 왜냐하면 그런 교육을 받았었기 때문에, 신앙을 바꾼 다음에 기도시키면 굉장히 오랫동안 교회생활 하신 집사님처럼 기도하시는 분들이 있어요. 근데 진짜 깊어 보이고 굉장히 신앙이 가득해 보이는데, 사실은 안 그런 경우도 꽤 있거든요. (중략) 북한에서 오신 그런 분들이 선교사님하고 만나게 되잖아요. 그러면 일단은 선교사님이나 목사님이나 그런 분들한테 많이 신뢰를 해야 하거든요. 그리고 그분들을 통해 도움을 받기 때문에. 좀 겉으로 신앙생활을 잘하는 거를 보이려고 하는 경우도 있어요. 실제로 거듭나지 않은 분인데도, 그렇게 하는 경우가 있고. 그렇죠."
>
> (개신교 종교인, 김진)

(2) 신격화된 존재(김일성)의 허구성에 대한 경험

북한이탈주민들이 성경의 내용과 교리를 이해하기 어렵고, 그렇기 때문에 그것들을 삶 속에 녹여낼 수 없다는 점은 종교 수용의 큰 걸림돌로 작용한다. 한편 개신교에서 이야기하는 '신'의 존재에 대한 의심은 종교 수용에 있어 보다 근원적인 문제이다. 북한이탈주민은 북한을 이탈하는 과정에서 북한체제와 사상에 대하여 실망하고 그것을 부정한 사람들이 대부분이다. 북한의 주체사상과 개신교의 사상적 틀이 비슷하다는 점은 북한이탈주민이 개신교의 신을 받아들이는 데 있어 큰 걸림돌이 되기도 한다. 절대적이고 영원할 것 같던 '김일성' 지도자의 사망은 신적 존재에 대한 실망과 부정, 의심으로 이어져 개신교에서 말하는 또 다른 신을 받아들이기 어렵게 만든다.

"북한에서 김일성이라는 그 한 사람을 믿고 완전히 신격화하고 그런 사회였는데 사실은 94년도에 김일성이 죽었지만은 김일성이 죽기 전까지는 여기는 뭐 어느 대통령이 감기 증세로 뭐 어느 병원에 입원을 했다 그런 게 나오지만 북한은 지도자에 대한 그런 게 절대로 안 나와요. 이 사람이 항상 건강하고 햇빛 넘치는 밝은 이런 그림 같은 존재였는데 어느 날 갑자기 죽었어. 아프단 말도 없이 갑자기 뭐 김일성 동지께서 뭐 우리 곁을 떠나고 사망. 아, 그때 사람들이 그런 거죠. '아, 이 사람도 사람이구나 우린 이 사람을 죽지도 않고 앓지도 않고 뭐 아주 영적인 존재로 생각하였는데 이것도 역시 인간이었구나, 죽었구나.' 뭐, 그때부터는 신이라는 영적인 존재가 없어지는 거예요. 근데 여기 와서 우리가 본 사람도 가짜라고 봤는데 가짜라는 믿음이 있는데 지금 보이지도 않고 요르단 강을 넘어서 무슨 십자가에 못 박혀, 이거 뭐 저는 안 믿어져요."

(개신교 북한이탈주민, 김나리)

2) 종교생활과 종교적 실천에서의 갈등

(1) 개신교 체계에 대한 거부감

북한은 사회주의 체제를 기반으로 하면서도 정치적으로는 김일성 일가의 세습적 독재를 구축해 왔다. 북한 사회는 자연스럽게 매우 권위적이고 강압적인, 또한 감시와 통제가 많은 구조적 특징을 보인다. 개신교의 체계는 북한의 사회 체계와 유사한 부분이 많다. 개신교는 매우 조지화되어 있으며, 교회별로 그 세를 확장하기 위하여 교인에 대한 관리가 철저한 편이다. 특히 북한이탈주민 교인을 포섭하기 위해 많은 물질적 지원을 아끼지 않은 교회들은 이러한 관리가 더욱 철저하다. 이미 북한에서 권위적이고 강압적인 체계를 경험한 북한이탈주민들은 이와 유사한 개신교의 관리 체계에 반감을 느끼고 부담스러워 한다. 북한의 체제하에서 자유를 그리워하고 그 체제에 반감을 키워 온 북한이탈주민들에게 개신교의 시스템은 북한체제에 대한 기억들을 상기시켜 주는 것이다.

“북한의 이런 구조체제에서 있으셨다가, 비슷한, 그러니까 이걸 싫어하게 되거든요, 이분들이. 이런 구조체제를 혐오하잖아요. 그런데 교회에 와가지고 비슷한 체계를 요구한다고 할 적에 역반응이라 할 수 있거든요. 그래가지고 오히려 교회를 싫어하는 경우가 있죠. 도움이 되시는 분도 있겠지만, 안 되시는 분들도 있고.”

(개신교 종교인, 김진)

“교회 목사하고 북한의 초급당 비서하고 이름만 바꿔놓으면 똑같다고 막 이래요. 거기다가 저기 한국 교회 목사들이 좀 이렇게 권위적이고 이런 부분들이 많잖아요. 북한의 초급당 비서들이 자기는 당 간부고 권력자기 때문에 권위적이거든요. 거기에 너무 유사한 거예요. 근데 저도 선교사라고 하지만 그런 권위적인 사람 만났으면 저 하나님 부인했을 거예요.”

(개신교 북한이탈주민, 구자옥)

종교의 핵심이라 할 수 있는 회심은 개인 내적인 과정이다. 종교에 대한 자율적 접근과 참여가 보장되었을 때 회심과 같은 내적인 움직임과 동요가 올 수 있다. 종교적 예배 및 행사에 참여하는 것이 의무가 되고, 개인의 종교생활이 외부에 의해 관리되기 시작할 때, 개인의 내적인 종교성은 성숙할 기회를 잃게 된다. 이러한 경우 개신교의 피상적 교리만을 익힌 채 교회를 타인들과의 교류의 장으로 여기거나, 또는 아예 개신교와 교회를 거부하며 종교생활을 하지 않는 모습을 보이기도 한다. 여러 해 동안 종교생활을 시도하였지만 결국 지금은 종교생활을 하지 않고 있는 김나리의 경우는 후자의 경우에 해당한다.

"처음엔 그냥 멋모르고 다녔어요. (중략) 그런데 안 나오면 '왜 안 나오냐 목장예배 나와라 안 나오면 가정방문 하겠다 안 나오면 다음 주에 나오겠냐.' 이 뭐 너무 부담스러운 거예요. 일요일마나 '니, 가냐 안 가냐' 아침마다 나와서 '야 지금 차 왔는데 너 지금 나오라.' 이거는 완전 하나의 모임이에요. (중략) 여기 사람들은 오란 말 안 해도 막 그렇게 가는데 우리 탈북자들은 아니야. 그래서 대부분 말하는 거 보면 북한에서 그 생활이 싫어서 왔는데. 오라 가라 나와라 왜 안 오니 비판하고 그게 싫어서 왔는데 여기 교회가 딱 그거를 하는 거예요."

(개신교 북한이탈주민, 김나리)

(2) 개신교 의식의 생소함

북한이탈주민들에게 예배나 기도 등의 교회 의식들은 교리만큼이나 처음에는 생소하게 다가온다. 본인의 의지에 의해 자발적으로 종교에 접근한다고 하더라도 처음 접하는 교회 의식들은 북한이탈주민들에게 낯설고 접근하기 어려운 것들이다. 이들이 이러한 의식들을 계속 접하면서 본인의 것으로 만들고, 주변 종교인의 도움을 받아 제대로 배우기까지는 어느 정도 시간이 걸린다.

"아 그때는 안 되죠. 처음에는 기도가 뭔지 처음엔 중국에는 신자들이 오면 집사님들이 많이 도와줘요. 잘 모르기 때문에 주기도문하고 사도신경을 많이 외우라고 그리하면서 기도하시는 분들 잘하시는 분들을 붙여주더라고요. 근데 처음에는 그분들이 하는 말이 있더라고요, 나한테는 안 해도 하나님한테는 솔직해야 한다고 거짓이 없어야 한다. (중략) 그래서 처음에는 잘하든 못하든 기도만 하면 펑펑 울다 오던 때가 많았어요."

(개신교 북한이탈주민, 정혜옥)

(3) 자본주의사회에의 적응

북한이탈주민들이 한국에서 처음 경험하는 자본주의사회에서의 생활은 그들의 신앙 없는 종교생활을 크게 독려하기도 하고, 때로는 타국에서 활발하였던 종교생활을 소홀히 하게 만들기도 한다. 북한이탈주민들은 미래를 위하여 물질적 축적이 매우 중요하다고 생각하며 자신의 생존을 보장해 주는 물질(돈을 포함한)에 매우 집착한다. 한국 교회들은 북한이탈주민들의 선교를 위해 이러한 물질을 이용한다. 명절에 선물을 제공하거나 매달 교통비의 명목으로 일정 금액의 금전을 제공하기도 한다. 한국 교회들의 물질적 지원이 처음에는 북한이탈주민을 위한 인도적 차원이었다 하더라도, 여러 교회들이 경쟁적으로 물질적 지원을 내세우는 상황에서 그 순수성이 점차 사라지고 있다. 처음부터 교회를 내적 신앙을 키우는 마음의 안식처로서 순수하게 접하지 못한 북한이탈주민들의 경우 이러한 교회의 물질적 지원에 휘둘리고, 물질을 주된 목적으로 한 도구적인 종교생활의 모습을 보이기도 한다. 이들은 보다 많은 지원을 해주는 교회로 몰려가거나 물질적 지원을 받기 위해 여러 교회를 동시에 다니기도 한다.

면담자: "북한이탈주민들이 교회를 다른 교회를 옮기거나 하기도 하나요?"

정혜옥: "그런 게 많아요. 예를 들어 우리 공동체에서는 없는데 다른 공동체에서는 뭐가 막 나온다고 하면 막 그쪽으로 옮겨요. 제가 지금 ○○교회를 다니는데 (중략) 교통비는 지불해줘요. 그런데 다른 교회에서도 그만한 액수는 다 줘요. 그러니까 이건 뭐 가까운데 다니면 그 돈이 그대로 남잖아요. 가까운데 걸어서 다니면 운동도 되고 돈도 받고 그래서 멀리 다니던 사람들이 다 떨어져 나가는 거죠. 그리고 교회를 이번 주는 이 교회 다음 주는 저 교회 이렇게

우리 사람들이 없이 살아서 그런지 모르는데 어디서 뭐 준다 하면 다니는 거죠. 교회 갈 때 이 주는 이 교회 오겠다, 다음 주는 저기 가겠다, 이 교회에서 쌀 얼마에 돈 얼마 주고 또 그다음 교회에서 뭐를 얼마 주고, 이렇게 주는 거예요. 그런 거 때문에 이렇게 교회를 여러 군데 다니는 거죠."

(개신교 북한이탈주민)

"탈북자 선교를 하는 교회들이 대체로 알아요. 탈북자들이 이 교회가 아침 11시부터 12시까지 설교를 하고 저 교회가 3시부터 4시까지 설교를 하면 탈북자들이 주일에 3개, 4개 교회를 가요. 그래도 교인이니까 말을 못 하는 거죠. (중략) 그 사람들은 한 달에 15만 원도 벌고… 그러니까 이제 탈북자 어르신들 정말 올데갈데없고 정부에서 타는 돈이 적지요. 그걸로 뭐 집세 내면 없잖아요. 이런 분들이 가서 정말 죽었다고 앉아있는 거예요. 해바라기 하면서 그 일주일 동안 있었던 스트레스 풀고 수다 떨고 와 몰려가서 밥 먹고 그래요, 예배시간에 앉아 끄떡끄떡 졸고 이러고 온대요. 그리고 또 어떤 교회들이 있냐 하면 탈북 대학생들한테 장학금을 주는 교회들이 있어요. 이런 교회들은 이제 탈북자들이 어떤 사람들은 거기 장학금 타려고 가고 거기는 장학금도 주고 무조건 한 달에 10만 원씩 주고 그런 애들은 또 입소문을 내서 같은 동아리를 만들고 해요."

(개신교 북한이탈주민, 김나리)

자본주의사회에서의 생활이 종교생활에 영향을 미치는 경우는 종교를 내적으로 충분하게 수용하지 못한 북한이탈주민들에게만 나타나는 현상이 아니다. 북한이탈과정에서 개신교를 내적으로 수용하고 적극적인 종교활동을 하였던 북한이탈주민들에게 자본주의사회에서의 생활은 예상과 다른 양상의 영향을 미치기도 한다. 북한이탈과정에서 종교를 받아들이고 신앙생활을 시작하였던 북한이탈주민은 절박한 환경에서 매우 열성적이었던 종교생활이 한국에 정착한 후에는 조금 느슨해지는 것을 경험하였다고 증언했다. 이러한 종교생활이 느슨해지는 경험은 생명의 위협을 받지 않는 안정된 생활과 자본주의사회에서 미래를 위해 치중하게 되는 경제활동 및 학업에 의해 영향을 받는 것으로 주로 나타났다. 이 경우 북한이탈주민이 종교를 수용하여 내적 종교성을 유지하고 있다고 하더라도 그들의 종교생활은 남한 정착 전보다 약화될 수밖에 없다.

> "한국에 나오니까 게을러지는 건 있더라고요. 여기에 와서는 돈 때문에 돈 돈 하느라 새벽기도를 한번 해보기를 하겠나, 새벽에는 5시 조금 넘으면 저는 출발하거든요. 내 딴에는 혼자는 중얼거린다고 하지만 그래도 예배실에서 예배를 드리는 거 하고는 다르지요."
>
> (개신교 북한이탈주민, 정혜옥)

(4) 종교적 실천에의 소극적 참여

개신교의 헌금, 십일조, 선교 등은 하나님의 구원과 사랑에 한층 더 다가갈 수 있는 종교적 실천들이다. 이러한 종교적 실천들은 개인의 내적 종교성에 따라 달라지기 때문에 한국의 교인들과 마찬가지로 북한이탈주민의 종교적 실천은 매우 다양한 수준으로 나타난다. 이러한 개인차에도 불구하고 종교생활을 하는 대다수의 북한이탈주민들은 헌금이나 십일조, 선교 등의 종교적 실천에서 소극적인 면을 보인다. 신앙이 없이 교회의 물질적 지원이나 사교활동을 위하여 종교생활을 하는 북한이탈주민의 경우에 교리에 충실한 종교적 실천을 보이지 않는 경우가 대다수이다. 내적인 종교성을 가지고 있더라도 헌금 등의 소극적 실천은 하고 있지만 십일조나 선교 등의 적극적인 실천은 잘 하지 못하는 경우가 많다.

"어떤 교회들 가면 바구니를 돌리잖아요. 그러니까 천 원이라도. 그런데 그렇게 해도 못내는 분들이 있어요. 주로 보면은 연세 있는 분들. 그리고 반감 같은 거는 아닌데 부담이 있어가지고… 그 부담으로 교회 다니기 힘들어하는 (중략) 저 중국에 있을 때는 저 십일조를 했어요. 근데 한국에 와서는 진짜 그게 잘 안 되는 거죠. 고조 헌금만 하는 거죠. 마음은 우러나는데 그게 잘 안 되더라고요. 한국에는 뭐가 빠져나가는 게 많은 거예요. 보험도 들어야 되지 앞날을 위해서 뭘 해야 하지. 그러니까 그걸 월급을 가지고 메꾸지를 못하니까 그게 너무 아쉬워요."

(개신교 북한이탈주민, 정혜옥)

때로는 북한이탈주민들이 선교(전도)를 순수한 종교적 실천으로가 아니라 직업적으로 접근하는 경우도 있다. 교회에서 선교 일을 하면 그것을 직업으로 가지고 경제활동을 할 수 있기 때문이다. 이 경우 신앙이 내적으로 충만하지 않더라도 일단 시작하여 그 일을 하면서 종교에 더욱 빠져드는 경우가 많다고 한다.

"제가 보니까… 전도사쯤 되면 월급이 나오니까 교회에서 그걸 목적으로 전도를 하는 분들도 있고 (중략) 좀 쉽게 선교를 하면서 교회에서 지원도 받고… 그러는 과정에서 제 생각에는 초반에는 자기 믿음이 어떻게 되었든지 간에 처음에는 직장 구입도 안 되고 내가 도대체 이렇게 힘드니까 이쪽으로 뻗어보겠다. 그래서 처음에는 신앙 쪽으로는 별로 없으면서 시작은 했는데 하다 보니까 빠져든 사람들이 그런 사람들이 대부분 많아요."

(개신교 북한이탈주민, 정혜옥)

3) 종교공동체에서의 관계적 갈등

(1) 한국 교인들과의 갈등

중국에서 개신교를 접하였던 북한이탈주민들은 중국 교회의 따뜻함과 호의, 환영을 크게 기억하고 있다. 그렇기 때문에 이들에게 한국 교회는 중국 교회들에 비해 정과 사랑이 부족한 것으로 느껴진다. 북한이탈주민들은 자신들이 북에서 왔다는 이유 때문에 한국 사람들이 자신들을 어떻게 바라볼지에 매우 민감하여 한국 사람들에게 스스럼없이 잘 다가가지 못하는 경향이 있다. 그래서 북한이탈주민들은 한국 교회와 교인들이 자신들에게 좀 더 따뜻하게 다가오고 포용해 주기를 원하지만 한국의 대형 교회들은 그들의 욕구를 채워 주기에는 부족한 모습들을 보인다.

> "중국에 왔을 때 만난 선교자들은 탈북자들 돕기 위해서 있는 사람들이라고. 탈북자들을 위해 헌신하는 사람들이기 때문에 낮이고 밤이고 이야기 들어주고, 막 이렇게 하는데. 그래서 아~ 정말 예수 믿어야 되겠다, 정말 쓸 만한 사람들이다. 이렇게 생각하고 꿈을 안고 한국에 오잖아요. 그런데 하나원에서 끝나고 나오잖아요. 교회 찾아오잖아요. 아무도 자길 위해서 있는 사람이 없잖아요."
>
> (개신교 종교인, 신종하)

> "한국 교회들이 너무 사랑이 없더라고요. 제가 젤 첨에 느낀 게 그거였어요. 중국은 있지 주일날 아침에 딱 환영한다고 써서 입구에 두 분이 서 있거든요. 그래서 이렇게 안내를 해서 들어가거든요. 그리고 낯선 분이 교회로 들어오는 경우에는 너무 친절하게 해주는 거예요. (중략) 한국에 와서는 교회에서 처음에 저 1년 동안에는 뻣뻣이 다녔어요. 그저 목사님들에게만 인사하고 저희 팀에서만 앉아서 얘기하고. (중략) 그런데 어느 날인가 그게 아니였어

요. 그분들은 우리가 다가오기를 기다렸던 거예요. 그런데 1년 동안 저는 너네 우리를 당기지 않는데 왜 내가 먼저 다가가 이렇게 그게 이렇게 우리 자존심이고 우리는 탈북이라는 그 단어 하나를 하나 앞에 막아 놓고 그거를 넘어가려고 못하더라고요."

(개신교 북한이탈주민, 정혜옥)

대형 교회들에서는 담임 목사들이 주기적으로 바뀐다는 점도 북한이탈주민들이 한국 교회에 느끼는 아쉬움이다. 담임 목사들의 주기적인 교체는 북한이탈주민들이 교회에 더 정을 붙이고 종교생활을 잘 유지해 나가는 데 있어서 방해 요인으로 작용한다.

"근데 ○○교회는 2년에 한 번씩 목사님이 바꾸더라고요. 그래서 아이들이 조금 적응될까 하면 딱 바뀌고 딱 바뀌고 그게 너무 섭섭하더라고요. 그리고 저는 목사님이 새로 오시면 '목사님 저희 사람들 좀 안아 주세요. 손 잡아 주세요' 해요. 우리는 그거 있어요. 북한에는 상급이 내한테 와서 손 잡아 주면 그 손이 아까워서 손을 안 씻을 정도로 그 상급한테 내가 인정받는구나. 그런 게 있어요. 그래서 우리 사람들이 손 잡아 주는 것을 너무 좋아해요. 포옹해 주는 것은 더 말할 것도 없고. 그래서 제가 저희 목사님들한테 '우리 어르신들 손 잡아 주세요.' 하고."

(개신교 북한이탈주민, 정혜옥)

북한이탈주민들이 인식하는 한국 교인들은 그들에게 더 많은 것을 베풀어 주려고 하는 고마운 분들이다. 하지만 가끔은 서로 말의 어감이 다른 데서 오는 오해와 갈등이 존재한다. 이는 언어 차이에서 오는 것이기도 하지만, 상대의 반응에 자신의 부족한 면을 먼저 생각하는 북한이탈주민들의 자격지심에서 오는 것이기도 할 것이다. 한국 교인들이 무심결에 묻는 가족에 대한 이야기도 북한이탈주민들에게는 큰 불편함과 심리적 상처를 야기한다.

면담자: "그러면 혹시 교회 안에서 한국 분들과의 갈등 같은 것이 있나요?"

정혜옥: "그런 건 별로 없어요. 왜냐면 한국 분들은 항상 저희들을 뭔가 채워 주고 싶어 하는 그런 마음을 많이 가지고 있기 때문에 그런 갈등은 없어요. (중략) 그런데 북한말하고 한국말이 너무도 차이가 있어요. 그래가지고 그 말 한마디에 우리가 상처를 입어요. 그분들은 그런 의미에서 그렇게 말한 게 아닌데 받아들이는 우리는 그게 아닌 거예요. (중략) 우리는 새터민인데 우리는 못 배워 와서 우리는 뭔가 부족해서 이걸 나 자신을 부족한 면을 자꾸 씌워 놓기 때문에 그걸 받아들이는 걸 까다롭게 받아들여져요. (중략) 근데 우리끼리 통화할 때는 '너 이번 주 왜 안 왔어?' 이렇게 해도 우리끼리는 별로 문제 않고 그렇게 넘어가는데. 한국 분들이 '왜 이번 주 안 오셨어요?' 그러면 그게 이상하게 들리는 거지? 딱 '내가 가야 되나?' 내가 안 갔는데 어떻다고 이렇게 말 한마디에 상처를 받는 거죠. 헤쳐 놓고 보면은 별 그런 게 아닌 건데 상처를 받아서 교회를 떠나는 경우도 종종 있고."

(개신교 북한이탈주민)

"우리 새터민 같은 경우에는 가족을 헤치면 다 아픈 상처가 있어가지고 가족만 헤트리면 울고 싶어 하는 그 마음이 제일 있어요. 저는 이렇게 물어보면은 '왜 남의 신분 캐묻지?' 그러면 '아니요', 그러고 낯 색이 싹 굳어지고 그러면 그 상대방이 더 못 물어보죠."

(개신교 북한이탈주민, 정혜옥)

(2) 북한이탈주민 교인들과의 갈등

북한이탈주민들은 북한에서와 이탈과정에서 극심한 빈곤과 생존적 위기를 경험한 사람들이 대부분이다. 그래서인지 북한이탈주민들은 자신의 생명을 유지시켜 줄 물질적 자원들에 굉장히 민감하다. 또한 하루하루 생존의 위기에 직면한 과거의 경험들 때문에 오늘만이 아닌 내일의 생존을 위해 물질적 자원 축적에 노력한다. 이들은 자연스럽게 교회에서 주는 물질적 자원에 민감해지며 그 경쟁자인 다른 북한이탈주민이 가져가는 자원들에 특히 예민해진다. 이러한 점은 북한이탈주민 교인들 간의 갈등에서 가장 큰 비중을 차지함이 증언되고 있다.

> "한 달에 한 번 모이는데 거기에 예배 끝나면 선물을 줘요. 뭔가 크든 작든 근데 이제 뭐 그 상품이 똑같을 수만은 없잖아요. 똑같으면 별 문제가 없는데 뭔가 섞여 있을 때는 다 그 좋은 거 그리고 이렇게 다니다 보면 거기 목회하시는 분들 리더십에 있는 분들이 뭔가 나를 생각해서 좀 내놨다가 나를 좀 주면 그게 그렇게 상처가 되는 거야. 왜 쟤는 저라고 나는 이러지. 그리고 어디서 초대를 했다, 그러면 초대를 못 받은 아이는 또 상처받고… (중략) 우리는 없이 살았기 때문에 아직도 한 끼 먹으면 다음 끼를 걱정했던 그 기억이 있어가지고 이만한 데서 만족을 못 느끼는 거죠. 아직도 여기 꽉 차 있어야 하는데 차지 않는 그게 있어가지고 자꾸 쌓여놓고 싶은 것. 그리고 우리가 또 받는 거는 좋아하는데 베푸는 거는 좋아하지 않아요."
>
> (개신교 북한이탈주민, 정혜옥)

북한이탈주민 교인들의 모임에서 개인적으로 느낄 수 있는 소외감도 북한이탈주민이 교회 내에서 받을 수 있는 관계적 갈등이 된다. 북한이탈주민 교인들과의 모임에서 소외감을 느끼게 되면 자연스럽게 교회의 모임이나 활동에 참여하는 빈도가 줄어들고 다양한 종교활동에도 관심이 줄어들게 된다.

"그리고 조금 관심이 미쳐 못 돌아간다 하면은 '아 이 교회에서는 내가 없어도 될 존재구나' 이렇게 스스로 가는 아이들 실지로는 그것이 아닌데. 사람 많다 보면 이렇게 조금. 우리도 친구들끼리 이렇게 있으면 한 사람씩 이렇게 묻혀 가는 사람 있잖아요. 그런 사람을 실지로는 따돌리는 경우는 아니었는데 이렇게 막, 말을 하다 보면은 자기하고 말하려고 했는데 이 사람하고 말했어. 그리고 이 사람이 끝이 나면 또 이 사람하고 말을 했어 그러면 '아 나는 여기에 끼여 있어야 할 존재가 아니구나' 하고 이렇게 하니까."

(개신교 북한이탈주민, 정혜옥)

3. 북한이탈주민의 신앙 유형

이 연구에서는 Allport와 Ross(1967)의 종교 성향에 기반하여 두 가지 차원에서 북한이탈주민의 신앙 유형을 분류해 보고자 시도하였다. 먼저 하나는 내재적 차원이다. 내재적 종교 성향은 삶의 동기를 종교에서 찾으며, 종교적 믿음과 삶의 규율 사이에 균형을 이루고, 종교를 생활화하는 경향이다. 다른 하나는 외현적 차원이다. 외현적 종교 성향은 도구적 유용성에 가치를 두어 종교를 사용하는 경향을 뜻한다. 전반적으로 살펴볼 때, 내재적 종교 성향인은 성숙하고 건강한 종교 성향을 지니고 있고, 외현적 종교 성향인은 미숙하고 건강하지 못한 종교성을 갖는다고 한다(최영민 외, 2002).

이를 토대로, 이 연구에서는 면담을 통해 드러난 북한이탈주민의 신앙 유형을 네 가지로 분류하였다. 이러한 네 가지 신앙 유형은 Hood(1970)에 의해 개발된 사분면 형태로 표 4-1과 같이 표현할 수 있다.

표 4-1 Hood(1970)의 네 가지 신앙 유형

		내재적(x) 차원	
		낮음	높음
외현적(y) 차원	높음	외현적 성향	친종교적 성향
	낮음	반종교적 성향	내재적 성향

표 4-2 북한이탈주민의 네 가지 신앙 유형

		내재적 종교 성향	
		낮음	높음
외현적 종교 성향	높음	도구적 이용형(2)	적극적 몰입형(1)
	낮음	회의적 냉담형(3)	본질적 회심형(4)

개인의 내재적 성향도를 x, 외현적 성향도를 y라고 하고 전체 내재적 성향도의 중앙치를 X, 전체 외현적 성향도의 중앙치를 Y라고 한다면, 1사분면($x>X$와 $y>Y$)은 친종교적 성향, 2사분면($x<X$와 $y>Y$)은 외현적 성향, 3사분면($x<X$와 $y<Y$)은 반종교적 성향, 4사분면($x>X$와 $y<Y$)은 내재적 성향으로 분류된다(최영민 외, 2002). 이는 종교활동에 참여하는 의도와 내용에 있어 하나님의 말씀에 따라 살기 위해 종교에 참여하는지, 아니면 종교를 목적 달성의 과정으로 활용하는지에 따라, 즉 진정성과 목적성의 측면에서 그 정도의 높고 낮음에 따라 다시 나뉘는 것이다.

이 연구에서는 위에서 제시한 내재적 차원과 외현적 차원의 종교 성향이 높고 낮음에 따라, 네 집단 유형으로 구분하고 그 성격에 따라 다음과 같이 명명하였다. 즉, 첫째, 내재적 종교 성향과 외재적 종교 성향 모두 높은 '적극적 몰입형', 둘째, 내재적 종교 성향은 낮고 외현적 종교 성향은 높은 '도구적 이용형', 셋째, 내재적 종교 성향과 외현적 종교 성향 모두 낮은 '회의적 냉담형', 넷째, 내재적 종교 성향은 높고 외현적 종교 성향은 낮은 '본질적 회심형'으로 나누어 보았다. 표 4-2에서 제시한 각 북한이탈주민의 신앙 유형을 구체적으로 설명하면 다음과 같다.

(1) 적극적 몰입형

첫 번째 유형은 목적성을 지니고서 종교생활을 유지하지만 진정으로 신앙을 받아들이는 유형이다. 이들은 처음에 종교가 그들에게 생존 문제를 해결해 주었기 때문에 신앙을 갖게 되었지만, 회심의 과정을 거쳐 신앙생활을 지속적으로 성실하게 유지하는 사람들이라고 할 수 있다. 이 중에는 '기적'의 체험을 주장하는 사람(구자옥)도 있고 직접 교회를 건립한 사람(신종하)도 있다. 이들은 탈북과정에서, 그리고 정착 이후에 종교의 도움을 많이 받고 신앙이 성장하여 종교활동에도 적극적으로 참여함으로써, 이제는 주도적으로 신앙생활을 유지하고 또 다른 사람에게도 영향력을 미치고 싶어 한다.

하나님을 마음에 둔 충만한 내재적 종교 성향을 지닌 동시에 외적 활동에도 성실히 참여한다. 두 가지 종교 성향이 모두 높기 때문에 신앙을 삶으로 끌어오려는 능동적인 시도를 하거나 신앙을 중심으로 생활을 편성하려는 노력도 전개하고 신앙생활과 개인생활 사이의 균형을 이루고자 한다.

(2) 도구적 이용형

두 번째 유형은 중국에서부터 종교를 알게 되었고, 한국에서도 오랫동안, 그리고 정기적으로 종교활동에 참석하고는 있지만, 그 목적을 신앙이나 하나님이 아닌 생활상의 필요와 유용성에 두고 있는 북한이탈주민에게서 나타난다. 북한이탈주민 중에서 가장 많은 부분을 차지할 것으로 추측되는 이 유형은 면담에서도 나타났다. 이 유형의 사람들은 종교를 가졌다고 해서 신앙이 깊다고 볼 수 없다. 종교행사에 참석하는 이유가 교회에서 사람을 만나면서 외로움을 극복하거나 장학금 등의 지원금을 받는 등 종교를 도구적 목적으로 활용하는 사람들이 여기에 포함된다.

면담 참여자 중에 이 유형에 속하는 북한이탈주민은 구체적으로 드러나지 않았지만 구자옥 역시 이 단계를 거쳤고, 박강식의 증언에서도 이런 유형의 북한이탈주민이 많다는 것을 알 수 있었다. 신종하 목사와 김진 선교사의 증언 역시 북한이탈주민뿐만 아니라 종교를 믿는 대부분의 사람들이 이 유형일 것이라고 말했다. 이 유형은 내재적 종교 성향은 매우 낮으며 외현적 종교 성향은 높다. 이들이 종교활동을 한다면 종교의 이점을 활용하기 위함이라 말할 수 있다.

(3) 회의적 냉담형

이 유형은 종교에 대해 큰 의미를 가지거나 종교생활의 의의를 느끼지 못하기 때문에 내재적 종교 성향은 낮으며, 종교를 외적 활용도에 의해 선택하는 성향도 낮다. 이들은 '도구적 이용 유형'의 사람들처럼 적극적으로 나타나지 않는다. 종교의 본질이나 종교 제도에 대해 회의적일 수도 있다. 이 유형에 속함에도 불구하고, 종교나 믿음 때문이 아니라 그 활동 자체의 질을 고려했거나 주위 사람들의 권유에 의해 비정기적으로 종교활동에 참여하는 북한이탈주민도 있다.

'직장이나 학교 등 생활이 바쁘다'는 이유와 같은 외부적 요인에 의해 종교활동에 정기적으로 참여하지 못하면서 신앙에 부담을 느끼거나, 신앙에 대해 회의적이게 된 경우가 여기에 속한다. 박강식과 송아연이 이 유형의 대표적인 예이다. 송아연의 말처럼 탈북과정에서는 그렇게 애타게 찾던 하나님이었지만 막상 남한 생활에 적응하는 과정에서는 예전만큼 하나님을 찾지 않고 오히려 때에 따라서는 부담으로 느껴진 적도 있다고 했다. 먹고살아야 하는 문제, 학교 공부와 시험 때문에 생활이 바빠졌지만 종교적 생활이 나태해졌음을 깨닫고 스스로를 꾸짖기도 했다. 그런 일상의 일들은 '다 욕심이고 하나님 앞에 내려놓아야' 한다고 말하지만, 현실적으로는 하나님을 찾는 활동에 소홀해질 수밖에 없다.

북한에서부터 하나님을 알고 10년이 넘게 교회를 다닌 박강식도 일할 때는 워낙 바빠서 교회 갈 시간이 없다고 말했다. 그런 날에는 따로 기도를 하거나 성경 공부를 한다고 했다. 마음속에는 언제나 하나님을 모시고 있지만 '믿음이 충만할 때와 그렇지 않을 때의 기복'이 있다고 한다.

(4) 본질적 회심형

신앙 유형 중에는 우선 종교에 빠져드는 사람들이 있다. 신앙 및 종교와 관련한 초기 경험은 모든 북한이탈주민들이 공통적으로 공유하는 것이기는 하다. 그렇지만 본질적 회심형에 속하는 사람들은 회심의 측면에서 깊은 경험을 하였고, 일상에서도 종교적 사명감을 가지고 임한다고 볼 수 있다. 대표적으로 신경숙과 박 여사 등을 들 수 있다. 이 두 사람은 일상과 종교가 일체된 삶을 살고자 하여, 겉으로 드러나는 것에 구애되지 않고 종교 본연의 모습에 더 이끌려 하는 유형이라고 할 수 있다.

박 여사는 처음에 개신교를 접하였지만, 후에 불교로서 자신의 종교를 적극적으로 선택해 간 경우에 속한다. 떠들썩한 모임을 즐기거나 종교적으로 드러내기보다 조용히 자신의 종교를 삶 속에서 구현하고자 한다.

신경숙 역시 천주교인으로서 일상의 삶을 살고 있다. 그녀는 자신과 가족의 삶을 위해 의도적으로 성경과 자신 및 가족의 삶을 연결시키며 삶 속에서 하나님을 찾으려 노력한다. 그 결과, 현재는 하나님의 말씀대로 살아가는 회심을 경험한 신앙인으로 거듭났다. 교리에 따라 생활을 추구하며, 직장과 동네에서 사람들에게 자신의 물건을 나누어주며 봉사를 실천하고 있다. 두 참여자 모두 내재적 종교 성향이 높고 외현적 종교 성향은 낮은, 종교적 삶을 일상으로 끌어들인 유형에 속하는 사람들이라고 볼 수 있다.

제5장

북한이탈주민과 종교의 영향

1. 북한이탈주민의 종교생활 및 종교성 실태

1) 종교 유무 및 참여 정도

이 장에서는 북한이탈주민을 대상으로 조사한 설문조사 내용을 가지고 그들의 종교생활과 경험에 대해 알아보고 이것이 면접자료를 통해서 나타난 바를 얼마나 뒷받침하는지 파악하고자 시도하였다. 표 5-1에서 보듯이 설문에 응답한 북한이탈주민 총 305명 중 만 18세 이상 응답자 294명을 대상으로 현재 종교에 대해 알아본 결과,[1] 무응답 7명을 제외한 287명 중 종교가 있는 사람이 79.1%, 없는 사람 20.9%였다. 종교가 있는 사람 중 약 47%는 개신교, 약 28%는 천주교, 나머지 4%는 불교 및 다른 종교를 가지고 있었다.

제3장에서 언급된 바와 같이 북한이탈주민들은 개신교의 적극적인 선

1 18세 미만 미성년 응답자 11명의 사례는 사회 적응의 차원이 성인들과 다를 것으로 예상되어 분석에서 제외하였다.

표 5-1 북한이탈주민의 현재 종교

구분		빈도(명)		비율(%)
종교 있음	개신교	227	134	46.69
	천주교		81	28.22
	불교 및 기타		12	4.18
종교 없음		60		20.91
총합		287		100

교활동 덕분에 탈북과정과 남한 정착과정에서 개신교에 접한 경우가 많았고 이들이 개신교를 종교로 유지한 경우가 가장 많았다. 2005년 기준 한국 인구의 53.08%는 종교가 있고, 나머지 46.9%는 종교가 없다(통계청, 2005). 같은 통계에서 종교가 있는 사람들 중 43.0%(총인구의 22.8%)는 불교, 34.5%(총인구의 18.3%)는 개신교, 20.6%(총인구의 10.9%)는 천주교 인구이다. 이러한 비율에 비교해 볼 때, 이 연구에 참여한 응답자 중 종교가 있는 북한이탈주민의 비율이 높은 편이고, 특히 개신교 신자인 북한이탈주민의 비율이 매우 높은 편이다. 이러한 비율은 이 연구가 종교기관이나 종교인을 통해 설문 응답자를 편의 표집했기 때문이므로 북한이탈주민 집단 전체의 비율을 의미하는 것은 아니라는 점을 유념해야 한다.

먼저 북한이탈주민이 종교를 가지고 있을 확률에 영향을 미치는 사회인구학적 특성을 알아보았다. 성별, 연령, 결혼 지위, 탈북 이후 기간, 남한 입국 이후 기간 등의 배경 특성이 종교 유무와 관련이 있는지 표 5-2에서 살펴본 결과, 관련이 있는 변수는 연령과 입국 후 기간이었다.[2] 연령이 1세 높아질수록 종교를 가지고 있을 확률이 3% 증가하였고(OR=1.03, p=.057), 입국 후 기간이 1년 증가할 때마다 종교가 있을 확률은 11% 감소하였다

2 사회인구학적 중 교육 수준을 인민학교, 고등중학교, 대학교로 집단화하여 모델에 투입하였으나 유의한 영향력이 없어서 모델 간결성을 위해 이후 분석에서는 제외하였다.

표 5-2 종교 유무에 대한 로지스틱 분석 결과(N=292)

	종교 유무			
	회귀계수	표준오차	승산비(OR)	z
성별(1=여성)	.40	.31	1.50	1.31
연령(세)	.03	.02	1.03	2.33*
결혼 지위(1=기혼)	-.39	.31	.68	-1.24
탈북 후 기간	.02	.03	1.02	.52
입국 후 기간	-.11	.06	.89	-2.02*
상수	.27	.54	1.32	.51
F	15.04***			

$^{*}p<.05$, $^{***}p<.001$

(OR=.88, p=.026). 즉, 연령이 높은 층에서 종교를 가지고 있는 비율이 더 높고, 남한에 입국한 초기에는 종교가 있을 확률이 높다가 남한에서 사는 기간이 길어질수록 종교가 있을 확률이 낮아지는 것으로 해석된다. 여성이 남성에 비해 종교를 가질 확률이 높을 것으로 예상하였는데 이 연구에서는 유의한 차이가 발견되지 않았다.

종교가 있다고 한 227명을 대상으로 언제부터 종교가 있었는지 질문한 결과, 57명이 그 시기에 대해 응답하지 않았고 170명만 응답하였다. 종교를 가진 시점에 대한 질문이 북한이탈주민에게는 다소 민감한 사항일 것이다. 북한에서는 종교활동을 금지하는 것이나 마찬가지로 이탈과정에서도 종교(인)를 접하는 것이 이후 문제의 소지가 발생할 만한 일이기 때문이다. 면접조사에 참여했던 연구 참여자들이 대체로 이탈과정에서 종교를 접하였던 것에 비해 설문조사에서는 그 응답 비율이 높지 않았다. 표 5-3에서 보듯이 응답한 사람 중 북한에서부터 종교가 있었다고 한 경우가 3명(1.8%), 이탈과정에서 접했다고 한 경우가 31명(18.2%), 남한에서 종교를 갖게 되었다고 응답한 경우가 131명(77.1%)으로 대다수는 남한에 정착한 이후 종교를 가지게 되었음을 알 수 있다.

표 5-3 종교를 가진 시기(N=227)

구분	빈도(명)	비율(%)
북한에서부터	3	1.76
이탈과정에서	31	18.24
남한에서부터	131	77.06
기타	5	2.94
총합	170	100

주: 무응답 57명

표 5-4 신앙생활 수준에 대한 주관적 평가(N=226)

구분	빈도(명)	비율(%)
열심히 하지 않음	20	8.85
믿음이 약함	42	18.58
보통 수준	86	38.05
약간 열심히 함	48	21.24
매우 열심히 함	30	13.27
평균(표준편차)	3.11(1.13)	범위 1~5

종교가 있다고 응답한 사람들의 경우 스스로 자신의 신앙생활에 대해 평가한 결과, 표 5-4에서 보듯이 평균은 보통 수준에 해당하는 3.11점이었다(범위는 1~5점). 자신의 열심 정도가 보통이라고 한 응답이 38.1%로 가장 많았고, 약간 열심(21.2%)이거나 매우 열심(13.3%)인 경우가 합쳐서 34.5%이고, 보통 이하라고 응답한 사람이 27.4%였다. 자신의 신앙생활에 대한 주관적인 평가는 고루 분포되어 있음을 알 수 있다.

종교 시기와 신앙생활 수준에 대한 주관적 평가 간 연관성을 살펴보았는데, 종교를 가진 시기와 주관적 신앙생활 수준 간에는 유의한 연관성이 나타나지 않았다. 또한 종교의 유형과 신앙생활 수준에 대한 주관적 평가 역시 유의한 차이가 나타나지 않았다. 즉, 개신교, 천주교, 불교 신자들 간에 신앙생활을 얼마나 열심히 하는지에 대한 스스로의 평가에는 통계적으로 유의한 차이가 없다.

표 5-5 종교 모임 참여 정도

구분(회)	빈도(명)	비율(%)
수회/1주	32	14.16
1회/1주	128	56.64
1회/2~3주	19	8.41
1회/1개월	21	9.29
1회/2~3개월	10	4.42
아주 드물게	16	7.08
총합	226	100

주: 무응답 2명

표 5-6 종교를 가진 시기와 종교 모임 참여 정도(N=161)

구분	평균	표준편차
북한에서부터	7.33[ab]	.58
이탈과정에서	7.00[a]	1.05
남한에서부터	5.95[bc]	1.92
F	4.83**	

주: a, b, c는 집단 간 차이를 나타냄; $^{**}p<.01$

종교 모임에 얼마나 자주 참여하는지를 질문한 결과, 표 5-5에서처럼 1주일에 1회라고 한 응답자가 56.7%, 1주일에 2회 이상이 14.2%, 1개월에 1회가 9.3%의 순으로 나타났다. 1개월에 1회 이상 참여하는 사람은 88.5%로 대다수의 응답자가 현재 주기적으로 종교 모임에 참석하면서 종교활동을 하고 있는 사실을 알 수 있다. 종교는 가지고 있지만 아주 드물게 종교 모임에 참석한다고 한 응답자들은 7.1%였다.

종교 모임에 얼마나 자주 참여하는지 그 빈도를 빈도가 낮은 것부터 높은 순으로 1~8점(1-1년에 1회 이하~8=1주일에 여러 번)으로 서열화한 후, 종교를 가진 시기에 따라 종교 모임 참여 빈도가 달라지는지를 알아보았다. 표 5-6과 같이, 종교 모임에 참여하는 빈도는 언제부터 종교를 가졌는지에 따라 통계적 차이가 있었다. 현재 종교 모임에 가장 빈번하게 참여하는 집단은 북한에서 종교를 가진 사람들로, 남한에서 종교를 가진 사

표 5-7 종교활동 여부(N=218)

구분	빈도(명)	비율(%)
있다	33	15.14
없다	185	84.86

표 5-8 헌금에 대한 생각(N=199)

구분	빈도(명)	비율(%)
신앙의 표현	154	77.39
기복적 특성	18	9.05
종교적 의무	21	10.55
기타	6	3.02

람들이나 이탈과정에서 종교를 가진 사람들에 비해 종교 모임 참여 빈도가 더 높았다.

종교를 가지고 있는 사람들 중에서 주기적으로 예배 등에 참석하는 것 외의 활동을 하고 있는지를 알아보았다. 표 5-7에서 보듯 찬송대 등과 같이 실제 기관에 소속된 자발적 혹은 의무적 활동을 하고 있는지에 대한 질문에는 15%의 응답자가 현재 하고 있는 종교활동이 있다고 응답하였다. 성가대, 찬송대, 찬양대 등의 활동을 한다고 응답한 사람이 18명으로 가장 많았고, 그 외는 자모회, 예배지원, 유치부 지원 등의 응답이 있었다.

종교가 있는 사람들을 대상으로 헌금에 대한 생각을 질문한 결과는 표 5-8과 같다. 응답자의 대다수인 77.4%는 헌금을 신앙을 표현하는 방법이라고 응답하였고, 약 9%는 헌금의 기복적 성격(많이 할수록 복을 받는다)에 대해 언급하였으며, 약 11%는 종교적 의무라고 응답하였다.

2) 종교 교리 이해도와 종교 선호성

자신의 종교가 가진 교리에 대해 어느 정도 알고 있는지에 대해 질문한 결과는 표 5-9와 같다. 응답 평균은 보통 수준인 3.03점이었다. 범주별로 보면 보통 정도라고 한 응답자가 40.3%, 어느 정도 혹은 매우 잘 알고 있다고 응답한 경우가 약 30%이고 별로 혹은 거의 알지 못한다고 한 경우 역시 약 30% 정도였다. 종교의 교리에 대한 이해도 역시 골고루 분포되어 있음을 알 수 있다.

자신의 종교 교리에 대한 이해도가 종교를 가진 시기에 따라 다른지를 알아본 결과는 표 5-10과 같다. 북한에서 종교를 가진 사람과 이탈과정에서 종교를 가진 사람들의 이해도가 상대적으로 높았고, 남한에서 종교에 입문한 사람들의 이해도가 상대적으로 낮았다. 남한에서 종교를 가진 사람들은 북한이나 이탈과정에서 종교를 가진 사람들에 비해 상대적

표 5-9 종교 교리 이해도(N=226)

구분	빈도(명)	비율(%)
거의 알지 못함	15	6.64
별로 알지 못함	52	23.01
보통	91	40.27
어느 정도 알고 있음	47	20.80
매우 잘 알고 있음	21	9.29
평균(표준편차)	3.03(1.04)	범위 1~5

표 5-10 종교를 가진 시기와 종교 교리 이해도(N=161)

구분	평균	표준편차
북한에서부터	3.67[ab]	1.53
이탈과정에서	3.45[a]	1.02
남한에서부터	2.88[bc]	.93
F	4.69*	

주: a, b, c는 집단 간 차이를 나타냄; $^{*}p<.05$

표 5-11 종교(인) 선호에 대한 주관적 인식: 회귀분석 결과

	모형 1		모형 2	
	회귀계수	표준오차	회귀계수	표준오차
성별(1=여성)	.07	.12	.01	.14
연령(세)	.01	.00	.01	.01
결혼 지위(1=기혼)	.10	.11	-.07	.14
탈북 후 기간	.01	.01	-.00	.02
입국 후 기간	-.03	.02	-.03	.03
종교: 천주교	-.19	.12	-.02	.14
종교: 불교	-.27	.25	-.23	.27
종교: 무교	-.91***	.16	-	-
믿은 시기: 이탈과정에서			-.36	.46
믿은 시기: 남한에서			-.90*	.44
상수	2.64***	.22	3.41***	.51
F	5.99***		2.23*	
adj. R^2	.14		.07	
N	256		147	

주: 종교의 준거집단은 개신교이며, 믿은 시기의 준거집단은 북한에서 믿은 사람들임;
$^{*}p<.05$, $^{***}p<.001$

으로 최근에 종교를 가진 것이며, 이러한 결과는 종교를 가진 시기 혹은 기간과 교리 이해도가 유의한 상관관계가 있음을 시사한다. 북한이나 이탈과정에서 종교를 가진 사람들은 더 열악한 환경에서 종교생활을 하였고 교리에 대해 직접적인 교육을 받을 기회가 더 적었을 수도 있는데, 이들의 이해도가 더 높다는 점은 역경 속에서 더 절실하고 강력한 종교경험을 하고 더 열심히 종교생활을 했을 가능성을 엿보게 한다. 또한 이들은 남한에서 온 이후 종교를 가진 사람들보다 종교생활을 한 기간이 상대적으로 길기 때문에 그만큼 종교 교리에 대한 이해도가 높은 것일 수도 있다.

다음은 종교(인) 선호에 대해 질문한 결과, 평균 2.91점으로 5점 척도의 중간 정도에 해당하는 점수가 나타났다. 종교(인) 선호성은 자녀 배우

자, 사업파트너, 정치지도자에 대해 같은 종교를 가진 사람을 선호하고, 자녀 대상의 종교교육을 중요하게 생각하며, 종교지도자나 같은 종교를 가진 사람은 신뢰할 수 있다고 생각하는 성향을 의미한다.

종교(인) 선호성에 대한 주관적 인식이 종교 유무 및 종교의 유형에 따라 차이가 있는지를 회귀분석모형으로 분석하였다. 성별, 연령, 결혼 지위, 탈북 후 기간, 입국 후 기간 등을 통제한 후 모형 1에서는 종교 유무 및 유형에 따른 차이를, 모형 2에서는 종교가 있는 사람들 중 종교를 믿기 시작한 시기에 따른 차이를 비교하였다.

표 5-11에서 분석 결과를 보면, 종교(인) 선호에 대한 주관적 인식은 종교가 있는 사람과 없는 사람 사이에서만 유의한 차이가 있다. 종교가 없는 사람들이 개신교 신자들에 비해 종교(인) 선호에 대한 주관적 인식 점수가 .90점 더 낮은 것으로 나타났다(개신교 신자들의 평균 점수는 3.01점임).

종교가 있는 사람들만을 대상으로 한 모형 2에서는 북한에서 종교를 가진 사람들에 비해 남한에서 종교를 가진 사람들의 종교(인) 선호성 점수가 .90점 더 낮은 것으로 나타났다(북한에서 종교를 가진 사람들의 평균 점수는 3.60점임). 즉, 동일 종교(인)에 대한 선호, 종교지도자나 같은 종교를 가진 사람들에 대한 신뢰, 종교 예식이나 종교교육에의 동조성 등을 나타내는 종교(인) 선호성은 남한에서 종교를 가진 사람들이 이탈과정에서 입문한 사람들보다 더 낮았다. 즉, 개신교인에 비해 종교가 없다고 한 사람들의 종교(인)에 대한 선호성이 낮았고, 종교가 있는 사람들 중에는 남한에서 종교를 처음 가진 사람이 북한이나 이탈과정 중에서 종교를 처음 가진 사람에 비해 종교(인)에 대한 선호성이 낮은 것으로 나타났다.

3) 종교의 기능과 외현적·내재적 종교 성향

종교의 기능에 대한 주관적 인식은 종교의 실용적 가치나 내면적 가치에 대해 동의하는 정도를 의미한다. 표 5-12에서 응답자들의 종교의 기능에

표 5-12 종교의 기능에 대한 주관적 인식(N=256)

집단 구분	평균	표준편차	F
개신교	3.46[a]	.61	13.90***
천주교	3.17[b]	.55	
불교 및 기타	3.61[ab]	.66	
무교	2.79[c]	.61	
전체	3.37	.61	

주: a, b, c는 집단 간 차이를 나타냄; ***p<.001

표 5-13 종교의 기능에 대한 주관적 인식: 회귀분석 결과

	모형 1		모형 2	
	회귀계수	표준오차	회귀계수	표준오차
성별(1=여성)	-.03	.09	-.02	.11
연령(세)	-.001	.003	.00	.00
결혼 지위(1=기혼)	.07	.08	-.04	.11
탈북 후 기간	-.001	.01	-.02	.01
입국 후 기간	-.004	.01	.005	.02
종교: 천주교	-.31**	.09	-.21	.11
종교: 불교	.15	.18	.18	.22
종교: 무교	-.69***	.12	-	-
믿은 시기: 이탈과정에서			-.30	.37
믿은 시기: 남한에서			-.60	.35
상수	3.52***	.16	4.07***	.40
F	5.18***		1.89	
adj. R^2	.12		.05	
N	255		149	

주: 종교의 준거집단은 개신교이며, 믿은 시기의 준거집단은 북한에서 믿은 사람들임;
**p<.01, ***p<.001

대한 주관적 인식이 평균 3.37점으로 종교가 기능적이라고 생각하는 편으로 나타났다. 종교의 기능에 대한 주관적 인식이 종교 유무 및 종교의 유형에 따라 차이가 있는지를 알아본 결과, 집단에 따라 차이가 있는 것(F=13.90, df=p<.001)으로 나타났다. 종교의 기능에 대해 동의 정도가 가장 높은 집단은 불교나 개신교를 가진 응답자들이었다. 천주교 신자는 그보다 낮은 정도의 동의 수준을 보였다. 종교가 없는 사람들은 종교의 긍정적 기능에 대해 동의하는 정도가 가장 낮게 나타났다. 표 5-13에서 보듯이 이러한 결과는 성별, 연령, 결혼 지위, 탈북 후 기간, 입국 후 기간 등의 사회인구학적 특성 변수를 통제한 후에도 동일하였다. 또한 종교가 있는 사람들만 분석한 모형 2에서는 남한에서 종교를 가진 사람이 북한에서 종교를 가진 사람들에 비해 종교의 기능에 대한 주관적 인식 점수가 더 낮은 것으로 나타났다(p=.08).

다음은 종교가 있는 사람들만을 대상으로 외현적 종교 성향과 내재적 종교 성향에 대해 알아보았다. 외현적 종교 성향은 실용적, 도구적 성향의 종교성을 가지고 있는 것이며, 내재적 종교 성향은 종교의 본질적, 성찰적 특성을 내면화하는 것을 의미한다. 표 5-14에서 보듯이 전체적으로 외현적 종교 성향은 3.24점, 내재적 종교 성향은 3.30점으로 유사한 수준이었으며, 종교의 유형에 따라서는 유의한 차이가 나타나지 않았다.

외현적 종교 성향과 내재적 종교 성향에 영향을 미치는 변수를 파악

표 5-14 외현적·내재적 종교 성향(N=235)

집단 구분	외현적 종교 성향		내재적 종교 성향	
	평균	표준편차	평균	표준편차
개신교	3.29	.60	3.33	.74
천주교	3.19	.37	3.30	.59
불교 및 기타	3.13	.54	2.92	.71
전체	3.24	.52	3.30	.69
F	1.22		1.97	

표 5-15 외현적·내재적 종교 성향: 회귀분석 결과

	외현적 종교 성향		내재적 종교 성향	
	회귀계수	표준오차	회귀계수	표준오차
성별(1=여성)	-.09	.08	-.12	.09
연령(세)	.01**	.003	.02***	.003
결혼 지위(1=기혼)	.04	.08	.02	.09
탈북 후 기간	-.01	.01	-.001	.01
입국 후 기간	.004	.01	-.02	.02
종교: 천주교	-.05	.08	.05	.09
종교: 불교	-.08	.17	-.09	.20
종교 모임 빈도	.04	.02	.11***	.03
종교 교리 이해도	-.02	.03	.22***	.04
상수	3.18***	.19	2.42	.23
F	2.36*		9.48***	
adj. R^2	.05		.26	
N	221		218	

주: 종교유형의 준거집단은 개신교임; $^{*}p<.05$, $^{**}p<.01$, $^{***}p<.001$

하기 위해 사회인구학적 변수와 종교 모임 참여 빈도, 종교 교리 이해도를 포함하여 회귀분석을 실시하였다. 표 5-15에서 보듯이 분석 결과, 연령이 1세 높아질수록 외현적 종교 성향과 내재적 종교 성향 점수가 각각 .01점, .02점 높아지는 것으로 나타났다.

외현적 종교 성향의 경우 종교 모임 참여 빈도와 정적 상관관계(β=.04, p=.08)가 있었고, 내재적 종교 성향의 경우에는 종교 모임 참여 빈도와 교리 이해도와 정적인 상관관계가 있는 것으로 나타났다. 즉, 종교 모임에 참여하는 빈도가 높아질수록(β=.11, p=.000), 교리 이해도가 높을수록(β=.22, p=.000) 내재적 종교 성향이 높아지는 것으로 나타났다. 그러나 어디서 처음 종교를 가졌는지에 따른 차이가 나타나지 않았다.

이상에서 살펴본 종교성의 다양한 측면들 간의 상관관계를 알아본 결과는 표 5-16과 같다. 대체로 종교성을 반영하는 열심 정도, 교리 이해

표 5-16 종교성 간의 상관관계(N=235)

	열심 정도	교리 이해도	종교 중요성	종교 기능	외현적 성향
교리 이해도	.51***				
종교 중요성	.37***	.21**			
종교 기능	.32***	.21**	.37***		
외현적 성향	.03	-.07	.29***	.18**	
내재적 성향	.51***	.34***	.54***	.40***	.53***

** $p<.01$, *** $p<.001$

도, 종교의 중요성과 기능에 대한 생각, 외현성 및 내재적 성향 간에는 중간 정도의 상관관계가 있었다(r=.18~.54). 즉, 신앙생활을 열심히 하고 있다고 응답한 사람들은 교리에 대한 이해도도 높은 편이고, 종교의 중요성이나 기능에 대해서도 동조하는 성향이 높으며, 내재적인 종교 성향도 높다. 예외적으로 외현적 종교 성향과 열심 정도 및 교리 이해도 간에는 유의한 상관관계가 발견되지 않았다. 즉 내재적 종교 성향을 가진 사람들과는 달리 외현적 종교 성향을 가지고 있는 사람들은 신앙생활을 열심히 하거나 교리를 이해하는 정도와 무관한 성향을 가지고 있다는 점을 알 수 있다.

2. 북한이탈주민의 종교와 정신건강

1) 정신건강

북한이탈주민의 종교와 정신건강 사이의 관련성을 알아보기 위해서, 여기서는 한국형 정신적 웰빙척도(정서적 웰빙, 사회적 웰빙, 심리적 웰빙)와 회복탄력성 척도를 활용하였다. 표 5-17에 제시된 바와 같이 정신적 웰빙의 전체적인 수준은 2.48점으로 중간값인 3.5점에 미치지 못하는 수준이

표 5-17 정신건강(N=293)

구분	평균	표준편차	범위
정서적 웰빙	2.45	1.26	0~5
사회적 웰빙	2.28	1.16	0~5
심리적 웰빙	2.67	1.19	0~5
전체 웰빙	2.48	1.09	0~5
회복탄력성	3.35	.63	1~5

표 5-18 정서적 웰빙: 회귀분석 결과

	모형 1		모형 2	
	회귀계수	표준오차	회귀계수	표준오차
성별(1=여성)	.17	.17	.09	.18
연령(세)	-.001	.01	-.001	.01
결혼 지위(1=기혼)	.51**	.16	.42*	.17
탈북 후 기간	.01	.02	.01	.02
입국 후 기간	-.01	.03	-.01	.03
종교 유무(1=종교 있음)	.30	.18	-	-
종교: 천주교			.21	.18
종교: 불교			.56	.38
외현적 종교성			-.37*	.19
내재적 종교성			.58***	.16
종교 모임 빈도			.10	.05
종교 교리 이해도			.21*	.09
상수	1.89***	.30	1.05	.66
F	2.80*		6.00***	
adj. R^2	.04		.20	
N	290		218	

주: 종교유형의 준거집단은 개신교임; $^{*}p<.05$, $^{**}p<.01$, $^{***}p<.001$

었다. 하위 영역별로 보면, 정서적 웰빙이 2.45점, 사회적 웰빙이 2.28점, 심리적 웰빙이 2.67점으로 사회적 웰빙 점수가 가장 낮았다. 역경을 극복하는 회복탄력성은 1~5점 범위 평균 3.35점으로 척도의 중간값을 상회하는 수준으로 나타났다.

북한이탈주민의 정서적 웰빙 수준에 종교가 미치는 영향을 알아보기 위해 2개의 회귀모형을 설정하였다. 모형 1은 성별, 연령, 결혼 지위, 탈북 후 기간, 입국 후 기간을 통제변수로, 종교 유무를 독립변수로 포함한 모형이다. 표 5-18에서 나타나듯이, 정서적 웰빙은 결혼 지위와 관련이 있고(기혼자의 정서적 웰빙 수준이 미혼자보다 높음), 종교 유무에 따라서는 유의도 10% 수준에서만 차이가 있었다. 종교가 있는 사람들이 없는 사람보다 정서적 웰빙 수준이 .30점 더 높게 나타났다.

모형 2에서는 종교가 있는 사람들만을 대상으로 종교의 유형과 외현적·내재적 종교 성향, 종교 모임 빈도, 종교 교리 이해도의 영향력을 살펴보았다. 종교의 유형에 따라서는 정서적 웰빙 수준에 차이가 없었지만, 내재적 종교 성향이 높은 사람일수록(β=.58, p=.000) 그리고 종교 교리 이해도가 높은 사람일수록(β=.21, p=.01) 정서적 웰빙 점수가 더 높았다. 반대로 외현적 종교 성향이 높은 사람일수록 정서적 웰빙 점수는 더 낮은 경향을 보였다(β=-.37, p=.05). 이러한 결과는 종교의 유무 그 자체가 정서적 웰빙에 미치는 영향은 없지만, 종교성의 성향이나 종교 모임 참여도, 교리의 이해도에 따라서는 차이가 있다는 사실을 보여 준다. 즉, 도구적, 실용적 성향의 종교성은 정서적 웰빙에 부적인 관계가 있지만, 내재적, 성찰적 종교성은 정서적 웰빙과 정적인 관계가 있다. 종교 모임에 자주 참여할수록 또한 교리에 대한 이해도가 높을수록 정서적 웰빙 수준이 높아진다.

북한이탈주민의 사회적 웰빙 수준에 종교가 미치는 영향을 알아보기 위해 마찬가지로 2개의 회귀모형을 설정하였다. 표 5-19에서 나타나듯이, 모형 1은 모형으로서의 유의성이 검증되지 못하였으며(F=.98, df=6, 284, p > .05), 종교 유무에 따른 차이도 나타나지 않았다.

모형 2에서는 정서적 웰빙의 분석 결과와 마찬가지로 내재적 종교성, 종교 교리 이해도가 유의한 영향력이 있는 것으로 나타났다. 내재적 종교

표 5-19 사회적 웰빙: 회귀분석 결과

	모형 1		모형 2	
	회귀계수	표준오차	회귀계수	표준오차
성별(1=여성)	-.08	.15	-.05	.18
연령(세)	.004	.01	.01	.01
결혼 지위(1=기혼)	.31	.15	.16	.17
탈북 후 기간	-.004	.01	-.002	.02
입국 후 기간	-.02	.03	-.03	.03
종교 유무(1=종교 있음)	.10	.17	-	-
종교: 천주교			.26	.17
종교: 불교			.16	.37
외현적 종교성			-.19	.18
내재적 종교성			.50**	.16
종교 모임 빈도			.08	.05
종교 교리 이해도			.23**	.08
상수	2.10	.30	.57	.65
F	.98		4.87***	
adj. R^2	.00		.16	
N	291		220	

주: 종교의 준거집단은 개신교임; $^{**}p<.01$, $^{***}p<.001$

성향이 높은 사람일수록(β=.50, p=.002) 그리고 종교 교리 이해도가 높은 사람일수록(β=.23, p=.01) 사회적 웰빙 점수가 더 높았다.

북한이탈주민의 심리적 웰빙 수준에 종교가 미치는 영향을 알아보기 위해 마찬가지로 2개의 회귀모형을 설정하였다. 표 5-20의 모형 1에서 나타나듯이 종교 유무는 심리적 웰빙 수준에 유의한 영향을 미치지 않았다. 모형 2의 결과를 보면, 내재적 종교성과 교리 이해도가 심리적 웰빙 수준에 유의한 영향력을 미치는 것으로 나타났다. 즉, 내재적 종교 성향이 높을수록(β=.44, p=.007), 교리에 대한 이해도가 높을수록(β=.24, p=.007), 심리적 웰빙 수준도 높아지는 것으로 해석할 수 있다.

북한이탈주민의 회복탄력성 수준에 종교가 미치는 영향을 알아보기

표 5-20 심리적 웰빙: 회귀분석 결과

	모형 1		모형 2	
	회귀계수	표준오차	회귀계수	표준오차
성별(1=여성)	.06	.16	.01	.18
연령(세)	-.001	.01	-.00	.01
결혼 지위(1=기혼)	.47**	.15	.42*	.17
탈북 후 기간	-.02	.01	-.01	.02
입국 후 기간	.00	.03	-.01	.03
종교 유무(1=종교 있음)	.15	.17	-	-
종교: 천주교			.17	.18
종교: 불교			.17	.38
외현적 종교성			-.17	.19
내재적 종교성			.44**	.16
종교 모임 빈도			.04	.05
종교 교리 이해도			.24**	.09
상수	1.89***	.28	1.13***	.67
F	2.06*		4.18***	
adj. R^2	.04		.14	
N	291		220	

주: 종교의 준거집단은 개신교임; *$p<.05$, **$p<.01$, ***$p<.001$

위해 마찬가지로 2개의 회귀모형을 설정하였다. 표 5-21의 모형 1에서 나타나듯이 종교 유무는 회복탄력성에 유의한 영향을 미치지 않았다. 사회인구학적 특성 중에서 결혼 지위만 회복탄력성과 정적으로 관련되었다(β=.35, p=.000). 모형 2의 결과를 보면, 역시 결혼 지위가 회복탄력성에 의미 있는 영향을 미치는 것으로 밝혀졌다. 즉, 결혼한 북한이탈주민의 심리적 회복탄력성이 미혼인 경우보다 높다. 또한 내재적 종교성이 회복탄력성에 유의한 영향력을 미치는 것으로 나타났다. 즉, 내재적 종교 성향이 높을수록(β=.25, p=.002) 북한이탈주민의 회복탄력성이 높아지는 것으로 해석할 수 있다.

표 5-21 회복탄력성: 회귀분석 결과

	모형 1		모형 2	
	회귀계수	표준오차	회귀계수	표준오차
성별(1=여성)	-.02	.08	-.01	.09
연령(세)	-.004	.003	-.01	.00
결혼 지위(1=기혼)	.35***	.08	.29**	.08
탈북 후 기간	.01	.01	.01	.01
입국 후 기간	-.02	.01	.00	.02
종교 유무(1=종교 있음)	.10	.09	-	-
종교: 천주교			.07	.09
종교: 불교			.21	.19
외현적 종교성			-.16	.09
내재적 종교성			.25**	.08
종교 모임 빈도			.01	.03
종교 교리 이해도			.07	.04
상수	1.89***	.28	2.88***	.33
F	2.06*		3.94***	
adj. R^2	.04		.13	
N	291		219	

주: 종교의 준거집단은 개신교임; $^{*}p<.05$, $^{**}p<.01$, $^{***}p<.001$

2) 정신건강 문제

북한이탈주민의 정신건강 문제는 정신장애 척도와 한 달 이내에 정신과 약물 복용 여부로 조사하였다. 각 질문은 5점 리커트형으로 질문하였는데, 다변량분석에서는 증상의 유무로 변환하여 분석하였다.

먼저 정신장애 척도 점수는 신체적 증상, 정신적 증상, 수면 장애, 통제 불가능, 불안, 우울, 울화병 등 11개 항목에서 정신적 장애를 가지고 있는지를 1점에서 5점으로 조사하였다. 표 5-22에서 보듯이 북한이탈주민의 정신장애 점수는 평균 2.14점으로 정상수준에 다소 미치지 못하지만, 신체적으로나 심리적으로 장애가 체감되는 수준은 아닌 것으로 나타

표 5-22 정신건강 문제(N=293)

구분	증상 유무		리커트형 점수	
	빈도(명)	비율(%)	평균(표준편차)	범위
정신장애 증상	158	53.74	2.14(.77)	1~5
정신과 약물 복용	64	21.77	1.78(1.11)	1~5

표 5-23 정신장애 증상: 회귀분석 결과

	모형 1		모형 2	
	회귀계수	표준오차	회귀계수	표준오차
성별(1=여성)	-.09	.27	-.20	.35
연령(세)	.02*	.01	.02	.01
결혼 지위(1=기혼)	-.48	.26	-.72*	.33
탈북 후 기간	-.03	.03	-.04	.03
입국 후 기간	.01	.05	.07	.06
종교 유무(1=종교 있음)	.13	.29	-	-
종교: 천주교			-.44	.33
종교: 불교			-.52	.72
외현적 종교성			.66	.39
내재적 종교성			-.50	.32
종교 모임 빈도			-.24*	.11
종교 교리 이해도			-.20	.16
상수	-.35	.28	-.48	1.28
LR chi^2	8.95		31.93***	
N	293		220	

주: 종교의 준거집단은 개신교임; $^{*}p<.05$, $^{***}p<.001$

났다. 추후 분석을 위하여 11개 문항의 평균 점수가 2점을 넘는 경우와 그렇지 않은 경우를 구분하여 정신장애 증상이 다소 있는 집단과 없는 집단으로 이분화하였을 때, 증상이 있는 집단은 총 158명(53.7%)이고, 증상이 없는 집단은 136명(46.3%)이다. 최근 한 달 이내에 수면제, 신경안정제 등 정신과 약물을 복용한 적이 있는 응답자는 64명(21.7%)이었다.

북한이탈주민의 정신장애 증상이 있는 집단에 속할 확률은 로지스틱

표 5-24 정신과 약물 복용: 회귀분석 결과

	모형 1		모형 2	
	회귀계수	표준오차	회귀계수	표준오차
성별(1=여성)	.58	.36	.70	.43
연령(세)	.01	.01	-.001	.02
결혼 지위(1=기혼)	-1.08**	.35	-1.32**	.43
탈북 후 기간	-.00	.03	-.01	.04
입국 후 기간	-.01	.06	.03	.07
종교 유무(1=종교 있음)	.22	.38	-	-
종교: 천주교			-.17	.40
종교: 불교			-1.22	1.12
외현적 종교성			.94	.50
내재적 종교성			-.34	.41
종교 모임 빈도			-.11	.13
종교 교리 이해도			-.19	.19
상수	-2.03	.61	-.48	1.44
LR chi^2	16.57*		22.95*	
N	293		220	

주: 종교의 준거집단은 개신교임; $^{*}p<.05$, $^{**}p<.01$

회귀모형으로 분석하였으며 그 결과는 표 5-23의 모형 1과 모형 2에 나타나 있다. 응답자 전체를 대상으로 한 모형 1에서 정신장애 증상과 관련이 있는 변수는 연령뿐이었다. 연령이 높아질수록 정신장애 증상이 있을 확률이 높아졌다(β=.02, p=.03). 그러나 종교 유무는 정신장애 증상이 있을 확률에 영향을 미치지 않는 것으로 나타났다.

종교가 있는 응답자만 대상으로 한 모형 2에서는 결혼 지위, 종교 모임 참여 빈도가 정신장애 증상과 관련이 있는 것으로 나타났다. 종교 모임에 참여하는 빈도가 높을수록 정신장애 증상이 있을 확률이 더 낮았다(β=-.24, p=.03). 사회인구학적 특성 중에서는 결혼 지위에 따라서만 차이가 있었다. 기혼자가 미혼자에 비해 정신장애 증상이 있을 확률이 더 낮았다. 종교가 있더라도 구체적인 종교 성향에 따라 정신건강상의 문제 경험이 달라진다는 점을 보여 준다.

북한이탈주민이 최근 한 달 이내 정신과 약물을 복용할 확률은 로지스틱 회귀모형으로 분석하였으며 그 결과는 표 5-24의 모형 1과 모형 2에 나타나 있다. 응답자 전체를 대상으로 한 모형 1에서 정신장애 증상과 관련이 있는 변수는 결혼 지위뿐이었다. 기혼자가 미혼자보다 정신장애 증상이 있을 확률이 더 낮았다(β=-1.08, p=.002). 그러나 종교 유무는 정신과 약물 복용 확률에 영향을 미치지 않는 것으로 나타났다.

종교가 있는 응답자만 대상으로 한 모형 2에서는 결혼 지위가 정신과 약물 복용 확률과 관련이 있는 것으로 나타났다. 모형 1과 마찬가지로 기혼자가 미혼자에 비해 정신과 약물 복용 확률이 높았다. 나머지 종교 변수는 통계적으로 유의한 관련성이 없었다.

3) 탈북 후 긍정적 변화와 부정적 변화

북한이탈주민이 탈북 후 자신의 변화를 긍정적 차원과 부정적 차원에서 어떻게 평가하는지와 그에 종교가 미치는 영향을 살펴보았다. 긍정적 차원의 변화는 자신감, 인생의 의미, 인간적 성숙, 인내심, 인생의 목표의식 등이 증가한 것을 의미하고, 부정적 차원의 변화는 불신, 불안감, 공격성 등의 성향이 증가한 것을 의미한다. 표 5-25에서 보듯이 각각 1~5점 척도에서 긍정적 변화는 3.68점, 부정적 변화는 2.49점으로 북한이탈주민들은 탈북 이후의 체험으로 인해 자신에게 긍정적 변화가 부정적 변화보다 더 많았다고 평가하였다.

표 5-25 긍정적 변화와 부정적 변화(N=292)

구분	평균	표준편차
긍정적 변화	3.68	.73
부정적 변화	2.49	.85

표 5-26 긍정적 변화: 회귀분석 결과

	모형 1		모형 2	
	회귀계수	표준오차	회귀계수	표준오차
성별(1=여성)	.07	.09	.11	.11
연령(세)	-.01*	.00	-.01*	.00
결혼 지위(1=기혼)	.44***	.09	.38***	.10
탈북 후 기간	.01	.01	.01	.01
입국 후 기간	-.02	.02	-.02	.02
종교 유무(1=종교 있음)	.09	.10	-	-
종교: 천주교			.11	.10
종교: 불교			.29	.22
외현적 종교성			-.08	.11
내재적 종교성			.34***	.09
종교 모임 빈도			-.00	.03
종교 교리 이해도			.11*	.05
상수	3.75***	.17	2.62***	.39
F	4.72***		6.20***	
adj. R^2	.07		.21	
N	291		220	

주: 종교의 준거집단은 개신교임; $^{*}p<.05$, $^{***}p<.001$

북한이탈주민의 긍정적 변화와 종교가 어떤 관련성이 있는지를 표 5-26에서 살펴본 결과, 종교 유무 자체는 통계적으로 유의한 관련성이 없었다. 그러나 종교가 있는 사람들만을 대상으로 한 모형 2을 살펴보면, 긍정적 변화는 결혼 지위에 따라 영향(β=.38, p=.001)을 받는다. 즉 기혼인 경우가 미혼보다 긍정적 변화를 더 경험한다. 또한 긍적적 변화에 내재적 종교성과 종교 교리 이해도가 유의한 관련성이 있는 것으로 나타났다. 즉, 내재적 종교성이 높을수록(β=.34, p=.000), 자신의 긍정적 변화를 높이 평가하였다.

북한이탈주민의 부정적 변화와 종교가 어떤 관련성이 있는지를 살펴본 결과, 긍정적 변화와 마찬가지로 종교 유무 자체는 통계적으로 유의한

표 5-27 부정적 변화: 회귀분석 결과

	모형 1		모형 2	
	회귀계수	표준오차	회귀계수	표준오차
성별(1=여성)	-.11	.11	-.14	.13
연령(세)	.01	.00	.001	.01
결혼 지위(1=기혼)	-.48***	.10	-.46***	.12
탈북 후 기간	.001	.01	-.001	.01
입국 후 기간	.01	.02	.02	.02
종교 유무(1=종교 있음)	-.01	.12	-	-
종교: 천주교			-.31*	.12
종교: 불교			-.38	.26
외현적 종교성			.31*	.13
내재적 종교성			-.23*	.11
종교 모임 빈도			-.02	.04
종교 교리 이해도			-.11	.06
상수	2.48***	.20	2.69***	.47
F	3.88***		4.68***	
adj. R^2	.06		.16	
N	291		220	

주: 종교의 준거집단은 개신교임; $^{*}p<.05$, $^{***}p<.001$

관련성이 없었다(표 5-27 참조). 그러나 종교가 있는 사람들만을 대상으로 한 모형 2을 살펴보면, 종교 유형, 외현적·내재적 종교성, 종교 교리 이해도가 유의한 관련성이 있는 것으로 나타났다. 먼저 천주교 신자는 개신교 신자에 비해 탈북 후 부정적 변화 정도를 더 낮게 지각하였다(β=-.31, p=.01). 한편 북한이탈주민의 외향적 종교성이 높을수록 부정적 변화가 많았다고 응답하였다(β=.31, p=.02). 반면 그들의 내재적 종교성이 높을수록(β=-.23, p=.04), 종교 교리 이해도가 높을수록(β=-.11, p=.08) 긍정적 변화가 컸다고 응답하였다.

3. 북한이탈주민의 종교와 사회 적응

1) 북한 지향성과 남한 지향성

북한이탈주민의 전반적인 사회 적응을 알아보기 위해 먼저 북한 지향성과 남한 지향성을 조사하였다. 북한 지향성은 북한의 풍습을 유지하려는 노력, 북한 출신자끼리 북한식 말투를 써야 한다는 생각, 북한에서 배운 지식과 기술의 가치 평가, 북한 출신자와의 관계 중시 등 북한식 생활 풍속과 관계를 중시하는 태도이다. 표 5-28에 나타나듯이 북한 지향성의 평균 점수는 2.35점이고 종교 유형별로는 유의한 차이가 없는 것으로 나타났다.

북한이탈주민의 북한 지향성에 영향을 미치는 요인을 알아보고자 회귀분석을 한 결과, 표 5-29에서 보듯이 모형 1에서는 탈북 후 기간, 입국 후 기간이 유의한 영향력이 있는 변수로 나타났다. 한편, 탈북 후 기간이 길어질수록 북한 지향성 점수는 낮아지는 반면, 남한 입국 후 기간이 길어지면 북한 지향성 점수가 높아지는 것으로 나타났다. 즉, 북한을 벗어난 시간이 길어질수록 북한이탈주민의 북한 지향성 점수는 낮아지는 반면, 남한에서 생활을 한 기간이 길어지면 오히려 남한 생활에 대한 불만 혹은 북한 생활에 대한 향수로 인해 북한 지향성이 높아지는 것으로 생각해 볼 수 있다.

표 5-28 종교 유형별 북한이탈주민의 북한 지향성(N=293)

집단 구분	평균	표준편차	F
개신교	2.41	.49	1.29
천주교	2.28	.50	
불교 및 기타	2.26	.57	
종교 없음	2.32	.47	
전체	2.35	.49	

표 5-29 북한 지향성: 회귀분석 결과

	모형 1		모형 2	
	회귀계수	표준오차	회귀계수	표준오차
성별(1=여성)	-.07	.06	-.07	.07
연령(세)	.004	.002	.003	.003
결혼 지위(1=기혼)	-.07	.06	-.03	.07
탈북 후 기간	-.02**	.01	-.02**	.01
입국 후 기간	.04***	.01	.05***	.01
종교 유무(1=종교 있음)	.03	.07	-	-
종교: 천주교			-.13	.07
종교: 불교			-.11	.15
외현적 종교성			.15	.07
내재적 종교성			-.13	.06
종교 모임 빈도			-.01	.02
종교 교리 이해도			.01	.04
상수	2.20***	.12	2.42***	.27
F	3.41**		3.28***	
adj. R^2	.07		.10	
N	291		220	

주: 종교의 준거집단은 개신교임; $^{**}p<.01$, $^{***}p<.001$

종교가 있는 사람들만을 대상으로 한 모형 2에서도 탈북 후 기간과 입국 후 기간만이 유의한 영향력을 갖는 변수로 나타났다. 탈북 후 기간과 입국 후 기간의 효과는 모형 1과 동일하다.

북한이탈주민의 남한 지향성은 남한식 생활양식 수용, 남한식 말투 사용, 남한 사회의 지식 수용, 남한 사람과의 관계 중시 등 남한식 생활양식을 수용하고 따르고자 노력하는 태도이다. 전반적인 남향 지향성 점수는 3.21점으로 북한 지향성 점수보다 높은 수준이었으며, 종교 유형에 따른 차이는 발견되지 않았다(표 5-30 참조).

북한이탈주민의 남한 지향성에 영향을 미치는 요인을 알아보고자 회귀분석을 한 결과는 표 5-31과 같이 나타났다. 모형 1에서는 성별과 입

표 5-30 종교 유형별 북한이탈주민의 남한 지향성(N=293)

집단 구분	평균	표준편차	F
개신교	3.24	.43	0.45
천주교	3.22	.52	
불교 및 기타	3.24	.51	
종교 없음	3.15	.46	
전체	3.21	.47	

표 5-31 남한 지향성: 회귀분석 결과

	모형 1		모형 2	
	회귀계수	표준오차	회귀계수	표준오차
성별(1=여성)	.12*	.06	.15*	.07
연령(세)	.002	.002	.00	.00
결혼 지위(1=기혼)	.05	.06	.06	.07
탈북 후 기간	.01	.01	.01	.01
입국 후 기간	-.02*	.01	-.03*	.01
종교 유무(1=종교 있음)	.06	.07	-	-
종교: 천주교			-.01	.07
종교: 불교			.03	.15
외현적 종교성			-.02	.07
내재적 종교성			.19**	.06
종교 모임 빈도			.03	.02
종교 교리 이해도			.03	.03
상수	3.01***	.12	2.42***	.26
F	2.65**		3.15***	
adj. R^2	.03		.10	
N	291		220	

주: 종교의 준거집단은 개신교임; $^{*}p<.05$, $^{**}p<.01$, $^{***}p<.001$

국 후 기간이 유의한 영향력이 있는 변수로 나타났다. 여성이 남성보다 남한 지향성이 더 높고, 남한 입국 후 기간이 길어지면 남한 지향성 점수가 더 낮아지는 것으로 나타났다. 북한 지향성의 경우와 마찬가지로 남한에서 생활한 기간이 길어지면 오히려 북한 생활에 대한 향수가 깊어지고,

남한 생활에 대한 불만으로 인해 남한 지향성이 낮아지는 것으로 생각해 볼 수 있다.

한편 종교가 있는 사람들만을 대상으로 한 모형 2에서는 성별, 입국 후 기간, 내재적 종교성이 유의한 영향력을 갖는 변수로 나타났다. 성별과 입국 후 기간의 효과는 모형 1과 동일하다. 종교 관련 변수 중에는 내재적 종교성만이 남한 지향성과 유의한 관련이 있었는데, 내재적 종교성이 높을수록 남한 지향성이 높은 것으로 나타났다. 내재적 종교성이 높은 사람일수록 종교의 자유를 인정하지 않는 북한에서의 생활을 바람직하지 않게 생각하는 반면 남한식 생활과 관계에 대한 수용성이 높고 이를 더 바람직하게 생각하는 성향이 높은 것으로 볼 수 있다.

2) 남한 생활 적응

북한이탈주민의 종교가 남한 사회 적응에 미치는 영향을 알아보기 위해 다양한 각도에서 사회 적응을 조사하여 분석하였다. 먼저 전반적인 남한 생활 적응은 남한 생활에서의 법과 제도, 가치관이나 사고방식, 인터넷 및 모바일 환경, 신문, 잡지, 표지판 등 인쇄물, 텔레비전, 라디오 등 방송매체, 사람들과의 대화, 남한 사람들과의 관계, 북한이탈주민들과의 관계 등 8개 항목을 조사하였다. 남한 생활 적응 평균 점수는 3.43점에서 3.69점으로 비교적 높게 나타났다. 점수가 가장 낮은 영역은 인터넷 및 모바일 사용이었고, 가장 높은 것은 사람들과의 대화 영역이었다. 두 영역 간 점수 차이가 크지는 않았다. 표 5-32에서 보듯이 8개 영역의 평균은 3.57점으로 북한이탈주민들은 비교적 남한 생활에 적응을 잘하고 있는 것으로 분석되었다.

남한 생활 적응 점수를 종교 유무 및 유형에 따라 비교하였을 때 통계적으로 유의한 차이는 나타나지 않았다(표 5-33 참조).

표 5-32 북한이탈주민의 남한 생활 적응(N=293)

집단 구분	평균	표준편차
신문, 잡지 등 인쇄물	3.45	.79
텔레비전, 라디오 등 방송매체	3.67	.81
사람들과의 대화	3.69	.80
가치관이나 사고방식	3.60	.81
법과 제도	3.44	.79
남한 사람과의 관계	3.63	.86
인터넷 및 모바일 사용	3.43	1.06
다른 북한이탈주민과의 관계	3.56	.81
평균	3.57	.65

표 5-33 종교 유형별 북한이탈주민의 남한 생활 적응(N=293)

집단 구분	평균	표준편차	F
개신교	3.47	.69	2.25
천주교	3.69	.66	
불교 및 기타	3.46	.64	
종교 없음	3.64	.57	
전체	3.57	.65	

회귀분석을 통해 종교 유무에 따른 남한 사회 적응의 차이와 종교 유형 및 종교 관련 변수에 따른 차이를 알아보았다. 표 5-34에서 보듯이 모형 1을 보면, 사회인구학적 변수들을 통제한 후 종교 유무에 따른 남한 생활 적응의 차이는 발견되지 않았다. 통제변수 중에서는 연령만 유의한 영향력이 있었는데 연령이 높을수록 남한 사회 적응 점수가 더 낮았다(β=-.01, p=.09). 새로운 사회에 적응하기 위해서는 사고의 융통성이 필요하다. 연령이 높으면 새로운 사회를 유연하게 보는 융통성이 부족할 것임을 추측할 수 있다.

종교가 있는 사람들만을 대상으로 한 모형 2를 보면, 내재적 종교성에 따른 차이가 발견되었다. 내재적 종교성이 높을수록 남한 사회 적응 수준이 더 높게 나타났다(β=.24, p=.008). 이러한 결과에 비추어 볼 때, 종교 유

표 5-34 남한 사회 적응: 회귀분석 결과

	모형 1		모형 2	
	회귀계수	표준오차	회귀계수	표준오차
성별(1=여성)	-.03	.09	-.11	.10
연령(세)	-.01*	.03	-.01*	.003
결혼 지위(1=기혼)	.10	.08	.07	.10
탈북 후 기간	.003	.01	.003	.01
입국 후 기간	.01	.01	.01	.02
종교 유무(1=종교 있음)	-.04	.09	-	-
종교: 천주교			.16	.10
종교: 불교			.21	.21
외현적 종교성			-.09	.11
내재적 종교성			.24**	.09
종교 모임 빈도			.04	.03
종교 교리 이해도			.09	.05
상수	3.77***	.16	3.12***	.37
F	1.56***		3.48	
adj. R^2	.01		.11	
N	292		220	

주: 종교의 준거집단은 개신교임; $^{*}p<.05$, $^{**}p<.01$, $^{***}p<.001$

무 그 자체가 남한 생활 적응에 영향을 미치는 변수는 아니지만, 내재적 종교 성향이 높은 신자들은 남한 사회 생활에 보다 잘 적응한다. 한마디로 종교가 남한 사회의 적응에 긍정적인 영향을 미친다는 것을 알 수 있다.

북한이탈주민의 남한 사회 적응의 차원을 사회적 활동 제약, 개인적 차별 제약, 사회적 소외 등 세 가지 차원으로 구분하여 좀 더 자세히 살펴보았다. 먼저 사회적 활동 제약에 관련된 4개 문항을 보면, 평균 점수가 2.23~2.83점이다(표 5-35 참조). 북한이탈주민들이 남한 사회 적응에 제약을 많이 느끼지는 않는 수준이나 표준편차가 커서 개인별로 차이가 큼을 알 수 있다. 일원분산분석 결과, 종교 유무 및 종교 유형에 따른 사회적 활동 제약의 차이는 없었다(표 5-36 참조).

표 5-35 사회적 활동 제약(N=295)

집단 구분	평균	표준편차
나는 사회적 활동에 참여하지 못하고 있다	2.68	1.06
다른 사람에 대한 두려움으로 사람들과의 접촉을 꺼릴 때가 있다	2.23	.99
낯선 언어(한자어나 외래어) 때문에 어려움이 있다	2.83	1.15
남한의 문화에 적응이 안 된다	2.40	.93
평균	2.55	.82

표 5-36 종교 유형별 사회적 활동 제약(N=295)

집단 구분	평균	표준편차	F
개신교	2.59	.88	.39
천주교	2.50	.72	
불교 및 기타	2.58	.76	
종교 없음	2.47	.82	
전체	2.55	.82	

표 5-37 사회적 활동 제약: 회귀분석 결과

	모형 1		모형 2	
	회귀계수	표준오차	회귀계수	표준오차
성별(1=여성)	-.09	.10	-.03	.12
연령(세)	.02***	.003	.02***	.01
결혼 지위(1=기혼)	-.40***	.10	-.39**	.11
탈북 후 기간	-.01	.01	-.01	.01
입국 후 기간	-.01	.02	.01	.02
종교 유무(1=종교 있음)	-.08	.11	-	-
종교: 천주교			.10	.11
종교: 불교			-.13	.24
외현적 종교성			.05	.12
내재적 종교성			-.04	.10
종교 모임 빈도			.01	.04
종교 교리 이해도			-.17**	.06
상수	2.08	.19***	2.40	.43***
F	6.91***		4.58***	
adj. R^2	.11		.15	
N	291		220	

주: 종교의 준거집단은 개신교임; $^{**}p<.01$, $^{***}p<.001$

표 5-38 개인적 차별(N=295)

집단 구분	평균	표준편차
사람들은 직접적으로 말하지는 않지만 그들에게서 차별을 느낀다	2.60	.93
직업 및 직장 생활을 따라가기에 어려움이 있다	2.57	.99
사람들은 나에 대해 편견을 가지고 있다	2.40	.91
평균	2.52	.81

표 5-39 종교 유형별 개인적 차별(N=295)

집단 구분	평균	표준편차	F
개신교	2.64	.80	2.20
천주교	2.40	.79	
불교 및 기타	2.47	.73	
종교 없음	2.39	.83	
전체	2.52	.81	

관련 변수를 통제한 회귀분석 모형 1의 결과를 표 5-37에서 보면, 연령이 높을수록 활동 제약을 더 많이 체감하고(β=.02, p=.000) 기혼자가 미혼자에 비해 활동 제약을 덜 체감하는 (β=-.40, p=.000) 양상이 보인다. 그러나 종교 유무에 따른 남한 사회 적응의 차이는 발견되지 않았다.

종교가 있는 사람들만을 대상으로 한 모형 2의 분석에서는 종교 유형에 따른 차이는 없었으나 종교 교리 이해도에 따른 차이가 있었다. 종교 교리에 대한 이해도가 높은 사람일수록 사회적 활동 제약을 더 낮은 수준으로 느끼는 것으로 나타나(β=-.17, p=.004), 종교 유무 그 자체보다는 종교에 대한 이해도가 사회적 활동 제약에 부적으로 관련되는 것을 알 수 있다. 나머지 종교 변수들은 유의한 영향력이 나타나지 않았다.

개인적 차별을 의미하는 3개 문항의 점수 범위가 2.40~2.60점(평균 2.52점)으로 나타났다(표 5-38 참조). 이 점수가 높은 편은 아니었으며, 일원분산분석 결과 종교 유무 및 종교 유형에 따른 차이는 없었다(표 5-39 참조). 사회적 활동 제약과 마찬가지로 개인적 차별에서도 관련 변수를 통

표 5-40 개인적 차별 제약: 회귀분석 결과

	모형 1		모형 2	
	회귀계수	표준오차	회귀계수	표준오차
성별(1=여성)	-.04	.10	-.08	.11
연령(세)	.01***	.004	.01**	.004
결혼 지위(1=기혼)	-.49***	.10	-.47***	.11
탈북 후 기간	.01	.01	.01	.01
입국 후 기간	.01	.02	.01	.02
종교 유무(1=종교 있음)	.05	.11	-	-
종교: 천주교			-.02	.11
종교: 불교			-.19	.24
외현적 종교성			.11	.12
내재적 종교성			-.08	.10
종교 모임 빈도			.03	.03
종교 교리 이해도			-.19**	.05
상수	2.05	.19***	2.67***	.42
F	6.00***		5.12***	
adj. R^2	.09		.179	
N	290		2203	

주: 종교의 준거집단은 개신교임; $^{**}p<.01$ $^{***}p<.001$

제한 회귀분석 모형 1의 결과를 보면, 연령이 높아질수록 차별을 더 많이 체감하고(β=.01, p=.000) 기혼자가 미혼자에 비해 차별을 덜 체감하는 차이는 있었지만(β=-.49, p=.004) 종교 유무에 따른 차이는 발견되지 않았다.

종교가 있는 사람들만을 대상으로 한 모형 2의 분석에서는 표 5-40에서 보듯이 종교 유형에 따른 차이는 없었으나 종교 교리 이해도에 따른 차이가 있었다. 종교 교리에 대한 이해도가 높은 사람일수록 개인적 차별을 더 낮은 수준으로 느끼는 것으로 나타나(β=-.19, p=.001), 종교 유무 그 자체보다는 종교에 대한 이해도가 개인적 차별 지각에 부적으로 관련되는 것을 알 수 있다.

표 5-41 사회적 소외(N=295)

집단 구분	평균	표준편차
내가 북한에서 왔기 때문에 사회적 지위가 낮다고 느낀다	2.57	1.08
남한 사회에 소속감을 느끼지 못하고 있다	2.43	.96
남한 사회의 법, 제도에 적응이 안 된다	2.33	.87
평균	2.44	.83

표 5-42 종교 유형별 사회적 소외(N=295)

집단 구분	평균	표준편차	F
개신교	2.57	.84	2.33
천주교	2.32	.80	
불교 및 기타	2.36	.63	
종교 없음	2.29	.87	
전체	2.44	.83	

표 5-43 사회적 소외: 회귀분석 결과

	모형 1		모형 2	
	회귀계수	표준오차	회귀계수	표준오차
성별(1=여성)	.05	.11	.03	.12
연령(세)	.01**	.004	.01*	.004
결혼 지위(1=기혼)	-.33**	.10	-.24*	.11
탈북 후 기간	-.02	.01	-.02	.01
입국 후 기간	.04*	.02	.05*	.02
종교 유무(1=종교 있음)	.08	.12	-	-
종교: 천주교			-.14	.11
종교: 불교			-.37	.24
외현적 종교성			.31*	.12
내재적 종교성			-.18	.10
종교 모임 빈도			-.02	.03
종교 교리 이해도			-.22***	.06
상수	2.01***	.20	2.38***	.43
F	3.28**		6.31***	
adj. R^2	.05		.21	
N	290		220	

주: 종교의 준거집단은 개신교임; $^{*}p<.05$, $^{**}p<.01$, $^{***}p<.001$

사회적 소외를 나타내는 3개 문항의 점수 범위는 2.33~2.57점이었다(평균 2.44점). 표 5-43에 밝힌 일원분산분석 결과 종교 유무 및 유형에 따른 차이는 없었다. 관련 변수를 통제한 회귀분석 모형 1에서 연령, 결혼 지위, 탈북 후 기간, 입국 후 기간에 따른 차이는 있었으나 종교 유무에 따른 차이는 나타나지 않았다. 연령이 높을수록 사회적 소외 수준이 높아졌고(β=.01, p=.008), 기혼자가 미혼자보다 사회적 소외 수준이 낮았으며(β=-.33, p=.001), 입국 후 기간이 오래되었을수록 사회적 소외 수준이 높아졌다(β=.02, p=.04).

모형 2에서는 이러한 사회인구학적 특성의 영향이 그대로 유지되는 동시에 외현적 종교성, 종교 교리 이해도에 따른 차이가 나타났다. 외현적 종교성이 높을수록(β=.31, p=.01), 그리고 교리에 대한 이해도가 높은 사람일수록(β=-.22, p=.000) 사회적 소외 수준을 더 낮은 수준으로 느끼는 것으로 나타나, 사회적 차별이나 개인적 차별과 마찬가지로 종교 유무 그 자체보다는 종교에 대한 이해도가 중요한 영향을 미치는 것을 알 수 있다.

3) 남한 생활 만족도

마지막으로 북한이탈주민의 남한 생활 만족도에 대해 알아보았다. 남한 생활 만족도는 가족의 수입, 여가 활동, 신체적 건강상태, 정신적 건강상태, 사회적 관계 등 5개 영역에 대한 만족도이다. 표 5-44에서 보듯 영역별로 평균 3.20~3.53점의 범위를 나타냈다. 점수가 가장 낮은 영역은 여가 활동이었고, 가장 높은 영역은 사회적 관계였지만 큰 차이 없이 모두 보통 수준의 만족도이다. 남한 생활 만족도의 평균 점수는 3.23점이고 종교 유무 및 유형에 따른 차이는 없었다(표 5-45 참조).

북한이탈주민의 종교 변수가 남한 생활 만족도에 영향을 미치는지

표 5-44 남한 생활 만족도(N=295)

집단 구분	평균	표준편차	F
가족의 수입	3.36	.87	1.93
여가 활동	3.20	.97	
신체적 건강상태	3.23	1.05	
정신적 건강상태	3.30	1.01	
이웃관계, 사회적 관계	3.53	.86	
전체	3.27	.70	

표 5-45 종교 유형별 남한 생활 만족도(N=295)

집단 구분	평균	표준편차	F
개신교	3.16	.69	1.93
천주교	3.39	.78	
불교 및 기타	3.05	.74	
종교 없음	3.20	.77	
전체	3.23	.73	

표 5-46 남한 생활 만족도: 회귀분석 결과

	모형 1		모형 2	
	회귀계수	표준오차	회귀계수	표준오차
성별(1=여성)	-.13	.09	-.14	.11
연령(세)	-.01*	.004	-.01*	.004
결혼 지위(1=기혼)	.17	.09	.12	.11
탈북 후 기간	.003	.01	.01	.01
입국 후 기간	-.02	.02	-.03	.02
종교 유무(1=종교 있음)	.08	.10	-	-
종교: 천주교			.15	.11
종교: 불교			-.06	.24
외현적 종교성			-.05	.12
내재적 종교성			.20*	.10
종교 모임 빈도			.01	.03
종교 교리 이해도			.11*	.05
상수	3.62***	.18	2.85***	.41
F	1.94		3.20	
adj. R^2	.02		.10	
N	290		218	

주: 종교의 준거집단은 개신교임; $^{*}p<.05$, $^{***}p<.001$

알아본 결과 표 5-46에서 보듯이 내재적 종교성과 종교 교리 이해도가 유의한 영향을 미치는 것으로 나타났다. 즉, 내재적 종교성이 높을수록(β=.20, p=.04), 그리고 교리에 대한 이해도가 높은 사람일수록(β=.11, p=.04) 남한 생활 만족도가 높았다.

제6장

종교와 북한이탈주민의 사회통합

이 글에 실린 북한이탈주민들의 목소리는 종교를 만나는 과정에서 북한이탈주민 스스로가 겪은 종교에 대한 경험이 사실적으로 담겨 있다. 그리고 북한이탈주민들의 증언을 통해 그들이 삶이 위기를 겪던 매 순간 종교로부터 몸과 마음의 위안을 얻으려 했음을 알게 되었다. 북한이탈주민들에게 종교는 어떤 역할을 하는가. 이 질문에 대한 대답은 한국에 뿌리내린, 혹은 뿌리를 내릴 북한이탈주민들과, 그들과 함께하고자 하는 종교인들에게 시사점을 줄 수 있다. 생사의 위험을 겪는 와중에, 그리고 한국에서 삶을 꾸려 나갈 북한이탈주민들에게 종교는 어떤 점에서 힘이 되었는가. 이 질문에 답하기 위해서는 북한이탈주민과 같은 이주민과 다문화를 끌어안는 종교적 관점을 우선 조망할 필요가 있다. 여기에는 북한이탈주민에 대한 종교의 역할을 논히기에 앞서 종교가 이들을 돕는 근거를 살펴보는 이유도 함께 논의한다.

종교기관이 북한이탈주민을 돕는 이유를 개신교의 역사적 성격에 근거해 생각해 볼 수 있다. 최초의 개신교인들인 이스라엘인들은 고향을 떠나 400년 동안 외지에서 이방인으로서 살아가면서 다문화 현상에 관심을 가져왔을 것이다(장훈태, 2008). 두 번째 근거는 천주교에서 말하는 포괄적 공동체 의식에서 찾을 수 있다. 대인 관계가 개인 차원에 머물지 않고 공동 조직을 형성해서 존재하기 위해서는 상호 이해와 친밀한 교우관계가 필요하며(권미경, 이순형, 2007), 그러한 친교가 교회 안에서 자신들만이 아니라 다른 생각이나 문화를 가지고 있는 사람들을 포용하도록 했다(기스베르트 그레사케, 2000). 다양한 인간을 교회 안에서 포용하는 것이 '사랑'이며, 이는 '너희는 서로 사랑하라'는 성경의 가르침을 실천하는 것이기 때문이다.[1] 다문화를 '단일한 사회나 집단 속에서 복수의 문화가 공존하는 상태이자 다문화가 공존하는 상태를 바람직한 가치로 여긴다는 관점에서 볼 때(성해영 외, 2013) 단일한 문화 속에 공존하는 상이한 문화를 인정하며 감싸 안아 서로 함께 이해하고 사랑하며 살아가는 것이 천주교의 관점이다.

이 점에서 종교의 중요한 사회적 역할은 사회통합과 사회변호로 귀결될 수 있다. 종교의 사회통합적 기능이란 종교가 사회의 지배적 가치와 규범을 정당화하면서 사회구성원들 사이에 공통된 집단의식을 마련해주고, 이에 따라 사회질서와 안정에 기여할 수 있음을 의미한다(박성호, 2012). 즉 종교는 저마다 가지고 있는 가치체계(교리)를 중심으로 공통된 집단의식을 심어줌으로써 한 사회에 공존하는 서로 다른 문화인들의 정신적 통합을 이룩해 낸다. 왜냐하면 종교는 절대적 신념체계로서 특정한 문화권의 핵심적 문화요소를 이루기 때문이다(신광철, 2010). 종교의 가치체계는 그 종교가 놓여 있는 사회의 가치체계와 완전히 분리되어 있지는 않을 터, 결국 다문화인들은 대한민국이라는 사회의 지배적인 가치와 규범이 배태한 교리를 배운다. 바로 종교의 사회통합적 기능의 원리가 이것

---

1 마찬가지로 불교의 자비라는 덕목은 자기보다 더 못한 위치나 상황에 처한 사람에 대한 도움을 줄 것으로 강조하며, 자비심을 구현한 인물상이 보살이다. 이 보살의 정신은 북한이탈주민을 비롯해 어려운 처지에 있는 이웃에 대한 구호와 지원에 나서기를 강조한다(성해영 외, 2013). 사랑과 자비는 모든 종교의 바탕이다.

이다. 종교의 이러한 사회통합적 기능에 의해 다문화인들은 우리와 같은 가치체계를 가지게 되고, 우리의 민족구성원으로 받아들여지게 되며 따라서 우리 사회에서 주체적 역할을 할 수 있다는 논리가 성립된다. 결국 한국의 종교들은 다문화가족들을 한민족으로 수용하여 그들에게 해방과 평등과 존엄성을 부여하고, 그들로 하여금 종교들이 추구해 온 다문화주의, 세계주의, 인류다문화대가족사회의 주체적 역할을 갖게 하고, 그들을 지원할 방법을 다각도로 강구한다(조용태, 2010). 다문화인들은 자신에게 부여된 주체적 역할을 등에 지고 삶의 의미를 가지게 됨으로써 심리적 안정을 찾기도 한다. 종교는 사회통합의 역할뿐만 아니라 공동체 의식을 부여하여 다문화인들 사이에 정서적 끈을 이어줌으로써 공동체의 일원으로 만들고, 사회 적응을 도모하고, 이를 통해 종교에의 참여도를 높인다. 나아가 종교는 이들을 위해 다양한 교육, 복지, 문화사업을 제공하기도 한다. 이런 방식으로 종교는 종교조직이라는 공동체를 일차적으로 형성해 내고 이를 기반으로 종교조직의 범위를 넘어서 하나의 통합된 공동체를 만드는 데 중요한 역할을 수행하는 것이다(박흥순, 2007).

이는 종교가 사회 적응의 기제, 사회통합, 종교조직의 높은 참여도, 종교의 지원 효과 제고 기능(성해영 외, 2013)이 있음을 시사한다. 그러나 이는 다문화인들에 대한 보편적 관점에서의 종교 역할이다. 즉 결혼, 취업, 학업을 위해 정상적인 절차를 거쳐 한국에 온 이민자들에게 해당되는 종교의 역할일 것이다. 목숨이 달린 위기 상황에 처한 이들에게 종교는 또 다른 역할을 할 수 있을 것이다. 북한이탈주민에게 있어 종교의 역할이 무엇인지에 대한 논의가 과정(상황)별로 이루어질 필요성이 제기되는 대목이기도 하다.

개인의 생애과정에서 종교가 차지하는 비중과 영향은 개인마다, 그리고 생애과정의 단계나 맥락에 따라 달라질 것이다. 자신이 살던 한 체제를 떠나 다른 체제로 이동한 북한이탈주민들의 경우는 그들이 어떤 생애과정의 단계에 있었든지 간에 극도의 두려움과 긴장을 겪었고 생사를 넘나드는 상황에서 극적인 체험을 하였다. 따라서 이들에게는 특정한 종교의 소속이 중요한 것이 아니라 근본적으로 절대자를 찾는 종교적인 심성, 신앙적인 갈구의 행위가 보다 중요한 의미를 갖는다고 할 수 있다.

다음에서는 지금까지 살펴본 내용을 토대로 탈북과정에서 경험한 생사의 경계, 외부 지원이 절실한 상황에서 종교가 북한이탈주민들에게 어떤 역할을 하였고, 또한 탈북에 성공하여 남한에 입국한 뒤 정착하는 과정에서 일상화되는 종교가 어떻게 개인의 삶과 정신건강에 영향을 미치는지를 논의하고자 한다.

또한, 대북 교류과정에서 북한 선교가 수행한 역할이나, 소수자집단으로서 북한이탈주민들이 변화하는 한국의 다문화 상황에서 적응해 나가는 데 종교가 어떠한 역할을 수행하는지를 사회통합의 관점에서 다루어 보고자 한다.

1. 북한이탈주민과 종교의 역할

1) 탈북과정에서의 종교 역할

탈북과정에서 종교가 북한이탈주민들에게 어떠한 역할을 수행하는가는 다양한 측면에서 논의될 수 있다. 종교단체, 그중에서도 특히 개신교 선교단체들은 중국이나 제3국 등을 통해 북한이탈주민들을 지원하는 가장 적극적인 활동을 수행하고 있다. 이러한 선교활동을 통해 종교적인 차원에서 북한이탈주민들이 본질적인 신앙 회개 행위를 하는지에 대한 본격적인 논의는 신학적인 탐구과정이 수반되어야 할 것이기 때문에 이 연구의 관심과 역량을 넘어서는 일일 듯하다. 다만 중국 등을 통해 이루어지는 북한이탈주민 선교과정에서 종교의 역할에 대한 분석적 논의가 보다 현실적인 의미를 가질 수 있다.

지금까지의 선행연구 고찰이나 이 연구의 참여자들 면담 내용에 따르면 탈북과정에서의 종교 역할 중 가장 두드러지는 것이 생존 욕구 충족이었다. 구체적으로는 신체적 욕구 충족과 정서적 욕구 충족이다. 전자는 개신교 선교사 등으로부터 생존 차원에서의 먹고사는 문제를 해결하는 도움을 받는 것과 연결되어 있다. 그리고 더 나아가 종교에 매달리는 것이 '삶의 끈'이 되는데, 이것이 살아서 한국에 갈 수 있다는 유일한 희망으로 작용한다. 또한 후자는 종교로부터 공포, 불안, 긴장, 외로움을 완화시킬 수 있는 의지처를 제공받거나 외상 후 스트레스를 다소 해소할 수 있는 도움을 받는 것이라고 할 수 있다.

이 연구의 참여자들이 취한 탈북 경로는 일반적인 탈북 경로와 대체로 유사하지만, 상대적으로 수월하게 북한을 빠져나온 경우에 해당된다고 앞에서 밝힌 바 있다. 하지만 상대적으로 평탄하고 용이하게 탈북과정에 성공했다고 해도 그들이 극심한 불안과 긴장을 겪었던 것은 일반적인 탈북과정과 동일할 것이다. 구체적으로, 그들은 탈북 후 중국에 머물면서 신분상의 불안정으로 중국 공안들을 피해 다녀야 했고, 운 좋게 취업한다고 해도 사기를 당하거나 멸시를 당할 때 항의할 수 있는 곳이 어느 한 곳 없었다. 신분상으로 보장된 것이 전혀 없는 절박한 상황이었다고 할 수 있다. 잡힐까 봐, 신고 당할까 봐 하루하루를 극도의 스트레스와 불안으로 보냈던 경험은 자신도 모르게 절대자를 불러내는 상황으로 이어졌다고 면담에서 밝힌 바 있다.

그들은 '피를 말리며' 탈북을 시도하였고 그 과정에서 자신 밖의 절대자에게 매달리며 구원을 비는 종교적 행위를 무의식적으로 수행한 경험들이 있다. 그들이 구체적인 종교에 소속되지 않는다고 하여도 그들은 이미 '하늘이시여' 비는 마음으로 신앙 행위를 수행하였다고 볼 수 있는 것이다.

칼빈의 말처럼 인간에게는 본능적으로 절대자에 대한 자각이 있으며, 이러한 자각이 없다면 종교가 존재하지 못할 것이다. 대부분 북한이탈주민들은 탈북과정에서 삶의 바닥으로 꺼진 순간, 자기도 모르게 하느님을 찾는 경험을 한다고 하였다(구자옥의 체험). 그는 하느님이나 개신교에 대해 들어본 적도 없었다. 이미 땅 위에서는 바닥으로부터 자신을 구해 줄 수 있는 것은 아무것도 없었기 때문에, 자신을 구원해 줄 수 있는 절대적 존재를 찾을 때 자기도 모르게 '하늘'을 외치게 된 것이었다.

이 연구에서 참여자들의 면접 과정에서 드러난 것은 북한 사회에서 종교활동이 외형적으로 금지되어 있다고 할지라도 실질적인 신앙 행위는 있다는 것이다. 탈북과정에서 개신교 선교사를 만나 신자가 되었다가, 남한 사회 정착 이후 천주교 신자로 개종한 신경숙의 경우나 집안이 전통적으로 개신교 신자였던 박강식의 사례에서 신앙체험의 행위가 기본적으로 존재하는 단초를 발견할 수 있다. 신경숙의 경우에는 탈북 준비를 끝내고 중국으로 가기 전에 자기도 모르게 두 손을 모으고 하늘에 '빌었다'고 한다. 자신의 기억 속에는 농사를 지을 때 물을 떠놓고 비는 어머니의 모습이 남아 있어 탈출 전 어머니의 모습을 흉내 냈다고 한다. 또한 북한에서도 '신령님'에게 빌고, 무엇인가 위험한 일을 할 때 지켜달라고 '비는 행위'를 한다고 한다. 인간이 신에게 매달리고 소통하려는 것이 본능이든 샤머니즘의 행위이든 간에 절대적 존재를 향해 인간이 본질적으로 이런 행위를 수행하는 존재임을 받아들인다면 북한이탈주민들이 탈북과정에서 일종의 신앙 행위를 경험한다는 것은 근본적으로 자연스러운 이야기가 될 수 있다. 북한 사회에서 애초에 신령님과 같은 보이지 않는 영적인 영역에 대한 믿음이 있었기에 북한이탈주민들은 종교의 이름으로 수행되는 '하나님의 이야기'에 귀를 기울일 여지가 있었을지도 모른다.

탈북과정에서 자신들을 도와줄 절대자를 찾는 경험에서 북한이탈주민들은 개신교에서 말하는 '하나님의 존재'를 인식하게 되었다고 증언하기도 한다. 물론 이들이 중국에서 선교사를 받아들이게 되는 가장 큰 이유는 하나님에 대한 믿음이 아니라 온전히 도움을 받기 위해서이지만 근본적으로 신에 대한 개념을 가지고 있는 것을 부인할 수도 없다. 이 연구에서 여러 북한이탈주민이 증언하는 경우를 통해서 보면, 눈에 보이지도 않고 존재가 의심은 되지만 하나님을 정말로 믿어보기로 한 것도 어쩌면 절대자에 대한 개념의 씨앗이 이미 존재하기 때문일 것이다. 더욱이 그들은 선교사의 도움을 받아 목숨을 내걸고 시도했던 한국행을 성공시켜야 하기 때문에 다른 선택은 애초에 존재하지도 않았다. 특히, 개신교와 선교사들은 한국행에 절대적으로 필요한 초월적 도움을 줄 유일한 구원자였기 때문에 그들 중의 일부는 '거래'로서의 신앙을 시작하게 된다.

이와 같이 북한이탈주민들 중에는 생존을 위한 거래로서 신앙을 시작하는 사람들이 있는데, 이들은 개신교를 받아들인 것이 아니라 자신들에게 숙식을 제공해 주는 물질적 지원 때문에 선교사가 전하는 성경 말씀을 '들어주는' 형태로 종교를 받아들인다. 그들에게 있어 선교사는 영성적 구원자가 아니고 생존을 위해 물질적으로 기대고 안전하게 한국에 가야 하는 목적을 달성시켜 주는 현실적 구원자였다.

북한이탈주민들 중 처음에는 하나님의 존재를 받아들이지 못하다가 자신들의 비참한 처지를 벗어나기 위해 매달리는 절박한 기도를 하면서 신앙적으로 깨달음을 얻는 사례도 있다. 그는 신앙심의 깊이 때문이 아니라, 한국에 가기 위해서는 초월적 존재의 힘이 필요해 하나님 '말씀'을 외우다가 자신의 표현대로 '기적' 체험을 하게 되면서 진정한 신앙인으로 거듭났다고 한다. 성경의 하나님 말씀을 외운 것은 마음에서 우러나온 기도가 아닌 의식적인 기도였으나, 필사적으로 매달림으로써 회개와 회심, 나아가 진정한 종교인으로 개안하는 경지에 이르기도 하는 것이다.

하지만 이러한 종교 체험이 순수한 본질적인 자기 회심이나 존재론적인 성찰에 기인했다고 보기는 어렵다. 북한이탈주민들의 상황 자체가 너무나 열악하고 비참한 처지이기 때문이다. 보는 관점에 따라서는 다른 시각이 존재할 수도 있겠으나, 순수한 신앙 행위인 기도도 북한이탈주민들에게 있어서는 자신의 '안위'에 매달리는 기복적 성격이 강하다. 북한이탈과정에서 기도는 마음에 위안을 주고 안전한 한국행을 보장하며 낯선 삶을 위로하고 더 나은 삶을 희망하는 행위이다. 절박한 순간 북한이탈주민들이 하늘을 찾았던 본능이 선교사를 만나고 난 뒤에는 두 손을 모으고 개신교식 예배와 기도를 올리는 행위로 대체되며 '어렴풋했던 하늘'이 '구체적인 하나님'로 바뀌지만, 그 근본 바탕에는 자신의 안전을 지키고자 하는 절대적인 소망이 자리 잡고 있다. 연구 참여자의 면담 내용에 따르면 '신앙이 좋아 그렇게 한 게 아니라 한국에 가기 위해서'였다. 따라서 이러한 심경에서의 선택을 본질적인 회심에서 오는 진정한 종교적 입문으로 볼 것인가는 논란이 있을 수도 있다. 하지만 북한이탈주민들 중에는 이러한 과정을 통해 신자로서의 길을 걷게 되는 사람들도 다수 있음을 부인할 수는 없다. 즉, 북한이탈과정에서 절박할 때, 성경이 '삶의 길이자 위안이 되었다'는 인식도 존재하기 때문이다.

탈북과정에서 북한이탈주민들을 도와주는 개신교 단체들의 선교 행위에 대해서는 그동안 학문적인 접근과 분석이 지속적으로 이루어져 왔다. 이에 대해서는 긍정적 시각과 부정적 시각이 동시에 존재한다. 그러나 근본적으로 부정할 수 없는 것은 탈북과정에서 북한이탈주민들을 돕는 종교단체의 역할을 무시할 수 없다는 것이다. 다만 그동안 선교활동을 수행하는 과정에서의 선교단체의 역할과 접근 방식에 대해 종교 나름대로 시각을 점검하고 성찰할 필요는 있을 것이다.

2000년대 초반 이래 북한의 기근으로 많은 난민들이 식량을 찾아 중국에 숨어들었기 때문에 이들의 구호활동에 남한의 선교사들이 직간접적으로 참여해 왔다(정병호, 2001). Chung(2003)에 따르면, 개신교의 북한이탈주민들을 돕는 행위가 중국 공안 당국의 눈을 피해 이루어진 비밀구호 활동이라 그 규모가 다 드러나지는 않았지만, 주로 남한과 미국의 한인교회들의 지원을 받는 적어도 백여 개소의 비밀시설이 존재한다. 이 상황에서 생각해 볼 점은 가장 절박한 상황에 놓인 난민들에 대한 구호가 선교와 함께 이루어지고 있다는 점이었다. 2000년대 초반의 정병호(2001)의 연구에 따르면, 이러한 선교의 효과는 남한에 입국하는 북한이탈주민들의 90% 이상이 개신교 신자이며, 통일부 하나원 입소자들의 90% 이상이 개신교 신자로 드러났다.

이러한 종교 선택이 정착 이후 과정에서도 지속적으로 이루어지는가는 의문이나. 전우댁(2004)의 북한이탈주민들을 대상으로 한 3년간에 걸친 장기 추적조사에 의하면, 북한이탈주민들 중 남한 사회에 나와서 종교생활을 하는 사람은 초기에 78.9%(개신교 76.2%)였다가, 3년 뒤에는 63.6%(개신교 61.2%)로 감소하는 경향이 있다.

정병호(2004)는 탈북과정에서 북한이탈주민을 돕는 개신교의 선교방식 중 짚어보아야 할 점을 제기한다. 즉, 이러한 개신교의 선교활동에서 현지 선교의 성격과 제3국을 거쳐서 한국까지 보내는 '서울행 지하철도'의 탑승자를 선별하는 구호기관의 선택과정을 알아야 한다고 본다. 한국에 도착한 북한이탈주민들이 거의 모두 이러한 선교와 구호사업의 대상자였다는 사실에 주목하여, 이들이 체험한 개신교 선교와 이를 통해 형성한 남한 사회에 대한 인식과 새로운 자아 정체성의 내용을 살펴보아야 할 것임을 지적한다.

그동안 탈북과정에서 북한이탈주민에 대한 활동을 가장 공격적이고 활발하게 전개한 개신교 단체들의 활동 저변에는 복음주의적 전파를 목적으로 하는 선교 전략이 깔려 있다. 이런 점에서 정병호(2004)의 지적은 귀담아들을 만하다. 그에 따르면, 중국에 체류하는 탈북 식량난민들에 대한 구호와 선교 방식은 같은 개신교 안에서도 교파에 따라 큰 차이가 있다. 대부분의 개신교 선교단체들이 궁극적 목표를 북한이탈주민 선교를 통한 북한 선교에 두고 있고, 특히 많은 자금과 인력을 동원하고 있는 보수 교단들의 선교는 전투적이라고 할 만큼 적극적이다. 이러한 선교 전략은 탈북 난민들을 도구화하는 것이라고 비판하는 다른 선교사들의 목소리도 있지만, 바로 이렇게 '북한 선교'를 겨냥한 웅대한 목표가 있어야 이들을 구호하는 헌금이 모아지는 것이 오늘날 한국 교회의 현실이라는 점을 지적한다.

이 연구의 참여자들과의 면담 내용에서도 이미 확인할 수 있었지만, 이러한 선교 전략에 따라 탈북과정에서 북한이탈주민들은 종교 학습으로 훈련을 받게 되며, 이에 대한 반대급부로는 생존 문제 해결, 정서적·심리적 의지처, 그리고 가장 중요한 것은 한국으로 가게 된다는 희망이 제공된다. 북한이탈주민들이 일반적인 경로로 채택하는 것이 중국을 통한 남한 입국이라고 볼 때, 많은 북한이탈주민들이 선교사들의 도움을 받게 되는 것도 사실이다. 따라서 이들이 의미 있게 접촉하는 남한 문화가 바로 '개신교문화'가 될 우려가 있다(Chung, 2003).

현재 중국에서 북한이탈주민들을 지원하는 개신교 선교단체는 대부분 열성적인 복음주의 교파들이다. Chung(2003)은 이러한 선교활동에 따라 북한이탈주민들이 개신교로 변신해 가는 과정을 분석하고 있다. 그는 북한이탈주민들이 집중적으로 성경 공부를 하고 찬송가를 부르고 통성기도를 하는 과정에서 믿음체계의 치환이 이루어지는데, 이는 의식·무의식적인 선교 전략과 효과적으로 맞물려 있다고 분석한다. 그에 따르면, 북한이탈주민들은 이러한 개신교적 행위들을 북한에서 일상적으로 행했던 주체사상 학습과 수령의 일화 익히기와 열심히 혁명가를 불렀던 것과 비슷한 일로 여긴다는 것이다. 즉, 북한이탈주민들은 북한에서 주체사상을 열심히 익히고 노력을 기울였던 것과 마찬가지로 중국에서 선교사들의 지침에 따라 이러한 개신교적 행위들을 열렬히 이행하면 사회적으로 보상받는다고 믿는다. 그 결과, 그들이 중국에서 선교사의 보호하에 있으면서 '신자'가 되는 것은 '당원'이 되는 것과 마찬가지로 남한 사회의 당당한 일원이 되는 길이라 여기며, '착한 신자'는 '열심당원'처럼 선택받고 구원받는다고 믿는다는 것이다.

실제로 맨몸의 북한이탈주민이 '구원의 땅' 남한으로 올 수 있는 안전한 길이 없기 때문에, 의지할 데 없는 북한이탈주민들은 개신교를 받아들이며 한국으로 오는 거래를 시작하는 것인지도 모른다. 정병호(2004)는 이를 '선택받은 사람'이라는 의식이 북한이탈주민들에게 각인되는 과정으로 묘사한다. 중국의 교회에서 북한이탈주민들을 위해 지원하는 비밀고아원이니 은신처의 하루 일과는 대부분 성경 공부와 찬송과 기도로 꽉 짜여 있다고 한다. 이 중에는 성경과 개신교 신앙에 관련된 책만을 읽도록 하는 곳도 여러 곳인데, 이곳 생활을 못 견디는 사람은 떠나가고 오래 남아 신앙심이 깊어진 사람들이 서울로 가는 '지하철도'를 탈 가능성이 높아진다. 이러한 성경 학습과정을 통해, 북한을 이탈하여 아무도 자신을 지켜주지 않는 타국에서 불안에 떨고 가난과 기아에 헤매던 북한이탈주민들의 암담한 현실에 남한이 유일한 희망으로 자리 잡게 되어 '구원의 땅'이 되고 '젖과 꿀이 흐르는' '가나안 땅'으로 점차 인식된다. 그리하여 궁극적으로는 모든 위험과 고난을 넘어서 그 땅에 가는 자신은 분명 '선택받은 사람'이라는 인식이 성경 공부를 하는 북한이탈주민들의 머릿속에 자리 잡게 된다.

탈북과정에서 종교의 역할을 정리해 보면, 가장 큰 역할은 생존 욕구의 충족이라고 할 수 있을 것이다. 여기에는 신체적 욕구와 정서적 욕구가 모두 포함되며, 이 외에도 해방이라는 구속으로부터의 자유와 삶의 희망을 갖게 하는 역할을 하기도 한다. 탈북 후 중국에서, 제3국에서, 오지에서 불법체류자 신세로 생을 이어나가는 북한이탈주민들에게 가장 절실하게 필요한 것은 먹을 것과 안전하게 지낼 곳이다. 종교는 그러한 신체적 욕구를 채워 주기도 하였다. 탈북과정에서 종교인을 만났던 북한이탈주민 연구 참여자들의 증언을 종합해 보면 '종교가 뭔지는 잘 몰랐거나 무서운 것으로 알고 있었으나 종교인들이 제공해 주는 음식과 잠자리는 구원'이었음을 알 수 있었다. 먹고 자는 신체적 욕구의 충족은 인간으로서의 생활을 향유하게 만드는 기본적인 문제이다. 종교는 북한이탈주민의 이러한 욕구를 충족시켜 주는 역할을 했다고 볼 수 있다. 한편, 정서적 욕구를 보면, 북한이탈주민들은 북한 및 제3국에서 굶주림, 구타, 꽃제비 생활, 강제노역, 고문 등과 같은 다양한 육체적 외상뿐 아니라 감금, 감시, 세뇌, 공개처형 목격 등과 같은 정치 사상적 외상, 가족의 죽음 목격 및 이별 등과 같은 가족과 연관된 외상을 겪었다(김현경, 2013). 북한이탈주민의 외상은 전형적인 외상 후 스트레스 장애 진단기준과 일치하지 않는 매우 복잡한 증상을 보이는데, 이는 사회주의의 심리적 특성, 난민으로서의 심리적 특성, 이주자의 심리적 특성, 개인 고유의 심리적 특성이 복잡하게 얽혀 있는 것으로 높은 단순폭력 범죄 발생 빈도, 가족, 직장 등 중요 생활 영역에서 분노 폭발로 관계손상과 단절이 흔히 보고된다는 점에서 치료가 필요하며(김은경, 허석재, 2010) 그보다는 예방이 더욱 중요하다 할 수 있다. 또 위와 같은 외상의 결과가 나타나지 않는다 하더라도 연구 참여자들의 증언처럼 위와 같은 일을 겪을지도 모른다는 두려움과 불안은 탈북과정에서 가장 큰 스트레스였을 것이다.

외상 후 스트레스의 원인이 되는 극도의 공포감, 두려움, 근심과 외로움이 탈북과정에서 종교를 접하면서 안정을 찾기도 하였다. 실제로 북한이탈주민들에게 종교는 가장 위험하고 절박한 상황에서 어렵고 힘든 마음을 달래기 위한 하나의 방책(전우택, 조영아, 2003)이다. 즉, 종교는 스트레스나 외상 후 스트레스와 같은 정신적인 증상으로부터 안전할 욕구를 충족시킬 수 있음을 알 수 있다.

그 밖에 종교는 북한이탈주민들의 생존 욕구 충족을 기반으로 북한이탈주민들로 하여금 삶을 이어 가도록 용기를 주기도 한다. 예컨대, 한 참여자에 따르면, 하나님 이야기는 '코웃음이 나는' 말이었지만 불안한 삶에서 그나마 잡을 수 있는 '지푸라기'였고 하나님을 믿으면 살 수 있다는 선교사의 조언은 그가 삶을 붙들 수 있는 힘이 되었다. 극단적으로 절박한 상황에서 종교는 북한이탈주민이 기댈 수 있는 유일한 희망으로도 작용하였다.

2) 정착과정에서의 종교 역할

북한이탈주민들의 남한 사회 정착과정에서 종교가 수행하는 역할은 상당하다고 할 수 있다. 북한이탈주민들의 정착과정에서 종교가 수행하는 역할을 간략히 제시하면 세 가지로 정리할 수 있다. 첫째는 북한이탈주민들의 심리·정서적 욕구를 충족시키는 것이다. 이는 교회와 유대나 인간관계를 통해 북한이탈주민들이 사회에 적응하는 데 있어 큰 부분을 차지한다고 할 수 있다. 둘째는 북한이탈주민들이 남한 사회에 적응하고 정착하는 데 도움을 주는 것이다. 학교, 취업, 의료, 결혼 등 전방위적인 측면에서 북한이탈주민들을 지원할 수 있다. 셋째는 북한이탈주민들에게 새로운 정체성과 지위를 부여하는 것이다. 좁게는 종교 영역 안에서 그 종교가 북한 선교를 기획할 때 북한전문가로서 정보와 지식을 활용하게 하며, 통일 후 국가 재건을 할 때 종교가 기능적인 수행에 도움을 줄 수 있을 것이다.

북한이탈주민이 하나원에서 남한 정착 훈련을 받는 과정에서 종교의 역할부터 소개할 필요가 있다. 하나원의 사회 적응교육 프로그램에는 종교교육도 포함되는데, 이는 정부가 북한이탈주민들이 남한 사회에 정착하는 데 종교가 수행하는 역할을 인정하고 있기 때문이다.

앞에서도 밝힌 바와 같이, 종교교육의 궁극적인 목표는 더불어 살아가야 하는 우리 인간으로 하여금 '사회 및 신과 같은 타자와 긴밀하게 상호연결되어 있는 존재'라는 점을 인식시키고 '인격의 내면과 인격적 관계에서 상호연결성 혹은 상호의존성을 깨닫는 것'(최준규, 2005)이다. 이러한 종교교육의 목표는 북한이탈주민들에게도 적용될 수 있는데, 특히 그토록 원하고 새롭게 만난 세상으로부터의 소외와 단절로 인한 심신의 고달픔을 종교적 참여와 소통을 통해 해결하고 치유할 수 있기 때문에 정부에서도 하나원에서의 종교활동을 허용했다고 볼 수 있다. 국정원과 하나원에서는 3개 주요 종교, 즉 개신교, 천주교, 불교의 입회를 허락했고, 북한이탈주민들은 이 세 종교 중 하나를 선택해 종교활동에 참여할 수 있다.

북한이탈주민들이 본격적으로 종교를 알게 된 계기는 바로 남한 입국 후의 하나원에서 제공된다. 하나원에서의 종교 선택 과정은 북한이탈주민들에 따라서 다양하게 나타난다. 중국에서는 오로지 종교가 하나인 줄 알았는데, 그동안 접하지 못했던 다른 종교들을 알게 되기도 한다. 하지만 종교 선택의 폭이 넓어졌음에도 불구하고 북한이탈주민들 중에는 원래 믿었던 종교를 다시금 선택하는 경우도 많다. 그 이유는 그동안 지키고 보살펴 준 것에 대한 '의리'를 지켜야 해서, 아니면 물질적으로 무엇인가를 제공해 주니까 받기 위해서, 혹은 신앙이 더 굳건해져서 등 다양하다. 반면, 북한이탈주민들 중에는 그동안 알아왔던 종교와 다른 종교를 선택하는 경우도 있다. 하나원 생활에서 타 종교의 장점을 새롭게 발견하게 된 이후 그 종교를 다시 선택하는 경우이다. 북한이탈주민들이 종교를 선택한 이후 신앙생활을 유지해 가는 모습도 다양하게 전개된다. 새로운 사회에서 살아남고 적응해 가는 문제가 만만치 않은 이들에게 종교가 기능하는 모습은 또한 다양하게 나타난다.

하나원에서 나온 이후에도 종교는 이들의 남한 사회 정착과 적응에서 상당한 역할을 수행한다. 연구 참여자들에 의하면 남한에서 북한이탈주민들을 힘겹게 만드는 감정이 외로움이나 죄책감 등이라고 한다. 특히 외로움으로 귀결되는 북한이탈주민의 삶에서 '다가와 주는 종교'에 의지하게 되는 것은 자연스러운 일로 보인다. 종교의 도움을 크게 받은 북한이탈주민들의 입장에서 보면 목숨까지 위협받을 수 있는 이탈과정에서 종교가 이들에게 안전과 보호를 제공하였고, 남한 입국 이후 사회의 기반이 없는 북한이탈주민들의 소외와 단절의 삶에서 소통과 소속감이라는 가장 중요한 요소를 제공한 구원처이기도 하다. 이를 반영하듯이, 북한이탈주민의 사회활동으로 가장 활발한 것이 종교활동이다(윤인진, 2004). 북한이탈주민들은 중국, 러시아 등에서 체류하는 동안 남한 선교사들과 목사들로부터 물질적·정신적 도움을 받는데, 그것이 계기가 되어 개신교로 귀의하는 사람들이 많다. 2003년 수행된 통일연구원 조사에 따르면, 전체 응답자의 약 70%가 종교를 갖고 있다고 답하였고 그중 개신교도가 62.3%를 차지하고 있다. 종교를 갖는 이유로 전체 응답자의 약 78%가 '마음의 평화를 위해서', 약 13%가 '주위 사람들과 교류하기 위해서'라고 응답하였다. 이는 교회를 제외하고 북한이탈주민들이 남한주민들과 긴밀하게 접촉할 수 있는 모임과 단체가 별로 없다는 현실을 반영해 준다. 이들은 남한주민들과 일차적 관계를 맺지 못하면서 결국은 북한이탈주민들끼리 어울리게 된다. 자신들의 속내를 드러낼 수 있는 대상이 북한이탈주민들밖에 없다고 말을 한다.

개신교의 적극성은 북한을 이탈한 후의 북한이탈주민들의 삶에 큰 영향을 미치고 있다. 탈북 이후 중국에서부터 북한이탈주민들이 돈에 의해, 혹은 외리에 의해 개신교를 선택한다 할지라도 처절하게 삶을 살아내고 있는 이들에게 개신교가 내민 '밥'과 '집'은 중요한 역할을 수행한다. 물론 일각의 비판적 시각으로 보면, 이는 '종교와 물질의 연결', 즉 '종교는 돈을 주는 곳'이라는 인식을 남길지도 모르는 물질 중심의 포교이다. 그리하여, 북한이탈주민들로 하여금 자본주의를 곡해시킬 수도 있고, 종교의 의미 자체에 속세의 그늘을 드리울 수도 있다. 북한이탈주민 입장에서 보면 중국에서 개신교 선교단체에 의지하는 것이 '한국행'을 위한 필사적 생존 차원의 '수단화'였다는 비판이 정착과정에서도 똑같이 적용되고 비판될 수 있을 것이다. 하지만 북한이탈주민들이 처해 있는 현실 자체가 신앙생활을 그 자체의 가치보다는 현재 나의 삶에 이익을 가져다주기에 영위해야 하는 것으로 여길 수밖에 없을 정도로 열악한 것이라면, 종교의 본질적 의미만을 따지는 것 자체는 현실적으로 의미도 없고 무력할 수밖에 없다.

진미정 등(2006)의 연구에 따르면, 북한이탈주민들의 경우 시간이 지나도 차별이나 편견 등의 문제가 별로 줄어들지 않는다고 느낀다는 점에서 지속적으로 적응의 문제를 안고 살아가야 한다. 이러한 가운데 북한이탈주민들에게 있어 사회관계망은 위기 상황에서 개인과 가족을 돕는 자원이 되기도 하는데(이순형, 조수철, 김창대, 2008), 사회관계망이 취약한 북한이탈주민들에게 종교가 그 역할을 할 수 있다. 사회관계망으로서의 종교는 북한이탈주민들에게 상당한 도움을 제공하며 이들의 삶에 중요한 자원으로 작용한다. 대부분의 종교가 '사회봉사'를 강조하는데, 실제로 많은 북한이탈주민들이 남한에서의 현실적인 두려움과 불안감을 종교를 통해 극복하였다(이순형, 조수철, 김창대, 2008)고 밝히고 있다. 이러한 결과는 종교의 사회봉사정신과 북한이탈주민의 종교적 태도가 모두 결합하여 나타난 것이라고 볼 수 있을 것이다. 개신교 등을 포함하여 대부분의 종교가 사회봉사의 실천 정신으로 북한이탈주민을 지원하고 있는데, 북한이탈주민들에게 종교란 낯선 땅에서의 삶 전반을 정상적으로 유지시키는 버팀목 역할을 해주는 것으로, 북한이탈주민들은 현재 자신이 선택한 그 종교가 아니었다면 탈북 이후, 그리고 정착과정에서의 삶을 살아내기가 어려웠을 것이라고 생각한다.

북한이탈주민들이 종교를 갖고 신앙생활을 하는 것이 자신들이 살아

나가는 데 있어 많은 점에서 이롭다고 인식하고 있는 배경에는 심리적·정서적 안식처의 제공이나 나눔과 감사 경험과 같은 종교 내재적 동기의 체험도 깔려 있다. 북한이탈주민들이 지니는 신앙의 모습은 다양하게 나타날 수 있고, 이러한 다양성 안에서 종교는 북한이탈주민들에게 분명히 중요한 삶의 한 요소라고 할 수 있다. 탈북과정과 정착 이후 종교의 도움을 받은 북한이탈주민들 중에는 지속적으로 신앙생활을 유지하는 사람들이 많으며, 그중에는 신앙이 더욱 원숙해지는 경우도 있다. 탈북과정을 겪고 북한이탈주민으로 안착한 후 자신이 갖고 있던 신앙관이 더욱 성장하고 발전한 경우도 있다.

한편, 북한이탈주민들에게 있어서 종교가 분명히 중요한 기능을 수행하는 것은 사실이나, 이것이 모든 북한이탈주민들에게 해당되는 것은 아니다. 북한이탈주민들 중에는 신앙을 유지하는 사람도 있고 그렇지 못한 사람도 있다. 이는 북한이탈주민 각자가 처한 상황에 따라 다소 차이가 나고, 사람에 따라서 다양한 양상과 단계를 거쳐 가는 모습을 띠기도 한다. 사람에 따라서는 생활상의 어려움으로 종교생활이나 신앙을 유지하기 힘든 경우가 있고, 또 근본적으로 종교에 대한 회의에 빠질 수도 있다. 앞에서도 밝힌 바와 같이, 북한이탈주민 전부가 그런 것은 아니지만, 일부의 북한이탈주민들은 종교를 본인의 생활을 위해서 이용한다는 지적이 있기도 하다.

아무리 종교를 '거래'의 대상으로 삼는다고 할지라도 종교활동은 본인의 헌신을 전제하지 않고는 지속될 수 없는 것이다. 많은 북한이탈주민들이 어려운 여건 속에서도 자신의 종교를 지키고자 노력하지만, 생활의 무게에 짓눌려 주기적인 참석이 어렵다고 밝히기도 한다, '먹고사는' 문제 때문에 주일을 거르게 되면서 종교생활을 등한시하게 되는 경우도 발생한다. 눈앞의 의식주가 해결된 지금은 잠시 종교에서 멀어지기도 하는데, 정신적 거리에 비해 신체적 거리가 멀어지고, '삶의 무게'에 치여 살기 때문에 마음만큼 종교생활에 충실할 수 없는 상황에 처하기도 한다. 경우에 따라서는 탈북과정에서 '기적'을 체험하였다고 할지라도 그 이후의 종교생활이 반드시 착실하리라는 보장이 없다. 탈북 후 중국 공안에 체포된 뒤 목숨이 위협받던 상황에서 기적처럼 풀려났다가도 '생활이 바빠서' 종교행사에 한동안 참석을 못하는 북한이탈주민도 있게 된다(박강식의 사례). 전우택 등(2009)에 따르면, 개신교를 다니는 북한이탈주민들의 숫자가 정착 후 3~4년이 지나면 감소한다고 하는데, 교회가 예배시간 이외에 모임을 강요하는 것과 바쁜 직장 생활을 이유로 해서 북한이탈주민들이 종교생활을 중단하기 때문이다.

이 연구에서 밝혀진 바에 의하면 정착 이후, 어떤 종교인을 만나느냐에 따라 북한이탈주민들의 종교생활 지속성이 결정되는 경우도 있다. 정착 초기에 가졌던 종교에 대한 기대가 큰 데 비하여 이를 충족시켜 주지 못하는 종교인을 만나면 회의를 경험하는 경우도 종종 있다. 또한, 일부 북한이탈주민들에게 있어서 남한 사회의 생활은 탈북과정에서 겪었던 고난의 연속선상에 있을 수도 있다. 이들이 정착한 남한 사회에서는 생명을 내놓아야 하는 위협은 존재하지 않으나, 예상치 못했던 고난들이 전개될 수도 있다. 생소한 자본주의 경제체제 방식과 가치, 그 세계 속에서 살아남아야 한다는 강박증, 외로움과 익숙하지 않은 문물의 학습, 경제사정, 학교와 직장에서의 어려움들로 인한 스트레스는 이전에는 느껴보지 못하고 예상치도 못했던 또 다른 괴로움이라고 할 수 있다.

이러한 상황 속에서 어려움을 함께한 북한이탈청소년 사이에 '동병상련(同病相憐)' 현상이 보고되었다(이혜영, 이순형, 2007). 도덕딜레마 상황에 대한 사회인지나 도덕성 판단에서 위기를 경험했던 북한이탈청소년들의 판단이 남한 일반 청소년들과 부분적으로 다른데, 그중에서도 두드러진 점은 북한이탈청소년 사이에 서로 도와야 한다는 친사회성이 높게 나타난다는 사실이다. 위기가 상호 도움의 관계를 구축해 주고 있는 것이다.

북한이탈주민들이 겪은 위기 상황이나 스트레스는 절대자에 대한 염원으로 이어져 종교가 의지처가 되고 안식처가 되기도 하지만, 한편으로는 오히려 부담되거나 회피의 대상이 될 수도 있다. 이러한 상황에서 북한이탈주민들에게 종교 모임에 주기적으로 참석하라고 요구하는 것은 또 다른 부담과 강박으로 작용할 수 있다. 이렇게 되면 생활에 쫓긴 북한이탈주민들은 심리적으로 짜증이 나기도 하고, 또 현실적인 문제들이 던지는 생활의 피로와 고단함으로 종교를 뒷전으로 미루게 되기도 하는 것이다.

북한이탈주민들에게 종교가 부정적으로 작동하는 측면을 살펴보는 데에는 정병호(2004)의 연구에서 제시된 사실들을 눈여겨볼 필요가 있다. 남한에 들어온 북한이탈주민들은 대개 개신교도로서 자신의 정체성을 확립하고 그동안 도움을 받았던 교회에서 이제 자신도 하나의 역할을 부여받고 수행하게 된다. 그들은 자신을 구원해 준 교회를 위해 자신의 탈북과정에서 받은 은혜에 대한 보답으로 신앙 간증을 하게 되고, 이는 자연스럽게 재외 북한이탈주민들과 북한 선교를 위한 헌금으로 이어지게 된다. 그 과정에서 사회 정착 초기의 북한이탈주민들을 중국에서부터 보호하고 남한으로 데려온 교회나 단체가 아닌 다른 교파나 교회가 생활지원금을 주며 경쟁적으로 소속교인이 되게 하거나 신앙 간증을 하도록 초청하게 되는 경우가 왕왕 있기도 하다. 그 결과, 본인들을 돌보아 주었던 교회나 교파를 저버리고 새로운 교회로 옮겨가게 되면 이들을 데려온 선교사나 개신교인들은 배신감을 느끼게 되는 경우도 있다. 반면 북한이탈주민의 입장에서도 똑같은 생각을 하게 되는데, 이제는 자유로운 선택을 할 수 있게 된 자신들의 상황이나 위치를 고려하지 않고 자신들을 과거의 인연으로 속박하려는 사람들에 대한 섭섭함을 갖는다고 한다. 이러한 과정에서 북한이탈주민들 가운데는 절박할 때의 신앙심을 잃고 자신들도 교회를 도구화하려는 생각을 갖는 사람들도 다수 나타나게 된다고 한다. 이는 다시 북한이탈주민들은 자신이 필요할 때만 교회를 이용하는 믿을 수 없는 사람들이라는 고정관념을 강화시키기도 한다.

이와는 다르게, 탈북과정에서는 성실한 개신교도였다가 정착 이후 달라진 모습을 보이는 경우도 있다. 북한이탈주민들 중에는 처음의 간절했던 신앙심을 지속적으로 유지하지 못하는 경우도 있다. 북한이탈주민들은 한 체제의 화려한 이념과 현실 간의 엄청난 괴리를 경험한 사람들이다. 이 믿음을 선교집단이 강조하는 구호시설로 파악하고 그곳에 있을 때만 잠정적으로 몸을 맡기는 경우도 많다고 한다. 정병호(2004)의 연구에 의하면, 한 북한이탈청소년은 남한에 오기 위하여 성경 구절 천 개를 외우고 '착한 신자'로 선택되어 남한에 도착하자마자 이를 비웃었던 사례도 있었다.

문제는 절대적이라고 여겼던 개신교 교리가 남한 사회에서 북한의 주체사상만큼 절대적 이념이 되지 못한다는 사실을 알게 되면서부터 발생한다(정병호, 2004). 북한이탈주민들이 남한 사회에 정착한 이후, 개신교 신자도 남한 사회 내부의 한 사회집단에 불과하고 같은 개신교라도 신앙을 다른 방식으로 유지한다는 종교적 다양성과 접하게 되면 그 혼란은 더 커진다고 한다. 북한이탈주민들의 경우에는 제3국 체류 중에 접한 선교단체에 따라서 불교 등의 다른 종교에 대한 부정적인 인식뿐만 아니라 같은 개신교에서도 천주교는 물론이고 다른 교파의 신앙을 이단시하는 사고가 강하게 주입되기도 한다. 그런데 남한 사회에 와서 보니 개신교, 그중에서도 자신이 속하는 교회나 교파는 절대적이거나 유일한 것이 아니라고 상대화시키게 되고, 여기에 더해서 남한 교회의 세속적인 측면까지 접하게 되면 교회와 신앙에 대한 최소한의 존경심이 일거에 무너져서 그나마 지탱해 온 삶의 지향점이 흔들려서 자포자기 상태가 되거나 극도로 냉소적인 태도를 갖게 되기도 한다(정병호, 2004).

남한 사회 정착 이후 북한이탈주민들이 그동안 의지하고 따랐던 교회를 떠나게 되는 계기는 개인마다, 상황마다 다를 수 있지만, 이 중에서 또 자주 거론되는 것이 북한이탈주민들의 경험을 '상품화'하고 '선교 수단'으로 이용하는 것에 대한 반발이나 저항 때문이기도 하다. 정병호(2004)의 연구에 따르면, 북한이탈주민들이 정착 초기에 자신들만의 특별한 경험을 하나의 '상징자본'으로 활용하여 여러 단체나 교회 등에서 강연이나 간증을 하기도 한다. 그러나 남한 사회의 각 집단이 듣고 싶어 하는 이야기는 자신의 비참한 과거의 경험과 여전히 어려움을 겪고 있는 자신에 대한 것뿐이라는 것을 알게 되면 모멸감 때문에 갈등하게 된다고 한다. 교회에 가서 간증한 날 밤에는 받은 돈으로 만취되도록 술을 마신다는 북한이탈청소년들도 있다. 그래도 남한 사회에서 사람들에게 자신에 대한 이야기를 할 수 있는 공개 강연과 신앙 간증의 기회는 자신이 특별한 사회적 존재라는 것을 확인할 수 있는 많지 않은 기회이다. 그러나 공개 강연과 신앙 간증이 되풀이 될수록 자신을 초청한 집단이 갖고 있는 북한이탈주민들에 대한 인식과 기대, 그리고 정치적 이해관계에 맞춘 이야기만 하기가 쉽다. 그러한 이야기를 통해 남한 사회 속에서, 남한 사회의 시각에 맞춘 '자신'을 만들어 간다고도 할 수 있다. 하지만 이러한 가운데 순수한 신앙심을 잃고 그동안 의지했던 정신적 지주와도 같았던 종교의 끈을 놓게 되는 경우가 있기도 하다.

한편, 앞에서 살펴본 바에 의하면, 정신건강 측면에서 종교는 북한이탈주민들에게 영향력을 미치는 것이 분명하다. 이 연구에서는 18세 이상 북한이탈주민 294명에 대한 설문조사 결과를 분석하였는데, 응답자들 대다수는 남한에 정착한 이후 종교를 가진 것으로 나타났다. 이들이 종교를 가지고 있을 확률에 영향을 미치는 사회인구학적 특성을 살펴보면, 연령이 1세 높아질수록 종교를 가지고 있을 확률이 3% 증가한다. 또한 입국 후 기간이 1년이 증가할 때마다 종교가 있을 확률은 11% 감소한다. 이 결과를 보면, 북한이탈주민들은 정착 이후 종교에 기대려는 의지를 분명히 지니고 있고 나이가 들면서 더욱 그러한 성향을 보이는 것으로 볼 수 있지만, 이 의식이 시간이 지남에 따라 다소 희박해지는 것으로 볼 수 있다. 이러한 결과는 북한이탈주민들을 대상으로 선교활동을 펼치는 종교인이나 종교단체가 유념하고 면밀히 검토해야 하는 것이라고 보인다.

또한 북한이탈주민들의 정신적 웰빙, 회복탄력성, 정신장애 증상 유무에 따른 정신건강 수준을 살펴보면, 정신적 웰빙의 수준은 높지 않은 반면(5점 만점에 평균 2.48점), 회복탄력성은 그보다 높은 수준(평균 3.35점)을 나타낸다. 자아의 회복탄력성은 위기를 극복해 온 핵심 역량으로서 기능했다고 할 수 있다.

그런데 정신적 장애 측면에서 보면, 증상이 있는 집단은 53.7%에 달한다. 최근 한 달 이내에 수면제, 신경안정제 등 정신과 약물을 복용한 경험이 있는 북한이탈주민도 21.7%이다. 이러한 정신장애 집단 비율은 무시하거나 간과할 수준이 아니다. 북한이탈주민들이 사경을 넘는 특수한 경험을 한 집단이고 그중에는 외상 후 스트레스 증후군을 보이는 사람들도 있기 때문에 이러한 정신건강 상태는 전반적으로 관심을 보여야 할 수준으로 보인다. 따라서 이에 대한 정신과적 개입이나 심리·상담치료가 필요할 것으로 보여진다. 이러한 정신적 장애의 문제를 해결하는 데에는 종교가 해야 할 역할도 클 것으로 예상된다.

한편, 북한이탈주민들과 사회 적응 양상을 살펴보면 흥미로운 사실이 드러난다. 전반적으로, 북한이탈주민들은 남한 지향성이 북한 지향성보다 훨씬 높다. 북한이탈주민들이 남한 사회에 정착해서 심리적으로도 잘 적응하는 사람들이 훨씬 많다는 사실을 의미한다. 구체적으로 남한 사회에서 전반적 사회 적응(평균 3.57점)이 양호한 편인데 비해서, 사회적 차별, 개인적 차별이나 사회적 소외 양상이 다소 있는 것으로 나타났다. 그러한 문제가 있음에도 불구하고 북한이탈주민들의 전반적 삶의 만족도가 양호하게 보고됨(평균 3.23점)에서 보통 이상의 사회 적응과 생활만족을 읽을 수 있다. 그런데 주목할 점은 북한이탈주민들에게 있어 종교 유무 그 자체나 종교 유형은 정신건강이나 사회 적응에 영향력을 미치지 않는 것으로 밝혀졌다는 사실이다.

종교가 있는 사람과 없는 사람 사이에 사회 적응이나 삶의 만족에 차이가 발견되지 않았다는 사실, 그리고 종교 유형에 따라서도 차이가 없다는 사실은 종교 그 자체가 북한이탈주민의 사회 적응이나 삶의 만족에 설명력이 별로 없다는 사실을 알려 준다. 단지 종교를 가진 사람들 안에서 개인 차이가 있다는 것을 의미한다. 흥미롭게도 북한이탈주민들이 종교를 내면화하는 성향이 있는지 아니면 외현화하는 성향이 있는지에 따라서 사회 적응과 정신건강에 영향을 준다는 사실이다. 종교를 외현화하는 사람들에게는 종교가 아무런 영향을 주지 못하는 데 반해서 종교를 내면화하는 사람들에게는 깊은 영향을 미친다.

한편 종교의 교리를 얼마나 깊이 이해하느냐가 이들의 정신건강과 사회 적응에 영향을 미친다. 이는 교육 수준을 통제하거나 지능을 통제하지 못한 상태에서 나온 결과이므로 교리 이해가 문자 그대로 교리 이해 수준에 따른 차이인지 아니면 학력이나 지능이 그러한 영향의 실체인지는 알 수 없다.

이 연구에서 밝혀진 중요한 사실은 사회 적응을 고려할 때 북한이탈주민들을 대상으로 한 종교적 개입의 진정성과 깊이가 중요하다는 것이다. 북한이탈주민들의 정착 이후의 삶에 있어 종교와 관련하여 외형적으로 드러나는 측면, 즉 종교를 가졌는지 아닌지, 어떤 종교를 가졌는지 아닌지, 그리고 자기가 속한 종교의 교리를 잘 이해하고 있는지 아닌지가 중요한 것이 아니다. 종교가 북한이탈주민들에게 자기 성찰과 사려 깊음 속에서 정신적으로 건강하고 사회적으로 잘 적응하게 한다는 점이 중요하다. 부연하면 북한이탈주민들의 정신건강, 나아가 사회 적응과 관련하여 보다 결정적으로 중요한 사실은 종교의 입장에서는 북한이탈주민들을 대상으로 하여 종교가 가진 본질적 의미와 목적을 충실하게 전달하고 그 진정성을 수용하게 할 때, 북한이탈주민이 진정한 자기 성찰을 하면서 종교에 회심하게 되면, 비로소 종교가 북한이탈주민의 정신건강과 사회적응에 긍정적인 영향을 미칠 수 있다는 것이다.

어쩌면 종교만이 아니라 일반 시민으로서 차원 높은 의식을 받아들일 때에도 그러할 것으로 예상할 수 있다. 앞으로 통일 후 북한주민에게 민주시민의식이 필요할 때에도 이러한 진정성 있는 내면화 과정이 전제되어야 할 것으로 예상된다. 이는 향후 통일을 준비하면서 개입을 고려할 때 검토해야 할 시사점과 함의가 상당히 큰 것이라고 할 수 있다.

북한이탈과정에서 종교가 두려움과 외로움이라는 인간의 생존 욕구 충족, 그로 인한 외상 후 스트레스의 예방에 기여했고, 살 수 있다는 근거를 마련해 주었다면, 정착과정에서도 외상 후 스트레스의 치료에 도움을 주고, 문화충격에 따른 스트레스를 감소시켰을 것이다. 실제로 북한이탈주민들이 탈북과정에서 받는 스트레스와 정착과정에서 받는 스트레스는 차이가 있다. 탈북과정에서 받는 스트레스가 체포당할지 모른다는 두려움, 배신, 불안 등과 관련된 외상 후 스트레스라면, 정착과정에서 받는 스트레스는 정착한 국가의 문화에 자신을 맞추어 가는 문화적응스트레스라고 할 수 있다. 문화적응스트레스는 문화적응과정에서 경험하게 되는 스트레스 행동의 특정한 경향이라 할 수 있는데, 북한이탈주민들은 남한 문화에서 과거에 경험하지 못했던 경쟁의식과 정신적으로 감당하기 힘든 문화적 차이로 심리적 고통을 느낀다(김현경, 전우택, 2009; 이순형, 권미경, 2010). 연구 참여자들의 증언을 통해서도 이들이 새로운 문화에 적응하기 어려웠음을 알 수 있다. 새로운 문화에 적응하려면 개인 스스로의 노력도 중요하지만, 주변 환경으로부터 많은 도움이 필요하다. 그렇지만 실제로 외부의 지원이 충분하지 않은 듯하다. 북한이탈주민들을 돕는 한 성직자의 증언처럼 전보다는 나아졌지만 '아직도 신자 안에서 북한이탈주민에 대한 인식이 부족하기' 때문에 '함께 살아가는 데는 더욱 많은 노력이 필요'하다고 볼 수 있다. 이는 그 험한 생을 살아온 북한이탈주민이기에 '누구도 믿을 수 없는' 새로운 세계 속에서 적응해야 하므로 종교인과 신자들이 이들을 도울 필요가 있음을 의미한다.

정서적 고립, 교육과 취업의 어려움 같은 심리·적응 문제 역시 이들에게 큰 문제로 다가온다. 앞서 여러 증언을 통해 보았듯이 종교는 정착과정에서의 적응문제를 도와준다. 다만 독실한 신앙인을 제외한 북한이탈주민들은 아직은 종교적 신념에 의해 스트레스를 이겨 낸다고 보기는 어렵다. 많은 북한이탈주민들의 외로움을 경감시켜 주고, 취업을 도와주고, 교육을 시켜 주기 때문에 종교활동을 통해 만나는 사람들과 그들과의 관계 역시 문화적응을 도와주는 역할을 한다. 인간관계의 구축과 사회적 지지는 적응 스트레스를 감소시켜 준다(김미령, 2004)는 점에서 종교가 신앙을 심어 주는 것을 목적으로 삼지 않고 물질적인 것을 제공한다는 비판도 있지만, 이런 물질 등의 제공을 통해 종교는 북한이탈주민들에게 사회적 관계를 만들어 주고 북한이탈주민들이 문화에 적응해 나가기도 하는 것이다.

종교적 신념은 직접적으로 불안감이나 우울증 등을 감소시키고, 생애만족도를 제고시키는 긍정적 역할을 하고, 건강 증진 습관에 기여하는 측면이 있다(한내창, 2002). 그러나 종교집단 속에서 새로운 대인관계를 맺는 것이 어려운 북한이탈주민들은 이로 인해 외로움, 그리움, 소외감, 열등의식 등을 느껴 부적응 양상을 초래할 수 있다(유시연, 2001). 즉 문화적응에 부정적인 영향을 미치는 외로움, 소외감으로부터 오는 불안과 우울이 종교적 신념을 통해 상쇄될 수 있다. 북한이탈주민들의 비교적 독실한 종교생활은 신념이 있는 종교활동을 통해 문화에 보다 잘 적응할 수 있는 기회를 부여한다고 볼 수 있다.

북한이탈주민에게 가장 필요한 것 중 하나가 정착에 대한 실질적 도움이다. 적응과정에서 취업, 대인관계, 이웃 간의 문화, 자녀 교육에서 상대적 박탈감이 증폭되어 실업과 부적응으로 이어지고 있어 정부 차원에서 취업 정책적인 지원이 요구된다(김용태, 배철호, 2010). 이에 따라 노동부는 취업 상담 및 알선, 하나원은 정착지원금 제공, 교육과학기술부는 교육지원 등 국가 기관 차원에서 다각도의 지원이 제공된다(김용태, 배철호, 2010).

남한 사람들이 북한이탈주민에 대해 가지는 인식은 결핍과 박탈이다. 남한 사람들은 강한 위계의식과 권위주의로 성, 연령, 지위, 학력, 재력 등을 기준으로 신분 서열을 매기고, 남과 우리를 구분하는 배타주의적, 폐쇄적인 경향을 가짐에 따라 신체적으로 왜소한 노동계층인 북한이탈주민들을 천시하고 존중하지 않는 경향을 보인다(김은경, 허석재, 2010). 이러한 심리로 북한이탈주민들은 한국 사회에 기여할 만한 능력과 역할이 없다고 생각되고, 이들의 사회 진출이 가로막히기도 한다.

북한이탈주민 중에서 의지가 강하고 정치적 자질이 있는 사람들은 특별한 지원을 통해 남한 정착 수준을 넘어 향후 통일이 되었을 때를 대비해 북한에서 역할을 할 수 있는 인재로 육성할 필요가 있다. 북한이탈주민이 성공하면 북한이탈주민에 대한 국민의식도 개선될 것이며 북한주민들에게도 좋은 영향을 줄 것으로 기대할 수 있다(홍진표, 2010). 종교계에서는 북한이탈주민을 미래 인재로 키우려는 노력을 보이고 있다. 평양을 포함하여 함경남북도, 평안남북도, 황해남북도, 양강도, 자강도, 개성시, 강원도 등 북한 방방곡곡에서 온 북한이탈주민은 통일 후에 고향 각지로 돌아가, 첫째, 민주주의 경험을 바탕으로 북한 재건에 힘쓰는 체제대안세력으로서의 역할, 둘째, 시장경제 경험에 기반하여 북한 경제발전에 힘쓰는 시장경제 구축세력으로서의 역할, 셋째, 계급과 경제적 편차에 의해 발생된 북한 사회의 균열과 갈등을 해결할 사회통합기능 세력으로서의 역할을 수행할 것으로 기대하고 있다(안찬일, 2011). 이런 의미에서 이주민들을 단순한 정책 수혜자로 보기보다는 정책의 조언자, 동반자(신광철, 2010)이자 실시간으로 북한의 상황을 전해 듣고 자유세계의 소식과 복음을 북한 가족들에게 전해 주는 북한의 현지 선교사 후보들이며(임창호, 2013), 북한에 있는 인적 조직망의 혈연, 학연, 지연을 바탕으로 북한 선교에 영향력을 발휘할 수 있는 사회적 자본(김영희, 김병욱, 2008)이라는 입장을 종교계는 취하고 있다.

2. 대북 선교와 사회통합에의 기여

1) 대북 교류와 선교

한국의 종교단체들은 오랫동안 인도주의적 차원의 물적 지원 등 대북 교류에 적극적으로 참여한 것으로 알려져 있다. 이러한 종교단체나 종교기관의 대북 교류 활동이 북한주민들의 종교에 대한 이념이나 태도에 변화를 초래할 만한 영향을 미쳤는지에 대해서는 정확히 알려진 바가 없다. 하지만 이들의 존재와 역할이 가시화되지 못했다고 할지라도 이러한 역할 수행은 사회 구원이라는 종교 본연의 역할에 충실한 것이며, 또한 통일 후 한국의 미래상 설정에서 종교가 한 역할을 담당할 것이라는 기대와 인식을 한국 사회에 불러일으킨다는 점만으로도 어느 정도 의미를 달성했다고 할 수 있다.

북한의 종교단체 현황을 보면 천도교, 개신교, 천주교, 불교, 정교를 관리하는 조선종교인협의회가 결성되어 운영되고 있다. 이 단체의 결성 취지는 '조국의 자국적 통일을 지향하는 북반부의 모든 종교인들이 평화와 통일과 애국애족의 민족이념 아래 하나로 굳게 결속하기 위함'이다(하종필, 2003). 실제로는 이 단체는 신앙을 위한 친목이 아닌 통일전선 구축을 위한 정치적 단체라고 알려져 있다. 또한 북한 헌법과 정책에서 종교의 자유를 보장하고 있지만, 공식적으로 인정된 일부 단체를 제외하고 북한 당국은 종교활동을 엄격히 제한하고 있으며, 전도활동에 참여하거나 외국인 혹은 선교사와 접촉 시 체포되고 처벌받는다고 알려져 있으며 (USCIRF, 2012), 그러한 이유로 북한은 국제종교자유법(IRFA)에 의거한 '특별관심대상국'으로 선정되어 있다.

남한 종교계와 북한 종교계의 접촉은 간간이 이루어져 왔다. 구체적으로 북한 종교계의 조선천도교중앙지도위원회, 조선불교도연맹(조불련), 조선가톨릭교협회, 조선그리스도교연맹, 조선정교위원회 등이 있으며, 이들 단체들과 남한 종교단체들의 대외 교류가 시도된 바 있다. 특히 1980년대에는 개신교를 중심으로 남북 종교인이 대화를 시작한 바 있으며, 1988년에는 북한에 교회와 성당이 설립되고, 조국통일기원법회와 석가탄신일 기념법회가 실시되기도 하였다. 1990년대에는 활발한 남북 간의 공식적인 종교 교류가 이루어지기도 하였고, 자연재해로 북한의 경제사정이 어려워지자, 1990년에는 '사랑의 쌀 보내기', 1991년에는 '사랑의 의약품 보내기 운동'이 전개되었고, 1996년과 1998년에는 남한의 종교단체 지원으로 북한에 국수 공장이 설립된 바 있다. 2000년대 들어서는 불교계의 교류가 활발히 이루어졌다. 2004년 개성 영통사, 2007년 금강산 신계사의 사찰 복원을 지원하였으며, 그 외 종교단체들이 의료, 보건, 영유아 사업에 대한 지원을 지속적으로 전개하였다. 비교적 최근 시기인 2010년 이후를 살펴보면, 2010년 3월 천안함 사건, 같은 해 11월 연평도 포격 사건 이후 남북관계가 급속히 냉각하여 '5·24조치'에 의해 남북관계와 대북지원이 전면 중단되는 바람에 그동안 활발했던 종교계의 대북지원이나 교류가 단절되었다. 그 이후에 순수 종교 교류의 필요성이 제기되면서, 2011년 후반부터 종교 교류가 부분적으로 다시 허용되었다.

북한에서는 종교가 금기시되어 있지만, 조선종교인협의회는 정치적으로나마 엄연히 존재하고, 해외 단체나 기관으로부터 지원금 혹은 지원물자를 받기 위해 종교를 이용한다는 증언도 있다. 북한은 공식적으로는 종교의 자유가 존재한다고 대대적으로 선전하고 있으며, 신앙의 자유가 북한 헌법으로 보장되어 있고, 세계적으로도 종교단체들과 교류를 맺고 있으며 종교행사와 종교의식도 있기 때문에 종교의 자유가 있다고 주장한다. 하지만 북한에서 종교의 자유는 상당히 제한적이라고 볼 수 있다(김흥수, 류대영, 2002; 류성민, 1994). 『북한인권백서 2013』(통일연구원)의 내용에서 알 수 있듯이, 북한이 종교단체들을 통해 종교 자유의 보장과 지원을 대외적으로 보이려는 것은 김일성이 사망 후 악화된 식량난의 해결과 사회통제를 위해, 대내적으로는 종교활동에 대한 억압을 견지하면서도 대외적으로는 종교단체들의 다양한 해외 접촉을 허용하여 서방으로부터 인도적 지원을 확대해 받기 위한 일종의 외화벌이 수단으로 종교를 활용하고 있는 것이다.

이처럼 북한의 제한된 상황에서도 흥미로운 사실이 나타나고 있다. 즉 종교와 신앙이 엄격히 금지된 북한 안에서도 종교를 경험할 수 있고, 실제로 이 연구의 참여자인 북한이탈주민들 중에도 북한에서 이미 종교, 특히 개신교를 접했던 사람들이 있다는 것이다. 이 연구의 참여자들의 사례를 보면, 개신교가 북한으로 유입되기도 한다는 것과 더불어, 존재 여부의 논란이 많은 지하종교에 대한 암시도 부분적으로 엿볼 수 있다.

북한주민들이 종교를 접하는 경우는 이와 같이 중국을 드나드는 과정에서 개신교를 접함으로써 시작되는 경우가 많은 편이다. 북한주민들이 북한 밖 소식에 눈을 뜰 수 있었던 계기가 국경을 넘으면서였는데, 중국을 드나들면서 라디오를 통해 북한에서 남한의 사회, 문화, 경제 이야기를 들었고 선교사 등을 통해 개신교를 알게 된다고 한다. 북한주민들이 종교, 특히 개신교를 경험하는 계기는 주로 중국을 통한 선교사들의 노력 덕분이다. 이 연구에서 면담을 한 선교사의 증언을 통해서 개신교가 북한 내부에 들어가 있음을 추측할 수 있다. 선교사들은 다양한 방법으로 선교활동을 하는데, 그중에서 중국에 온 북한이탈주민에게 라디오와 성경책을 쥐여 주는 것은 선교활동의 한 방편이라고 할 수 있다. 이런 방식으로 북한 사회에 기독교사상이 유입된다고 할 수 있다.

선교사들 입장에서는 상당한 위험을 감수하고 선교 활동을 전개하는 것인데, 이들의 행동방식은 물론 일차적으로 복음주의 선교 전략에 따른 것이라고 할 수 있다. 선교의 최종 목적은 전 인류를 예수님의 제자, 크리스천으로 만드는 것에 교회의 존재 이유와 목적에 있다(임희모, 2008)고 보는 것이며, 성경을 근거로 모든 민족을 '예수 그리스도의 제자로 만드는 일'이다(손윤탁, 2011). 하지만 이와 함께 마태복음 등의 성경에는 사회적 책임에 대한 언급도 있는데, 즉 약한 자와 가난한 자, 억눌린 자와 병든 자, 감옥에 갇힌 자들에 대한 사랑의 실천이 참민음임이 구체적으로 표현이 되어 있기 때문에(윤승태, 2013), 북한 선교나 북한이탈주민들에 대한 종교활동은 교회의 입장에서 볼 때는 적극적인 사역행위의 실천 의미를 갖는다. 이러한 관점에서 보면, 교회는 선교를 함과 동시에 자신의 사회적 책임인 복지, 희망, 사랑을 실천하는 것을 대의명분으로 삼을 수 있으며, '힘없고 도움이 필요한 사람들을 도와줌'으로써 종교의 이미지를 새롭게 만들고, 북한에 복음을 들여보내는 것을 통해 복음선교를 수행하는 하나의 방식을 볼 수 있다.

한편, 남한에서의 종교단체들은 대부분 소수자를 위한 운동의 전개 차원에서 북한이탈주민들을 지원하는 활동을 전개하기도 한다. 이들 종교단체들은 북한이탈주민들 자신이 조직한 것이 아니라 외부적 조직화에 의해 북한이탈주민들을 지원하는 조직들이다. 이들 종교단체들은 주로 북한이탈주민의 지원과 권익 보호, 북한 사회 민주화, 제3국 북한이탈주민 지원 등의 문제에 조직적으로 대응하기 위해 결성되었다. 그 단체들은 선교 및 결연, 해외 탈북자 구호, 정착지원 및 교육 등의 활동에 주력하고 있다(전영평, 2010).

정부에 의한 북한이탈주민 정책이 탈정치화되고 제한적이게 되자 그 역할을 대신하기 시작한 남한 내 기관이 바로 교회라고 할 수 있다. 한국교회가 북한이탈주민 지원과 선교에 투입하는 자금과 인력은 종합적인 계산이 어려울 정도로 다양하고 많다고 한다. 이들 종교단체에서는 중국 국경지역과 내륙지역, 베트남, 몽골, 태국, 캄보디아 등지에서 벌어지는 북한이탈주민 지원 및 선교 활동, 남한 입국 북한이탈주민들을 위한 초기 물품 지원, 결연 맺기, 교육 프로그램, 장학 프로그램 등을 전개하며, 이러한 활동에 실로 막대한 자원과 노력을 투입하고 있다. 북한이탈주민의 입장에서는 이러한 개신교의 손길이 현실적인 구원의 의미로 다가올 수도 있다. 즉, 항상 단속의 위험을 느껴야 하는 불법체류자의 불안감을 극복하는 데 있어, 그리고 국가나 민족 범주를 준거로 한 공적인 정체성이 아닌 보편적 시민권, 즉 개신교적 소속감을 가짐으로써 심신의 안정을 구할 수 있다는 의미에서 이는 이미 현세적 구원이 될 수 있는 것이다(정진헌, 2007).

하지만 북한 사회와 북한이탈주민들에 대한 선교활동을 제대로 평가하기 위해서는 중국 국경지역을 중심으로 퍼져 있는 남한 개신교회들의 복음주의 선교 방식과 내용을 더 살펴봐야 한다는 지적(정진헌, 2007)이 있다. 개신교 단체의 선교 현황 보고에서 잘 나타나듯이, 북한이탈주민을 위한 보호처나 성경 공부방 운영은 남한 선교사에 의해 교육받은 전도사가 관리하는 체제이다. 즉, 남한 목사와 선교사가 물적 지원과 더불어 조선족 선교사들에게 내용을 공급하면서 총괄 관리하며, 조선족 전도사들이 북한이탈주민들을 성별, 세대별, 가족별로 직접관리 지원하는 방식이 선호된다고 한다. 이러한 방식은 조선족들이 북한 사람들과 유사한 가치관과 사고방식, 생활 수준을 가졌을 것이라는 가정에서 비롯되며, 결국 탈냉전 시대 민족주의의 한 형태가 선교 전략을 수립하는 데 작용한 것으로 볼 수 있다. 그러나 이러한 가정과 해석은 현장에서 다르게 나타나는데, 조선족 전도사는 북한이탈주민들과 접할수록 문화적 이질감을 경험한다고 호소한다는 것이다.

이와는 또 다른 한편에서 교회 현장을 중심에 놓고 본다면, 북한이탈주민에 대한 인도적·선교적 지원을 하면서 중국 국경지역으로 교세를 확장하려는 남한 개신교회의 선교 전략은 중요한 성과를 내고 있지만, 한편으로는 부정적인 결과도 있다는 비판을 받는다(정진헌, 2007).

개신교에서 영성 회복을 위한 각종 의례는 그 방식이나 내용 면에서 일관되면서도 동시에 모순된 면을 보인다. 개인의 회개를 통한 하나님과의 관계 회복이 가장 강조되는데, 문제는 북한이탈주민 본인들이 싫어서 하나님을 믿지 않았던 것이 아닌데도 불구하고, 그들이 죄를 뉘우치는 집단 의례에서 북한 출신이라는 이유만으로 하나님을 멀리했다는 전제가 붙고, 그러한 과거의 삶과 모국에 대한 정체성을 송두리째 부정해야 하는 총체적 변형을 종종 요구받는다는 것이다. 이는 북한이탈주민들의 마음속에 저항과 반발을 불러일으킬 수 있는 요소로 작용하기도 한다.

모든 경우에 해당하지는 않지만 북한이탈주민들 중에는 가족해체를 경험한 사람들이 있다. 그런데 종교활동에 참여하는 과정에서 북한이탈주민들은 자신들의 처지와는 거리가 있는 종교적·신앙적 해석에 부대끼는 경험을 하게 된다. 교회에서의 영성 회복을 위한 회개의식에서는 종종 개개인의 과거 극복 의지가 민족적·국가적 의미로 치환된다. 개인이나 가족의 이주가 아닌, 저 '어둠의 북녘 땅'에서 '하나님의 특별한 의미'를 안고 '복음의 빛을 따라 자유를 찾아 남한 땅'으로 오게 된 정치적·민족적·복음적 순례자의 여정이라고 해석되는 것이다(정진헌, 2007).

이러한 해석은 북한이탈주민의 처지 수용과 성찰에서 받아들일 수 있는 범위를 넘어서서 종교적으로 너무 '앞서는' 해석의 의미를 지니게 될 수 있어 이러한 교회의 접근이 장기적으로는 북한이탈주민들을 교회에 장기적으로 머무르게 하는 데는 부정적으로 작용할 수 있다. 또한 남한 사회에서의 일부 개신교 교회에서 사용하는 통성기도와 방언, 치유사역 등은 아직 북한이탈주민들에게는 익숙하지 않은 의례 형태가 될 수 있다. 종교인류학에서는 개신교로의 개종은 단지 하나님과 개인의 일대일 관계 형성처럼 개인적 차원이 아니라 교회가 정한 특별한 문법에 맞춘 언어행위가 수반되어야 마침내 공인되는 문화적 범주라고 주장한다(Wiegele, 2004). 이러한 측면에서 북한이탈주민들을 대상으로 하는 남한의 선교단체들이나 교회들은 그들이 북한이탈주민에게 다가가는 접근 방식에 대한 성찰과 반성이 근본적으로 필요하다고 보인다.

2) 다문화 사회에서의 사회통합과 종교의 역할

사회통합에서의 종교의 역할을 보기 전에 먼저 사회통합이 무엇을 의미하는지를 살펴보는 것은 종교가 이것의 본질적인 의미와 어떻게 연관될 수 있는지를 따져보는 데 중요하다고 보인다.

이희길과 신지성(2010)의 연구에 의하면, 사회통합은 상당히 복잡하고 다양한 의미를 갖는다. 하지만 이를 개략적으로 정리해 보면 대개 세 가지로 볼 수 있다. 첫째, 사회통합은 과정이 아니라 상태를 가리키는 정태적 개념으로 보아야 한다. 둘째, 사회통합은 개인주의적 개념이 아니라 사회 전체적인(holistic) 수준의 개념이다. 이는 특정 공동체에서 살아가는 개인들이 어떤 관계를 가지고 있는가 하는 사회의 일반적인 조건에 관심을 기울이는 것이다. 셋째, 사회통합은 여러 사회적 가치의 하나로 보아야 한다. 이 세 가지 원칙에 기반하여 보면, 사회통합은 '우리를 하나로 묶는 무엇인가(something that glues us together)'에 의해 인간의 집단적 삶의 다양한 영역에서 일어나는 사회구성원들 간의 상호작용 상태를 지칭하는 것이다. 즉, 사회통합은 한 사회 내에서 사람들이 서로 간에 얼마나 잘 결속되어 있는가 하는 상태를 나타내는 개념이다. 여기에는 최소한 두 가지가 포함되는데, 하나는 신뢰, 협력 의사, 소속감과 같은 심리학적인 태도에 관한 것이며, 다른 하나는 주관적인 느낌이 객관적으로 발현된 구성원들 간의 관계와 같은 행위적 측면이다. 따라서 사회통합은 다음 세 가지 조건을 동시에 충족시켜야 사회통합이 이루어졌다고 할 수 있다. 즉, 사회구성원들 간에 서로 신뢰하고 협력할 의지가 있고, 해당 사회에 대해 공동의 정체성 혹은 소속감을 공유하고, 이러한 주관적인 느낌이 객관적인 행동을 통해 발현되어야 한다. 이러한 사회통합의 정의를 받아들인다면, 사회통합에서 종교가 수행하는 역할은 상당하다고 할 수 있다.

특히, 다문화 사회를 논하는 현재의 시점에서 종교가 수행하는 다양한 역할은 더욱 큰 의미를 갖게 되며, 하나의 소수집단이라고 볼 수 있는 북한이탈주민들을 고려해 볼 때도 이는 마찬가지로 해당된다. 종교조직은 우리나라의 다문화지원 사업에 실제로 가장 많이 참여하고 있는 기관이며, 그렇기 때문에 종교조직의 역할과 기여를 제대로 고려하지 않고서는 우리가 처해 있는 다문화 현실을 올바로 이해할 수 없다. 동시에 종교조직이 사회복지 등 여러 가지 지원 사업을 펼칠 경우 그 효과는 보다 장기적이며 효율적이라고 할 수 있기 때문에, 북한이탈주민들의 사회통합에서도 종교가 수행하는 역할을 반드시 짚어보아야 한다.

일반적으로, 종교는 이주민들에게 현지 사회에 적응할 수 있도록 도와주는 '적응의 기제'이며, 동시에 '사회통합'의 구체적인 계기로 작용한다. 보다 현실적인 차원에서는 '종교조직의 높은 참여도'와 '종교의 지원 효과 제고 기능'이 각각 지적될 수 있다. 즉, 종교조직은 실제로도 다문화 지원 사업에 적극적으로 참여해 가장 많은 역할을 수행하고 있으며, 지원의 효과라는 점에서도 다른 사회 분야의 지원 방식에 비해 높은 효율성을 보여 주고 있다(성해영 외, 2013).

사회통합에서 종교가 갖는 의미와 역할을 구체적으로 살펴보면 다음과 같다. 우선, 종교는 적응기제로서 중요하다. 종교는 세계관의 핵심으로서 이질적인 사회환경 속에서 자신의 정체성을 유지시켜 주며 안정감을 제공해 주기 때문에 새롭게 이주해 간 사회에 더 잘 적응할 수 있도록 만들어 준다. 이는 물론 자신들의 민족 종교를 유지한 채 해외로 이주하는 사람들에게 가장 먼저 해당되는 것으로서 종교에 접해 보지 않은 북한이탈주민들의 경우는 여기 해당되지 않는다고 볼 수도 있다. 하지만 북한이탈주민들도 탈북과정에서, 그리고 남한 사회 정착 이후 실제로 가장 자주 찾아가는 공간이 종교기관이다. 종교는 종교조직의 국내 신도들과 이주민들을 여러 가지로 이어줄 뿐만 아니라, 정서적이고 친밀한 관계를 형성하고 상호이해를 돈독하게 만들어 줌으로써 이주민들이 공동체의 일원으로 자연스럽게 통합될 수 있게 한다.

'적응기제'로서의 종교는 정체성의 핵심을 제공한다. 종교는 낯선 환경에 처하게 된 이주민들에게 중요하다. 이주민들이 이질적인 문화 속에서 자기 정체성을 유지하고 현지 사회에 적응해 나가는 데 다양한 방식으로 많은 도움을 준다. 북한이탈주민들의 경우도 특정 종교에 속함으로써 보편적인 시민권을 획득하거나 새로운 정체성을 부여받을 기회를 가진다. 또한 종교조직은 이주민 결집의 통로로 작용한다. 교회 등의 종교기관은 타국에 이주한 사람들을 결집시키는 가장 중요한 통로로 기능한다. 즉, 이주민들은 현지 문화에 적응하고 통합되는 가장 중요한 기반으로 종교조직을 적극적으로 활용한다. 예컨대, 미국에 이민한 한국인들의 80%가 한국 교회를 비롯해 현지 교회를 통해 미국 사회에 적응했다는 연구가 있는데(성해영 외, 2013), 이는 이주민들이 결집의 통로이자 현지 적응의 기반으로 종교조직을 적극적으로 활용함을 보여 주는 실례이다. 종교기관은 이주민인 북한이탈주민들에게 있어서도 종교적인 위안뿐만 아니라, 삶 전반에 걸쳐 '실질적인 도움'을 제공하는 가장 중요하거나 혹은 유일한 기관이기도 하다.

두 번째로 종교는 '사회통합' 기능을 한다. 이는 종교의 공동체 형성 기능을 통해 근본적으로 이루어진다. 종교조직은 이주민들에게 친밀한 인간관계를 제공하는 공동체로서 이주민들이 낯선 환경에서 필요로 하는 경제적 상호부조, 심리적 위안, 정보 공유 등과 같은 다양한 지원을 제공하게 된다. 이러한 도움은 특히 새로 이주한 사람들에게 큰 도움을 주는데, 이주민들이 종교조직이라는 공동체를 통해 현지 사회에 정착할 수 있도록 도와주는 것이다. 나아가 종교는 이주민들이 조직하는 종교단체의 범위를 넘어서는 단일의 사회공동체를 형성하는 데에도 큰 기여를 한다. 즉, 종교는 종교조직이라는 공동체를 일차적으로 형성해 내고, 이를 기반으로 종교조직의 범위를 넘어서 하나의 통합된 공동체를 만들어 내는 데에도 중요한 역할을 수행한다. 종교가 사회공동체 범위로 확대되는 가장 큰 비결은 다름 아닌 친밀한 인적 네트워크 형성에 있다. 북한이탈주민들의 경우에도 교회를 통해 결속을 다지고 그들을 지원하는 공동체의 인적 구성망에 속함으로써 남한 사회에 통합되는 과정이 훨씬 수월하게 전개될 수 있다.

종교가 갖는 이러한 사회통합 기능은 종교의 인적 네트워크 형성을 통해 가능하다. 이는 종교가 다른 사회 분야의 조직과 달리 사랑, 자비와 같은 종교적 가르침이자, 보편적 가치에 기초해 조직을 운영하고 인간관계를 맺음으로써 여타 사회조직과 달리 장기적이고 강한 응집력을 지닌 인적 네트워크를 형성하기 쉽기 때문이다. 종교조직의 이러한 특징은 일차적으로 이주민들을 비롯해 종교조직 내부 구성원들 상호 간의 응집력을 강하게 만들 수 있다. 나아가 보편적인 종교 교리에 기초한 종교조직의 인적 네트워크는 조직 외부의 인간관계로 확장되어 통합된 사회공동체를 형성하는 기반이 될 수 있다. 북한이탈주민들의 정착과정에서도 교회 내의 친밀한 인간적 교류와 교제를 통해 한국 사람들은 이들에 대한 시각을 점진적으로 바꿀 수 있는 계기가 될 수 있으며, 나아가 이는 장기적으로 통합된 공동체를 형성하는 기반이 될 것이다.

세 번째로 종교조직은 구성원의 높은 참여를 보장한다. 종교조직은 이주민 지원 단체 중 참여도의 측면에서 가장 활발하게 활동하고 있다. 실제로 이주민이나 북한이탈주민 지원과 관련된 시민단체 가운데 가장 높은 비율을 차지하는 것이 종교단체이며, 특히 이 중 80% 이상이 개신교 배경의 단체나 조직으로 조사되었다(성해영 외, 2013). 이처럼 개신교계의 지원 활동이 활발한 이유로는 신앙적 측면과 예산과 인력의 측면이 지적될 수 있다. 즉, 개신교는 북한이탈주민을 포함한 이주노동자 지원 사업을 성경과 교회의 가르침에 입각해 활발하게 실천하고 있는데, 우리나라 총인구가 갖는 종교 중 상당히 높은 비율을 점유하고 있기 때문에 상대적으로 다른 종교들에 비해 지원 사업에 필요한 후원자와 자원봉사자들을 확보하기 쉽고, 지원 재원 역시 보다 용이하게 마련할 수 있다.

이와 관련하여 살펴보면, 북한이탈주민의 한국 정착지원 사업에서는 개신교 중에서도 개신교의 활발한 지원 노력이 뚜렷하게 드러난다. 2000년대에 접어들어 북한이탈주민의 수가 증가했음에도 정부의 관심과 지원이 상대적으로 예전보다 줄어들면서, 교회가 그 역할을 대신하기 시작하였다. 한국 교회는 중국 국경지역과 내륙지역, 베트남, 몽골, 태국, 캄보디아 등과 같은 광범위한 지역에서 북한이탈주민 지원을 위한 선교활동 등을 수행하고 있으며, 우리나라에 입국한 북한이탈주민들을 위해 정착 초기에 필요한 물품 지원을 비롯해, 결연 맺기, 교육 프로그램, 장학 프로그램 등과 같은 다양한 지원 프로그램을 수행 중이다. 종교적 가치를 배경으로 하여 각종 이주민 지원 사업을 적극적으로 펼치는 개신교 교회 등의 종교조직은 예산, 인력, 지원 활동의 강도, 범위 등에서도 사회의 어떤 기관보다도 북한이탈주민 등을 포함한 다문화 사회 형성에 큰 역할을 수행하고 있다고 할 수 있다.

네 번째로, 종교는 지원 효과 제고 기능을 지닌다. 이는 일차적으로 종교 교리의 긍정적 효과에서 나온다. 대부분의 종교는 사랑, 자비와 같은 타인을 돕는 이타적 행위를 인간 윤리의 핵심에 두고 있다. 이러한 종교의 핵심적 교리는 종교인의 이주민 지원 활동에 대한 참여도를 높이는 데에 큰 영향을 미친다고 볼 수 있다. 예컨대, 개신교는 '사랑'의 정신을 강조하는 종교이며, 특히 오늘날 이주민이라 해석될 수 있는 '이방인'들에 대한 사랑을 강조하는 성경 구절이 많이 발견된다. 또한, 불교의 '자비'라는 덕목 역시 자기보다 못한 위치나 상황에 처한 사람들에게 대한 도움을 줄 것을 강조하며, 우리나라 민족종교인 원불교 역시 2대 종사인 정산이 설파한 삼동윤리(三同倫理: 同源道理, 同氣連契, 同拓事業)를 다양한 구호활동의 사상적 기반으로 삼고 있다(성해영 외, 2013). 종교인의 종교적인 배경과 종교성이 보다 적극적인 사회봉사 활동으로 이어지는 것은 자연스러운 현상이며, 종교는 종교적 교리에 입각해 경제적인 효율이나 성과가 아닌, 타인을 돕는 데에 헌신적이고 자발적인 봉사 행위 그 자체를 강조하기 때문에 북한이탈주민을 포함한 다문화 지원 사업에서 대단히 중요한 역할을 수행하고 있다고 볼 수 있다.

종교의 지원 제고 기능에는 종교의 조직적 기여가 한 몫을 담당한다. 종교는 무엇보다 지원 사업에 필요한 예산과 봉사 인력을 확보하는 데에 큰 장점을 지닌다. 일반적으로 종교를 갖는 시민은 종교적 조직에 대한 헌금과 보시뿐만 아니라, 세속적인 차원에서의 일반 기부와 일반적인 사회봉사 참여에도 더욱 적극적이라고 한다(성해영 외, 2013). 종교는 교인들로 하여금 이주민들을 포함해 사회적 약자와 도움이 필요한 여러 사람들에게 헌신적인 봉사와 지원을 하게 유도하고, 여러 가지 사회적 지원 사업의 효과를 제고시키는데, 북한이탈주민들을 위한 활동에서도 이러한 교회의 성격이 드러난다. 종교조직은 자원봉사 기회의 통로로 기능하면서, 다양한 계층과 신분의 내국인과 이주민들 간의 친밀한 인적 네트워크를 만들어 낸다. 아울러 사랑과 자비와 같은 보편적인 인간애에 기초한 인적 네트워크는 각종 지원 사업의 수행과정에서 일방적인 공급자와 수혜자라는 관계를 탈피하게 만든다. 이를 북한이탈주민들에게 적용시켜 보면 종교단체에서 행하는 인간적 친밀감의 발로로 이루어지는 지원은 단기적으로는 이들의 자립 기반을 구축시켜줄 뿐만 아니라, 이들의 자립 의지를 제고함으로써 지원의 효과를 장기적인 것으로 만들 수 있을 것이다.

북한이탈주민들을 사회통합으로 이끄는 과정에서의 종교의 역할을 논할 때, 가장 주목해서 보아야 할 것이 북한이탈주민들의 정체성 문제이다. 북한이탈주민은 현재 한국 사회에 적응과 정착을 시도하는 그들 스스로의 정체성을 질문하는 동시에, 한국 사회의 구성원과 특별히 한국 교회가 북한이탈주민을 어떤 시각으로 바라볼 것인가의 선교적 과제를 포함하고 있다고 주장한다. 그는 북한이탈주민이 한국 사회에서 갖게 되는 새로운 정체성은 북한 사회와 한국 사회에서 체험하게 되는 문화적 간극과 차이를 통한 적응과 공존의 자리를 발견하는 것이라고 본다. 북한이탈주민의 신분과 역할과 관련한 정체성에 대한 논의는 학문적 접근과 종교적 열망이 투사된 한국 사회와 한국 교회의 시각이며 북한이탈주민 스스로의 자기진단과는 거리가 있어 보인다. 왜냐하면 북한이탈주민은 아직까지 한국 사회에 적응하고자 할 때 상당한 간극과 갈등을 내포하고 있기 때문이다.

한편, 정종훈(2006)은 북한이탈주민에 대한 정체성에 '남한 사회를 구성하고 함께 꾸려 나가는 동반자'라는 신분을 추가하고 있다. 북한이탈주민의 정체성 형성과 관련해서 남한 사회와 북한 사회의 합류를 통한 새로운 정체성의 수립을 제안할 수 있게 되는데, 한국 사회와 한국 교회는 이제 과거의 획일적이고 편협한 시각과 관점을 넘어서 다문화, 다인종 그리고 다언어 사회로 급속히 변화해야 할 기로에 서 있다. 그는 이주노동자와 결혼이민자, 북한이탈주민을 포함한 한국 사회의 이주민은 다문화 사회와 다중정체성이라는 개념을 통해서 고찰해야 한다고 주장한다.

한국 사회에 거류하는 북한이탈주민은 '이중 혹은 다중정체성'을 지닌 새로운 신분으로 살아가는 사람들이라고 할 수 있다. 한국 사회의 정체성이나 문화를 일방적으로 강요하고 억제하는 것이 아니라 새로운 대안적 정체성을 형성하면서 한국 사회의 구성원으로 공존할 기회를 제공하는 것이 더 바람직하다고 할 수 있다.

북한이탈주민이 '새로운 가족'이라는 새로운 신분을 가질 수 있다는 선언은 결국 한국 사회의 이주민에 대한 한국 교회의 시각 전환에 매우 중요한 도전을 제기한다. 새로운 가족의 개념은 초기 개신교 공동체에게 적용되었고 이제는 한국 사회에 거주하는 이주민에게 동일하게 적용되어야 할 것이다. 한국 교회가 문화, 인종, 피부색, 성별을 넘어 모든 인류를 하느님의 가족으로 인식한다는 성서의 메시지를 수용한다면 북한이탈주민을 새로운 가족 구성원으로 받아들일 수 있다. 다양한 문화, 인종, 성별을 넘어서서 새로운 가족을 형성하는 것은 결국 새로운 정체성을 형성하고 다양한 목소리를 나타내면서 동시에 다양성을 인정하는 다문화 사회를 형성하는 일이라고 여겨진다.

북한이탈주민의 정체성은 차별이나 불평등의 폐지와 연관해서 고찰할 수 있다. 인종적, 경제적, 혹은 사회문화적 차별과 장벽을 무너뜨리고 평등과 일치를 이루는 것이 개신교 복음의 본질이라는 지적을 인식한다면 구분과 차이를 넘어서는 선언의 의미를 되새겨볼 수 있다. 이것이 신앙 공동체의 중요한 가치라면 한국 교회와 개신교인 또한 한국 사회의 이주민에게 동일한 태도를 취해야 하는 것은 당연하다. 다문화 사회를 구성하고 다양한 인종, 문화, 피부색, 역사와 경험을 가진 사람이나 집단이 공존할 때 인종적·사회적·문화적 차별과 불평등을 해소하는 것은 매우 중요하다고 할 수 있다.

또한, 정체성과 관련된 또 다른 논의(윤인진, 2005)가 이루어질 수 있다. 그는 북한이탈주민의 여러 가지 상이한 신분과 역할과 관련된 정체성에 대해서 '이주자, 소수자, 통일 후 남북한주민 간의 사회문화적 통합을 준비하는 선발대'라고 인식하는 동시에 사회적 신분과 함께 종교적 관점에서 북한 선교를 감당한 '예비선교사'로서의 신분을 강조하기도 한다. 같은 맥락에서 정진헌(2007)도 북한이탈주민들의 미래상과 관련된 논의를 전개한다. 그는 교회 내에서 북한이탈주민들이 단순히 개인별 성공으로 만족해서는 안 된다고 하며 교육받는다고 한다. 회개할 때는 북한의 정체성을 부정해야 했지만, 하나님과의 관계 회복을 통해 하나님께서 '내'게 부여하신 존재의 의미를 민족적인 것으로 환원해야 하는 사명을 부여받는다. 즉, 머지않은 미래에 고향 땅으로 되돌아가 새로운 통일한국을 건설하는 사역에 앞장설 선도자적 지위를 부여받는다.

정체성 논의와 관련해서는 정병호(2004)의 주장도 귀기울일 만하다. 그는 북한이탈주민들도 자신들의 정체성을 새롭게 만들어 나가는 노력이 필요하다고 역설한다. 북한이탈주민들 자신이 남한 사회에서 소수자로서 떳떳하고 당당하게 존재를 밝히고 살 수 있는 공동체적 삶의 방식을 구축해 나가야 할 것이다. 북한이탈주민들은 남과 북을 모두 경험한 사람들로서 변화하고 있는 남북관계 속에서 스스로 도구화되지 않고 자신들만의 독특한 자아를 실현하는 것이야말로 분단시대를 극복하는 가교 역할을 하게 될 것이기 때문이다.

다시 한번 말하지만, 이질적인 집단들 사이의 사회통합을 위해서는 민간단체들의 역할, 그중에서도 종교단체의 역할이 매우 중요하다. 사회통합의 정치제도나 경제체제와 같은 체계상의 통합이 아니라 생활세계 또는 시민사회 영역에서의 통합을 의미하기 때문이다. 특히 보편적 가치를 창출하는 종교의 역할은 지대하다고 할 수 있다(정재영, 2008). 이 과정에서 사회통합을 위한 교회의 역할이 단순히 분단된 지역에 있는 교회들 사이의 교류만을 의미하는 것이 아니다. 서로에 대한 이질성을 확인하고 각각의 사회구성원들이 합의할 수 있는 새로운 가치를 창출하고 이러한 가치에 의한 재사회화가 통일 후 사회통합에서 매우 중요한 부분을 차지한다. 이러한 점에서 통일 이후에 남북한 사회통합에서 교회의 역할은 매우 중요하다고 할 것이다.

통일을 위한 현재의 종교활동은 현실정치에 대한 가치 판단을 내리지 않고 순수하게 사회통합의 관점에서 통일문제에 접근하는 것이라고 할 수 있을 것이다. 이는 분단의 영향으로 형성된 북한에 대한 적대적인 태도를 지양하고 상호 인정에 바탕을 둔 화해와 협력에 대한 인식을 심화시키고 통일 후 삶의 단절을 겪게 될 사람들과 재사회화의 과정에 주목하는 것을 의미한다. 그리고 거기에 종교가 어떤 역할을 할 수 있을까에 대해 고민하는 것이다. 이는 크게 보면 종교가 시민사회 속에 전달할 수 있는 사회적 보편가치들, 즉 민주주의, 인권, 윤리의 내용들을 어떻게 만들어서 전달할 것인가에 대한 고민이라고 할 수 있을 것이다. 어떤 특정 종교라는 울타리를 벗어나 교육을 통한 사회봉사라는 입장에서 통일한국의 시민들에게 가치의 전환과 자아 정체성의 재정립 등으로 재사회화의 과정을 돕는 것이라고 할 수 있다.

이 관점에서 사회통합에서 종교가 담당해야 할 역할은 그 영향력이 단순히 사회조직의 하나로서 종교단체라는 조직에 한정되는 것이 아니며, 사회 영역 전반에 기여할 수 있는 것이어야 한다. 그러기 위해서는 종교가 가진 보편주의 사상과 관행을 더욱 개발시켜 그것을 통일한국의 사회구성원리로 제시하여 그에 근거한 사회통합이 가능하도록 해야 한다. 특정 종교라는 경계를 뛰어넘는 보편적 가치를 통해서 남과 북의 시민들이 공유할 수 있는 열린 통합의 마당을 마련해 주어야 할 것이다.

참고문헌

고 마태오(1988). 『영원한 방랑객』, 가톨릭출판사.

고태우(1989). 『북한의 종교정책』, 민족문화사.

권규식(1995). 「마르크스의 종교론」, 『사회과학』 7, 69-86.

권미경, 이순형(2007). 「조기해외 유학 중고생의 학교 적응과 관련 변인 탐색」, 『인간발달연구』 14(3), 43-64.

기스베르트 그레사케(2000). 「친교-교의신학의 열쇠 개념」, 『가톨릭 신학과 사상』 33, 127-165.

김경호(2005). 「김일성체제와 정치신화에 관한 연구」, 『한국시민윤리학회보』 18(2), 27-45.

김미령(2004). 「탈북자의 적응스트레스와 사회적지지가 적응에 미치는 영향」, 『한국사회복지학회 학술발표대회지』 2004(3), 540-565.

김병로(2000). 『북한사회의 종교성: 주체사상과 기독교의 종교양식 비교』, 통일연구원.

______(2003). 「북한 종교정책의 변화와 종교실태」, 『북한선교』 2, 32-43.

______(2004). 「북한의 신종교정책과 종교자유의 실태」, 『북한연구학회보』 8(2), 211-340.

______(2011). 「북한 종교인가족의 존재양식에 관한 고찰: 기독교를 중심으로」, 『통일정책연구』 20(1), 157-184.

김병욱, 김영희(2010). 「북한 사회의 '수령교'와 타종교권 선교에 따른 북한선교」, 『사회과학연구』 18(2), 90-126.

김상균(1990). 「그리스도교적 종교체험의 심리학적 이해」, 『가톨릭 신학과 사상』 3, 206-222.

김수암(2012). 「재중 탈북자 실상의 변화와 정책추진방향」, 통일연구원.

______(2013). 『북한인권백서 2013』, 통일연구원.

김신호(2003). 「주체사상화된 북한 주민에 대한 선교방안」, 『북한선교』 2, 190-206.

김영욱(2005). 「주체사상을 통해 나타난 북한의 세계관 이해」, 『복음과 실천신학』

9(1), 107-140.
김영희, 김병욱(2008). 「사회적 신분에 따른 북한관료들의 사경제활동 연구: 관계자본의 축적을 중심으로」, 『통일문제연구』 20(2), 223-266.
김용태, 배철호(2010). 「북한이탈주민의 지역사회적응과 생활지원 방안」, 『한국경찰학회』 12(3), 통권 25호, 81-115.
김웅기(2012). 「주체사상에 투영된 인간 이해와 북한이탈주민 교육사역에의 적용」, 『개혁논총』 22, 389-414.
김은경, 허석재(2010) 북한 이탈주민의 사회심리적 적응: 문화적응의 상호주의를 향하여」, 『민족연구』 41, 97-120.
김재성(2008). 「예수의 기적에 나타난 하나님의 구원 행동」, 『신약논단』 15(3), 569-604.
김재현(1980). 「북한의 정치이념: 주체사상」, 『경남대학교 극동문제연구소』, 37-62.
김정수(2008). 「북한 종교정책 변화과정과 그 함의」, 『남북문화예술연구』 3, 7-30.
김정호(2003) 「현상학에서 시도하는 이성과 신앙의 조화」, 『신앙과 삶』 7, 60-83.
김현경(2013). 「남한거주 탈북청소년의 외상 이후 심리적 성장 요인에 관한 연구」, 『문화와 사회』 14, 225-262.
김현경, 전우택(2009). 「북한이탈주민의 삶의 질이 외상 경험 이후 심리적 성장에 미치는 영향」, 『사회복지연구』 40(2), 363-397.
김흥수, 류대영(2002). 『북한 종교의 새로운 이해』, 다산글방.
루이제 린저(1988). 『또 하나의 祖國』, 공동체.
류성민(1994). 『북한 주민의 종교생활』, 공보처.
문남철(2004). 「북한이탈주민의 이주요인과 이주패턴 및 이주경로: 재외 거주공간정책의 필요성」, 『국토지리학회지』 38(4), 497-511.
문장순(2005). 「북한의 주민생활과 종교문화」, 『한국동북아논총』 35, 267-285.
______(2007). 『북한 종교의 이해』, 대명.
민주주의인권노동국(2006). U. S. Secretary of State Report: DPRK, 미국국무부.
박성범(2011). 「북한의 기독교 복음화 선교를 위한 한국교회의 역할과 방안 고찰」, 『개혁논총』 19, 287-288.
박성호(2012). 「한국의 다문화 형성과 종교의 역할」, 『종교와 문화』 22, 157-180.
박영신(1995). 「종교적 물질주의: 우리의 전통과 사회 구조」, 『사회이론』 13, 43-66.

박영환(2005).「주체사상과 북한 선교」,『신학과 선교』 31, 47-83.
박요한(1991).『평양일기: 박요한 북한 방문기』, 사실뉴스신문사.
박흥순(2007).「다문화와 새로운 정체성: 포스트콜로니얼 시각을 중심으로」, 오경석 외 저,『한국에서의 다문화주의: 현실과 쟁점』, 한울아카데미.
사회과학원 언어학 연구소(2007).『조선말 대사전 3(증보판)』, 평양: 사회과학출판사.
상탈 소브코비치(1992).「냉대와 조롱, 평양은 거대한 감옥이었다」,『신동아』, 동아일보사.
성해영, 김종서, 방원일, 박종수, 안국진, 김민아(2013).「바람직한 다문화 공동체 형성을 위한 종교계의 역할 연구」, 문화체육관광부.
손윤탁(2011).「선교교육의 기초 이론과 실제」,『선교와 신학』 27, 441-484.
송인숙(1991).「물질주의에 관한 고찰」,『생활과학연구논집』 11(1), 91-104.
신광철(2010).「다문화사회와 종교」,『종교연구』 59, 1-16.
신법타(1990).『북한의 절과 불교』, 민족사.
안찬일(2011).「통일 후 탈북자들의 기능과 역할」, 북한전략센터.
유시연(2001).「북한이탈주민의 사회 적응에 영향을 미치는 요인」, 가톨릭대학교 석사학위논문.
유시은, 전우택, 조영아, 홍창영, 엄진섭(2005).「남한 내 북한이탈주민의 3년간 사회 적응 추적 연구: 2001년부터 2004년까지 생활과 교육을 중심으로」,『통일연구』 9(1), 73-105.
윤승태(2013).「교회의 사회적 책임을 위한 맞춤식 복지 선교에 관한 연구」,『교회사회산업』 21, 159-184.
유여상, 한선영, 장은실(2013).『북한 종교자유 백서(2012)』, 통일부.
윤인진(2004).「탈북자의 사회 적응실태와 지원방안」, 최협 저,『한국의 소수자, 실태와 전망』, 한울아카데미.
______(2005).「북한이탈주민에 대한 사회문화적 이해」, 대한예수교장로회 총회국내선교부 편,『북한이탈주민선교와 생명살리기』, 북한이탈주민선교 워크숍 자료집.
이금순, 김수암, 이규창, 임순희, 최수영(2009).『북한인권백서(2009)』, 통일연구원.
이복수(2002).「기독교 사회봉사에 대한 신학적 이해」,『고신신학』 3, 145-195.
이수원(2011).「북한주체사상학습체계의 종교성 연구: 기독교 종교 활동과의 비교를 중심으로」,『통일문제연구』 23(1), 311-343.

이순형(1999).「북한의 주체사상 사회화 정책의 원리와 한계」,『교육학연구』37(4), 120-136.

이순형, 권미경(2010).「조기유학 청소년과 국내 재학 청소년의 일상생활 스트레스 비교」, 한국교육개발원, 89-107.

이순형, 김창대, 진미정(2009).『탈북민의 가족해체와 재구성』, 서울대학교출판문화원.

______(2011).『탈북인의 공·사적 관계와 의사소통』, 서울대학교출판문화원.

______(2014).『북한이탈청소년과 남한청소년의 도덕성, 법의식과 권위 인식』, 서울대학교출판문화원.

이순형, 조수철, 김창대(2008).『새터민의 사회·문화 적응과 심리적 통합』, 서울대학교 통일평화연구소.

이순형, 조수철, 김창대, 진미정(2007).『탈북가족의 적응과 심리적 통합』, 서울대학교출판문화원.

이오갑(2002).「기도론」,『교수논문집』, 93-111.

이원규(1996).「칼 마르크스의 종교론과 그 비판」,『신학과 세계』32, 204-224.

이정(2000).「북한의 사찰과 불교문화재」,『불교평론 』5.

이정근(1992).『예수주의라야 한다』, 일정사.

이지범(2012).「북한불교를 움직이는 사람들 II」, 북한불교의 재발견 시리즈 ④, 불교닷컴. (http://www.bulkyo21.com/news/articleView.html?idxno=17585)

이찬영(2000).『북한교회 사진명감』, 총회북한교회재건위원회.

이태건(1998).「주체사상에 있어서 사람의 개념에 관한 연구」,『윤리연구』40(1), 355-370.

이학준(2011).『천국의 국경을 넘다』, 청년정신.

이혁배(2012).「성서적 관점에서 봄 나눔」,『신학과 실천』30, 453-473.

이혜영, 이순형(2007).「새터민 아동과 남한 아동의 친사회성과 대인폭력에 대한 도덕추론과 도덕판단」,『대한가정학회지』, 71-116.

이희길, 신지성(2010).「사회지표 개편 기초연구 I: 사회통합(social cohesion)을 중심으로」,『2010년 상반기 연구보고서』제1권, 통계청.

임순희, 이교덕, 통일연구원 북한인권연구센터(2011).「최근 북한주민의 의식변화와 북한체제의 불안정성」, 통일연구원.

임영진, 고영건, 신희철, 조용래(2010).「특별 심포지엄: 한국인의 행복 및 정신건강

지수: 한국인의 행복지수와 그 의미」, 『한국심리학회 연차 학술발표논문집』, 2010(단일호), 233-257.
임정빈(2010). 「북한이탈주민 정착을 위한 지역사회관계분석」, 한국행정학회 하계학술대회 발표 논문.
임창호(2013). 「한국교회 북한 선교의 현황과 한계, 그리고 기독교교육적 접근의 새로운 모색」, 『기독교교육논총』 33, 267-297.
임희모(2008). 「생명 봉사적 통전 선교」, 『선교와 신학』 22, 141-172.
장훈태(2008). 「다문화 사회와 종교의 선교적 대응」, 『복음과 선교』 9(1), 11-46.
전영평 외(2010). 『한국의 소수자 정책 담론과 사례』, 서울대학교출판문화원.
전우택(2000). 「탈북자들의 남한 사회 적응과 심리갈등에 대한 이해」, 한국심리학회 춘계심포지엄, 67-91.
______(2004). 「남한 내 탈북자들의 3년 추적조사. 다가서는 남과 북, 만남과 공존의 모색」, 『남북문화통합 학술심포지엄 자료집』, 한양대학교 민족학연구센터.
______(2007). 『사람의 통일, 땅의 통일』, 연세대학교출판부.
전우택, 유시은, 엄진섭(2009). 「북한이주민의 종교생활에 대한 7년 종단연구」, 『북한연구학회보』 13(1), 193-216.
전우택, 조영아(2003). 「탈북자들의 신앙경험과 교회의 통일준비」, 『통일연구』 7(2), 105-128.
정교진(2011). 「북한의 종교정책 변화에 관한 연구: 변화 요인 및 이중적 기능을 중심으로」, 고려대학교 대학원 석사학위논문.
정대일(2011). 「북한의 종교정책 연구」, 『종교연구』 64, 137-164.
정병호(2001). 「분단의 틈새에서: 탈북 난민의 삶과 인권」, 『당대비평』 16, 236-255.
______(2004). 「환상과 부적응: 탈북 이주민에 대한 남한 사회의 인식 혼란과 그 영향」, 최협 저, 『한국의 소수자, 실태와 전망』, 한울아카데미.
정성장(1999). 「주체사상의 이론적 체계와 성격」, 『북한연구학회보』 3(2), 251-273.
정영철(2008). 「북한종교정책의 변화와 현재」, 『남북문화예술연구』 3, 33-72.
______(2011). 「북한주민의 의식과 행위: 일상의 소란과 행위」, 『북한학연구』 7(1), 75-101.
정재영(2008). 「새터민을 통해 본 통일 후 교회의 역할」, 『새가정』 55(603), 50-53.
정종훈(2006). 「북한이탈주민 선교의 기독교윤리적인 반성과 방향 모색」, 한민족평

화선교연구소 편, 『홍성현목사 고희 기념논문집』, 평화와선교.
정진헌(2007). 「탈분단·다문화시대, 마이너리티 민족지: 새터민, 우리를 낯설게 하다」, 오경석 저, 『한국에서의 다문화주의』, 한울아카데미.
조광동(1991). 『더디 가도 사람 생각하지요: 다시 쓰는 북한 방문기』, 지리산.
조용관(2004). 「탈북자의 남한 사회 적응을 통해 본 통일교육의 과제」, 『윤리연구』 57, 217-240.
조용태(2010). 「한국의 다문화사회 형성에 있어서 종교의 역할」, 『평화학연구』 11(1), 327-350.
조재길(1991). 『북한은 변하고 있는가: 조재길의 1990년 북한 취재기』, 삼민사.
조정현, 김수암, 손기웅, 이규창, 이금순, 임순희, 한동호(2013). 『북한인권백서』, 통일연구원.
조정환(2010). 「인간의 공동체적인 관계성에 대한 고찰」, 『가톨릭신학』 16, 63-110.
진미정, 이순형(2006). 「새터민의 자아존중감 및 내적귀인성향에 따른 사회문화적 적응」, 『대한가정학회지』 44(7), 141-152.
진미정, 이순형, 김창대(2009). 『북한이탈주민의 사회관계망과 사회적 자본』, 학지사.
채정민, 한성열, 허태균, 김동직(2002). "북한이탈주민용 문화적응 전략 척도 개발", 한국사회 및 성격심리학회 2002년 동계학술대회, 85-94.
최승주(2005). 「북한이탈주민의 종교 활동과 우울정도에 관한 연구」, 연세대학교 석사학위논문.
최승주, 전우택, 정우진(2006). 「종교활동과 종교성향」, 전우택 외 편, 『웰컴 투 코리아: 북조선 사람들의 남한살이』, 한양대학교출판부.
최영민, 김영미, 이정호, 이기철(2002). 「한국판 내재적-외현적 종교성향 척도의 개발 및 표준화 예비연구」, 『신경정신의학』 41(6), 1197-1208.
최종연(2008). 「북한주민의 정치사회화와 통일전망」, 『정책과학연구』 18(2), 78-107.
최준규(2005). 「가톨릭계 학교의 종교교육: 개념, 목적, 방법」, 『종교교육학연구』 21, 309-333.
______(2009). 「현대 한국 종교의 물질중심주의」, 『한국문화연구』 16, 169-197.
통계청(2005). 「2005 인구주택총조사 전수집계결과」.
통일교육원 교육개발과(2011). 『북한이해』, 통일부.
통일부(2013). 「2013 통일백서」, 통일부.

하종필(2003).『북한의 종교문화』, 선인.

______(2005).『남북한 종교통합방안』, 선인.

한국기독교역사연구소 북한교회사집필위원회(1996).『북한교회사』, 한국기독교역사연구소.

한내창(2002).「종교성이 정신건강에 미치는 영향에 관한 연구」,『한국사회학』36(3), 157-182.

허종호(1975).『주체사상에 기초한 남조선 혁명과 조국통일 리론』, 평양: 사회과학출판사.

허호익(2012).「슐라이마허의 "경건"과 퇴계의 "지경"에 관한 연구」,『한국조직신학논총』33, 109-139.

홍동근(1988).『미완의 귀향일기』, 한울.

홍진표(2010).「탈북자의 역할 강화와 국민의식 전환 필요」,『북한』통권 466호, 32-38.

Allport, G. W., & Ross, J. M.(1967). Personal Religious Orientation and Prejudice. *Journal of Personality and Social Psychology* 5, 432-443.

Beit-Hallahmi, B.(2015). *Psychological Perspectives on Religion and Religiosity*. New York: Routledge.

Chung, B. H.(2003). Living Dangerously in Two Worlds: The Risks and Tactics of North Korean Refugee Children in China. *Korea Journal* 43(3), 191-211.

Feagin, J. R.(1964). Prejudice and Religious Types: A Focused Study of Southern Fundamentalists. *Journal for the Scientific Study of Religion* 4(1), 3-13.

Hood, W. R.(1970). Religious Orientation and the Report of Religious Experience. *Journal for the Scientific Study of Religion* 9(4), 285-291.

Johnson, P.(1964). *Psychology of Religion*. Nashville: Abingdon Press.『종교심리학』, 김관석 역(1978), 대한기독교서회.

Rice, L. H.(1991). *Reformed Spirituality: An Introduction for Believers*. Westminster John Knox Press.『개혁주의 영성』, 황성철 역(2010), CLC.

USCIRF(2012). U. S. Commission on International Religious Freedom Annual Report.

Wiegele, L. K.(2004). *Investing in Miracles: EL Shaddai and the Transformation of*

Popular Catholicism in the Philippines. Honolulu: University of Hawaii Press.

데일리NK, 2011년 9월 20일. 통일부 "북 종교단체, 외화벌이 수단 불과"

동아일보, 2013년 07월 17일. "닫혀버린 中 '한국공관 루트' 복원해야"

중앙일보, 2013년 6월 4일. "청 탈북경로 노출 막아야… 언론 협조 필요"

크리스천투데이, 2011년 9월 27일. "방북한 7대종단대표, 남북종교인교류 정례화"

찾아보기

▌Abstract▐

Religious Experiences of North Korean Refugees

Yi, Soon-Hyung
Choi, Youn Shil
Chin, Meejung

This book explores how North Korean refugees, who had been socialized in a strong atheist state, experienced, understood, and received religion. It is well known that North Korean refugees contacted religion or people from religious institutions during their journey to South Korea. Religious institutions including churches, missionaries, and NGOs help North Koreans exit from North Korea safely and adjust to South Korean society economically and socially. We expect, therefore, that religion might influence their lives in various ways.

To understand religious experiences of the North Korean refugees, we took in-depth interviews with North Korean refugees and relevant informants of Protestants, Catholic, and Buddhist religious institutions. During the interviews, we asked their own experiences when and how they contacted religion, how the religion affected their attitudes and lives, and what was facilitators or obstacles in their receiving religion. In addition, we collected a survey data of 305 North Korean refugees from November 2012 to February 2013. About 80% of the respondents had religion and 59% of those who had a religion were Protestants, 36% were Chatholics, and the rest were Buddhists. We investigated religious behaviors, religious (internal/external) orientations, social adjustment and mental health among the North Korean refugees in the survey.

According to the results, most of the North Korean refugees contacted religion for the first time when they crossed to China. Except few, most of them did not know religious doctrines when they had been in North Korea. Receiving various types of assistance from religious institutions, they became familiar with both religious people and doctrines. Some of them experienced a total conversion and became deeply religious people through difficult times. Yet, many of them just used religion as instruments or stepping stones to survival or adaptation. We found that their mental health and social adjustment are associated with religious orientation rather than religion itself. Those who had a high level of internal orientation of religion were found to have a higher level of mental health and social adjustment. In contrast, those who had a high level of external orientation of religion had a high level of mental health problems and a low level of adjustment and satisfaction.

The findings show that religion can be an important channel of social integration. Religion provides various opportunities for North Korean to interpret their experiences in a meaningful way, to interact with people and to utilize resources from. However, an instrumental approach from the sides of both religious institutions and North Korean refugees does not help in the long run. We need to be considerate in helping North Koreans understand and receive religion.

저자 약력

이순형

(현) 서울대학교 아동가족학과 교수
서울대학교 가정관리학과 졸업
서울대학교 석사, 박사(아동학)
한국아동학회, 한국인간발달학회 회장

주요 저서: 『탈북가족의 적응과 심리적 통합』(2007, 공저), 『탈북민의 가족해체와 재구성』(2009, 공저), 『탈북인의 사회관계망과 사회적 자본』(2009, 공저), 『한국아동의 일상생활문화』(2009), 『한국인의 자아정체 형성과 변화』(2010), 『탈북인의 공·사적 관계와 의사소통』(2011, 공저), 『북한이탈청소년과 남한청소년의 도덕성, 법의식과 권위인식』(2014, 공저)

최연실

(현) 상명대학교 가족복지학과 교수
서울대학교 가정관리학과 졸업
서울대학교 석사, 박사(가족학)

주요 저서: 『결혼학』(2003, 공저), 『한중일 사회에서의 소수자 가족』(2014, 공저), 『한국가족을 말하다』(2015, 공저)

진미정

(현) 서울대학교 아동가족학과 교수
서울대학교 가정관리학과 졸업
서울대학교 석사(가족학)
미국 펜실베이니아주립대학교 박사(가족학, 인구학)

주요 저서: 『탈북가족의 적응과 심리적 통합』(2007, 공저), 『탈북민의 가족해체와 재구성』(2009, 공저), 『탈북인의 사회관계망과 사회적 자본』(2009, 공저), 『탈북인의 공·사적 관계와 의사소통』(2011, 공저), 『북한이탈청소년과 남한청소년의 도덕성, 법의식과 권위 인식』(2014, 공저), 『행복한 교육공동체를 위한 학부모교육』(2014, 공저), 『한국가족을 말하다』(2015, 공저)

서울대학교통일학연구총서

01 **북한체제의 형성과 한반도 국제정치**
김세균 외 7인

02 **북한 산업개발 및 남북협력방안** – 지리적 접근
박삼옥 · 허우긍 · 박기호 · 박수진

03 **탈북가족의 적응과 심리적 통합**
이순형 · 조수철 · 김창대 · 진미정

04 **남북한 환경정책 비교연구 1** – 자연환경, 자원 및 에너지
윤여창 외 6인

05 **남북한 환경정책 비교연구 2** – 물환경, 대기, 폐기물, 도시계획
김정욱 외 4인

06 **남북통합지수, 1989~2007**
김병연 · 박명규 · 김병로 · 정은미

07 **통일한국의 어린이 영양**
이연숙 · 윤지현 · 심재은 · 장수정

08 **북미 대립** – 탈냉전 속의 냉전 대립
장달중 · 이정철 · 임수호

09 **네트워크 세계정치** – 은유에서 분석으로
하영선 · 김상배 엮음

10 **김일성사회주의청년동맹과 조선민주녀성동맹** – 사회변동과 체제유지의 기제
이온죽 · 이인정

11 **다플랫폼 다채널 시대의 통일방송**
윤석민 · 배진아 · 곽정래 · 이현우 · 채정화

12 기초자료로 본 독일 통일 20년
임홍배 · 송태수 · 정병기

13 탈북인의 공 · 사적 관계와 의사소통
이순형 · 김창대 · 진미정

14 북한의『조선어학전서』연구
권재일

15 판례로 보는 남북한관계
이효원

16 북한 경제에서의 시장과 정부
김병연 · 양문수

17 통일농업 성장보고서(1991~2009) – 남북농업 교류협력 평가와 발전방향
최정남 · 김완배 · 리금 · 최장호

18 남북한 교류협력 거버넌스의 구조와 동학
정근식 · 정은미 · 강동완

19 독일 통일과 여성 – 젠더 관점에서 조망한 독일의 분단과 재통일
한정숙 · 홍찬숙 · 이재원

20 북한사회와 굴절된 근대 – 인구, 국가, 주민의 삶
박경숙

21 북한이탈청소년과 남한청소년의 도덕성, 법의식과 권위 인식
이순형 · 김창대 · 진미정

22 남북 언어의 어휘 단일화
권재일

23 남북한 젊은 세대의 통일관
강원택 · 이재철 · 조진만 · 한정택 · 김새미